ZEITZEICHEN 1990

ZEITZEICHEN
DAS SCHWEIZER JAHRBUCH
1990

der schweizerische
Beobachter

Beobachter der Zeit

Ein Schweizer Jahrbuch mit offenem Fenster zur Welt: Schweiz 1990, Welt 1990. Herausgegeben im Jahr 1 vor dem Jahr 700 nach Rütli, im Jahr 2 vor Sevilla, im Jahr 10 vor dem grossen Countdown: 10, 9, 8, 7, 6, 5, 4, 3, 2, 1... go! Go to 2000! 10 Bücher planen wir bis zum «Schweizer Jahrbuch 2000». Hier das erste. Uns Büchermachern der Zeit schien es notwendig, Zeichen zu setzen: Zeitzeichen zur Zeitenwende. Auf dass wir uns Zeit nehmen, nachzudenken über die Zeit. Zeit ist Geld. Gut so. Aber wir möchten mehr. Zeit nicht nur für Geld, Zeit für die Welt! Auf dass sie uns nicht auseinanderbricht. Auf dass wir sie nicht auf den Mist schmeissen müssen. Auf dass wir sie heil hinübertragen über die Zeitenwende. Damit die Wende nicht am Ende zum Ende wird.

Josef Rennhard,
Chefredaktor
«Schweizerischer
Beobachter»

Weltrundschau 9   Das Wichtigste aus allen Erdteilen

10	Schweiz
16	Europa
20	UdSSR
22	Naher und Mittlerer Osten
26	Afrika
28	Ostasien
30	Nordamerika
32	Südamerika

Menschen 35   Persönlichkeiten, die auffielen

36	Adolf Ogi
40	Emanuel Christen und Elio Erriquez
44	Violeta Chamorro
49	Anita Protti
	und andere

Brennpunkte 53   Themen, die das Jahr prägten

Schweizer Landwirtschaft
54 **Umwelt und Politik fordern ein Bauernopfer**
von Bernhard Raos

Schweiz im Jahr 1 nach der PUK
66 **Das Feuer, das den Filz frisst, brenne lang!**
von Moritz Leuenberger

72 **Der Schweizer Banken Glanz? Wie weggefegt!**
von Matthyas Arter

78 **Europa – die Angst der Eidgenossen**
von Peter Hartmeier

Schweizer Umweltpolitik
82 **Der Akzep-Tanz auf der Ozonschicht**
von Roland Wiederkehr

Neuordnung in Europa
90 **Europa steht vor einer Bewährungsprobe**
von Jean-Rudolf von Salis

Deutschland
96 **Die neue Mauer geht quer durch die Köpfe**
von Fred Müller

Osteuropa
108 **Rede wider den Hass**
von Václav Havel

112 **Unheiliger Krieg im Nahen Osten**
von Victor Kocher

Cartoons 123   Spot(t)lichter auf das Weltgeschehen

124   Fichenskandal
128   Bush in Schwierigkeiten
132   40-Tonnen-Korridor
134   Was kostet die DDR?
       und andere

Kaleidoskop 139   Das Jahr in Kunst, Kultur und Konsum

140   Nostalgiefieber
142   Fünf Milliarden für Käse u.a.
144   Kunst-Waren
145   Die totale Kommunikation
146   Die grosse Pendlerpumpe
150   Milla, Toto und die Pantoffel-Kosmopoliten
152   Farbenrausch und Mikro-Mini
154   Ein Leben für die Küche
155   Öko-Tristik
156   Schweiz sehen, schwarzsehen
158   Film-Kreuzfahrt des Jahres
160   Abschied von Tina, Stones und «The Wall»

Mein Jahr 163   Die persönlichen Seiten des Jahres

164   Familie
165   Ferien
166   Freizeit
167   Beruf

Daten und Fakten 169   Das Jahr im Spiegel der Statistik

170   Bevölkerung
172   Umwelt
174   Politik
180   Wirtschaft
185   Finanz
186   Umfragen
188   Recht
189   Auszeichnungen
190   Sport
198   Totentafel

WEGWEISER

ZEITZEICHEN, das neue Schweizer Jahrbuch für 1990, ist, anders als andere Jahrbücher, schon vor Weihnachten erhältlich. Gerade rechtzeitig also für die ruhigeren Tage zwischen den Jahren, in denen man gerne Rückschau hält, sich noch einmal an einzelne Begebenheiten erinnert. Der frühe Erscheinungstermin bringt auch einen früheren Redaktionsschluss mit sich; die Ereignisse des Jahres konnten bis in die erste Novemberhälfte berücksichtigt werden. Die letzten Wochen des Jahres 1990 werden im nächsten **ZEITZEICHEN** für 1991 besprochen.

Das Wichtigste aus allen Erdteilen

WELTRUNDSCHAU

Schweiz

Aussenpolitik

● Staatssekretär Franz Blankart wird am 11. April zum Schweizer Chefunterhändler bei den Verhandlungen zwischen der EG und der EFTA über den Europäischen Wirtschaftsraum (EWR) ernannt. Im Juni stellt der Bundesrat Richtlinien für die EWR-Verhandlungen vor. Im Herbst lanciert ein Komitee von Politikern, Organisationen und Medien eine Volksinitiative für den Beitritt der Schweiz zur EG.

● Am 15. Mai bewirbt sich die Schweiz um die Mitgliedschaft beim Internationalen Währungsfonds (IWF) und der Weltbank.

● Bei seinem Besuch vom 22. Mai bittet der südafrikanische Staatspräsident de Klerk die Schweiz, seinen Reformkurs zu unterstützen. Im Juni wird der südafrikanische Schwarzenführer Nelson Mandela von Bundesrat Felber empfangen; er bittet die Schweiz, sich den Sanktionen gegen Südafrika anzuschliessen.

● Am 8. August wird der vor zehn Monaten im Libanon entführte Schweizer IKRK-Mitarbeiter Emanuel Christen freigelassen, fünf Tage später auch sein Kollege Elio Erriquez. Nach Beiruter Zeitungsberichten wurde ein Lösegeld von mehreren Millionen Dollar bezahlt. Das IKRK und das Departement für Auswärtiges bestreiten dies. Bei einem Überfall auf IKRK-Delegierte wird am 5. Oktober der Schweizer Peter Altwegg in Somalia getötet.

● Bundesrat Delamuraz unterzeichnet am 23. Juli in Washington zwei Abkommen mit der Weltbankgruppe zur Schaffung von Beratungsfonds für Osteuropa.

● Am 7. August verhängt der Bundesrat Wirtschaftssanktionen gegen den Irak und das besetzte Kuwait. Der Beschluss fällt kurz nach der Verabschiedung der Boykott-Resolution durch den Uno-Sicherheitsrat. Erstmals beteiligt sich die Schweiz an einem internationalen Wirtschaftsboykott.

● Mitte November reist eine inoffizielle Parlamentariergruppe in den Irak und erreicht die Freilassung von 16 der 24 Schweizer Geiseln.

Armee

● Am 18. März beschliesst die Gruppe für eine Schweiz ohne Armee (GsoA) einen «Aufruf zur Dienstverweigerung», bis ein akzeptabler Zivildienst ausgearbeitet ist. Eine vom Ausbildungschef der Armee in Auftrag gegebene Studie zeigt: 61 % der stimmberechtigten Schweizerinnen und Schweizer wollen eine «andere», reformierte Armee, die weniger kostet.

Demonstration gegen Waffenplatz

● Am 17. April behindern Gegner des Waffenplatzes in Neuchlen-Anschwilen mit Sitzblockaden den Beginn der Bauarbeiten. Acht Nationalrätinnen und Nationalräte der SP, der Grünen und der LdU solidarisieren sich auf der Baustelle mit ihnen. Am 15. Juni wird das Zeltlager der Waffenplatzgegner unter Polizeischutz geräumt. Am 26. Juni lancieren die Waffenplatzgegner eine Antiwaffenplatz-Initiative. Am 20. September stimmt nach dem National- auch der Ständerat dem Bau des umstrittenen Waffenplatzes zu.

● Am 18. Mai fordern die Bundesratsparteien einen Sicherheitsbericht vor der Beschaffung der F/A-18-Kampfflugzeuge. Am 27. Juni stellt Bundesrat Villiger den Entscheid über das Kampfflugzeug F/A-18 zurück und lässt zusätzlich die Mirage 2000/5 nachevaluieren.

● Mehrere Rekruten der Infanterie-RS Colombier müssen im September mit Vergiftungserscheinungen ins Spital eingeliefert werden, weil sie Plastiksprengstoff schluckten. Kurz zuvor haben bereits ein Selbstmord und sechs Selbstmordversuche diese RS ins Zwielicht gebracht.

● Am 26. September beschliessen National- und Ständerat, dass Wehrpflichtige nicht mehr zu Freiheitsstrafen verurteilt werden, wenn sie unter Berufung auf ethische Grundwerte glaubhaft darlegen, dass sie Militärdienst mit ihrem Gewissen nicht vereinbaren können.
● Am 10. Oktober stellt der Bundesrat den Sicherheitsbericht 1990 vor, der die bisherigen Ziele bestätigt und neue Aspekte für die Friedensförderung setzt.

Asylanten/Ausländer

● Auf das geplante Durchgangsheim im Hotel Roggenstock in Oberiberg wird am 3. Juni ein Brandanschlag verübt.
● Gegen die dritte Asylgesetzrevision ergreifen am 4. Juli verschiedene Einzelpersonen und kleinere Gruppierungen das Referendum. Dieses kommt aber bis im Oktober nicht zustande.
● Am 21. Juli wird ein tamilischer Asylsuchender in Regensdorf von einem Schweizer totgeschlagen. Innert eines Jahres sind sechs Flüchtlinge und Asylbewerber von Schweizern getötet worden.
● Das Zuger Strafgericht verurteilt am 5. Oktober Anhänger der rechtsradikalen Patriotischen Front, weil sie auf Flüchtlingsunterkünfte geschossen haben.
● Am 13. Oktober wird ein Bombenanschlag auf ein Flüchtlingszentrum in Weinfelden verübt. Die Asylsuchenden bleiben unverletzt.
● Der Zustrom von Asylbewerbern hält ungebrochen an. Bis Ende Oktober suchen 28'500 Flüchtlinge um Asyl nach; das sind 50 % mehr als im Vorjahr.

Energie/Umwelt/Verkehr

● Nach dem Nationalrat lehnt auch der Ständerat am 5. März beide Energie-Initiativen ab; am 23. März werden auch die Atominitiativen abgelehnt.
● Das Oeko-Institut Darmstadt beurteilt in einer Sicherheitsstudie vom 12. Juni das Atomkraftwerk Mühleberg als «gefährlicher als von den Betreibern und Behörden dargestellt».
● Am 6. August reicht die NOK in Döttingen ein Baugesuch für ein Zwischenlager für radioaktive Abfällen ein.
● Die Bauherren des umstrittenen Kernkraftwerks Graben verzichten am 17. August auf die Verwirklichung des Projekts, da

sie seit zehn Jahren vergeblich auf die Rahmenbewilligung für den geplanten 1200-Megawatt-Atommeiler warten.
● Im September wird ein Bericht «Hilfeleistung bei nuklearen und strahlenbedingten Unfällen» publiziert, der seit Januar unter Verschluss gehalten wurde. Er kommt zum Schluss, dass die Schweizer Bevölkerung bei einem atomaren Katastrophenfall ungenügend geschützt wäre.
● Bei den Abstimmungen vom 23. September wird mit 54,6 % gegen 45,4 % ein zehnjähriges Moratorium beim Bau von Atomkraftwerken gutgeheissen, der Ausstieg aus der Kernenergie mit 52,9 % gegen 47,1 % abgelehnt. 71,0 % befürworten den Energieartikel, 29,0 % stimmen dagegen.
● Am 1. Oktober erlässt der Bundesrat ein Moratorium für Nagra-Stollenbauten, bis über alle vier Sondierstandorte vergleichbare Resultate vorliegen.

● Am 15. Januar blockieren Greenpeace-Aktivisten einen Bahntransport mit abgebrannten Brennstäben aus dem Kernkraftwerk Gösgen. Am 30. März protestieren sie in Chiasso gegen Gifttransporte der SBB.
● Über 60 Organisationen fordern im Februar in einer Petition ein rasches Verbot für Fluorchlorkohlenwasserstoffe (FCKW).

Atomenergie und Schwerverkehr dominieren die Abstimmungen vom 23. September.

Spuren grosser Stürme

● Ende Februar richten orkanartige Stürme in weiten Teilen der Schweiz verheerende Schäden an.
● Am 15. Juni schlägt der Bundesrat Sofortmassnahmen zum Schutz der Ozon-

schicht vor. Das heisse Sommerwetter, verbunden mit Luftverschmutzung, führt in vielen Teilen der Schweiz, vor allem im Süd-Tessin, zu gesundheitsgefährdenden Ozonkonzentrationen. Am 26. Juli blockieren Aktivisten von Greenpeace in Chiasso den Verkehr, um gegen die Untätigkeit beim Ozonproblem zu protestieren.

● Am 29. Oktober beginnt in Genf unter dem Vorsitz von Bundesrat Cotti die zweite Welt-Klimakonferenz von 137 Ländern. Sie endet mit einer Deklaration, die zwar die Notwendigkeit der Stabilisierung des Treibhauseffekts bestätigt, aber – vor allem wegen amerikanischer Intervention – keine konkreten Zielvorgaben festschreibt.

● Am 31. Oktober beschliesst der Bundesrat, bis 1991 eine Vorlage für eine CO2-Lenkungsabgabe auszuarbeiten.

● Am 15. Januar wird wegen der vorgesehenen Erhöhung der Lastwagenbreite auf 2.50 m das Referendum gegen die Änderung des Strassenverkehrsgesetzes eingereicht. Diese wird aber am 23. September mit 52,8 % Ja angenommen.

● Am 1. April verwirft das Schweizervolk die Initiative «Stopp dem Beton» sowie alle drei Kleebattinitiativen. Am 11. Mai wird die Alpeninitiative für die Entlastung des Alpenraums vom Transitverkehr eingereicht. Bundesrat Ogi stellt am 28. Mai die NEAT-Botschaft vor; die neue Eisenbahn-Alpentransversale wird rund 10 Milliarden Franken kosten.

● Am 27. Mai wird die Zürcher S-Bahn in Betrieb genommen.

● Im August lehnt der Bundesrat das Gesuch der BRD ab, die Nationalstrasse N2 von Basel nach Chiasso befristet für 40-Tonnen-Lastwagen freizugeben

● Die «World Solar Challenge» in Australien, ein Rennen über 3005 Kilometer, gewinnt am 16. November das Schweizer Solarmobil «Spirit of Biel».

Gewinner des härtesten Solarmobil-Rennens, der «World Solar Challenge» von Australien: «Spirit of Biel» aus der Schweiz

Justiz/Kriminalität

● Am 19. Februar wird der Prozess gegen alt Bundesrätin Elisabeth Kopp und ihre Mitarbeiterinnen Renate Schwob und Katharina Schoop vor dem Bundesstrafgericht eröffnet. Die Anklage lautet auf Verletzung des Amtsgeheimnisses; es geht um den Telefonanruf, mit dem Elisabeth Kopp ihren Mann veranlasste, aus dem Verwaltungsrat der Shakarchi Trading AG auszusteigen. Der Prozess endet mit einem Freispruch für Elisabeth Kopp und Renate Schwob; Katharina Schoop wird «Rechtsirrtum» zugebilligt.

● Im Februar wirft alt Bundesrichter Erhard Schweri in seinem Bericht an die Kantonale Justizdirektion den Zürcher Untersuchungsbehörden vor, sie hätten Ermittlungen gegen führende Köpfe der internationalen Drogen-Mafia jahrelang verschleppt.

● Am 23. März beschliessen National- und Ständerat Strafnormen für Geldwäscherei, die ab 1. Juli gültig sind. Am 27. August beginnt vor dem Geschworenengericht in Bellinzona der Prozess gegen die libanesischen Devisenhändler Jean und Barkev Magharian. Am 14. September werden sie wegen Drogengeldwäscherei zu je viereinhalb Jahren Zuchthaus und einer Busse von je 50'000 Franken verurteilt. Zudem werden 85'000 Franken der beschlagnahmten Gelder konfisziert und die beiden Verurteilten je zehn Jahre des Landes verwiesen. Die «Libanon-Connection» ist die grösste in der Schweiz aufgedeckte Geldwaschaffäre.

● Bei der Abstimmung vom 1. April wird die Reform der Bundesrechtspflege (Streitwerterhöhung) mit 52,6 % Nein abgelehnt.

● Am 30. August erschiesst der 43jährige Goldschmied Richard Breitler, vermutlich aus finanzieller Notlage, in Zürich und Rickenbach fünf Menschen, darunter seine Frau und seine beiden Kinder, und richtet sich danach selbst.

● Der ehemalige Zürcher Baupolizeichef Günther Tschanun wird am 31. August wegen Mordes neu zu 20 Jahren Zuchthaus verurteilt. Das sind 3 Jahre mehr als im ersten Verfahren.

● Im September weist das Bundesgericht die Beschwerde von Hans W. Kopp gegen die Zürcher Staatsanwaltschaft ab. Kopp muss sich wegen Betrugs und Urkundenfälschung im Trans-K-B-Fall vor dem Strafrichter verantworten.

Keine Freude in Zürich über Generalvikar Christoph Casetti

Kirche

- Am 22. Mai tritt der Churer Bischof Johannes Vonderach zurück. Sein Nachfolger wird der umstrittene Weihbischof Wolfgang Haas. Dessen Entscheid, den Generalvikar für den Kanton Zürich Gebhard Matt durch Christoph Casetti zu ersetzen, löst Proteste unter den Katholiken aus. In Zürich werden die Trauerglocken geläutet. Am 17. Juni demonstrieren rund 6000 Menschen in Chur gegen Bischof Haas. Eine Bittschrift an Papst Johannes Paul II, die Wahl von Wolfgang Haas rückgängig zu machen, hat keinen Erfolg. Am 28. Juni beschliesst die Zürcher Synode, die Schaffung eines eigenen Bistums Zürich voranzutreiben. Die Zahlungen an die Churer Bistumskasse werden storniert.

Landwirtschaft

- Am 10. Februar tritt die Kleinbauernvereinigung (VKMB) aus dem Schweizerischen Bauernverband aus.
- Am 26. Februar reicht der Schweizerische Bauernverband seine Initiative für eine «umweltgerechte und leistungsfähige bäuerliche Landwirtschaft» ein. Am 29. Mai wird die Initiative «Bauern und Konsumenten für eine naturnahe Landwirtschaft» eingereicht.
- In der Abstimmung vom 1. April verwirft das Schweizer Volk den Rebbaubeschluss mit 53,3 % Nein.
- Im Mai präsentiert die Experten-Kommission unter Hans Popp Vorschläge für einen Strukturwandel in der Landwirtschaft. Statt mit garantierten Produktpreisen sollen bäuerliche Einkommen mit Direktzahlungen gesichert werden.
- Im September fordert der Bauernverband 300 Millionen Franken zur Verbesserung der landwirtschaftlichen Einkommen, nämlich fünf Rappen mehr für die Milch und neue Direktzahlungen in der Form von Flächenbeiträgen.
- Die GATT-Partner verlangen Ende Oktober von ihren Mitgliedern den Abbau von Agrarsubventionen. Die Schweiz offeriert eine Reduktion von 20 bis 30 % innert 10 Jahren; die bäuerlichen Einkommen sollen durch Direktzahlungen gestützt werden. Die Bauern lehnen dies vehement ab; mehrere Tausend demonstrieren Mitte November vor dem Bundeshaus in Bern.

Medien

- Im Februar übernimmt der Tages-Anzeiger 49 % des Aktienkapitals der Berner Zeitung AG.
- Am 18. Juni beschliesst der Bundesrat die Verlängerung der Geltungsdauer der Verordnung über lokale Rundfunkversuche (RVO) bis zum Inkrafttreten des Radio- und Fernsehgesetzes, längstens aber bis zum 30. April 1994.
- Das erste Schweizer Privatfernsehen, European Business Channel (EBC), stellt am 29. Juni den Sendebetrieb aus finanziellen Gründen ein.
- Am 29. August erteilt der Bundesrat der Opus Radio AG eine Konzession für die Verbreitung eines Radioprogramms mit klassischer Musik via Satellit.
- Im September streicht das Deutschschweizer Fernsehen aus Spargründen sein Programmangebot zusammen und baut 60 Stellen ab. Der Bundesrat stimmt einer Erhöhung der Radio- und Fernsehgebühren um 25 % auf den 1. Januar 1991 zu; die SRG hatte 30 % gefordert.

Soziales

- Im März geht der Druckerstreik bei der «Tribune de Genève», der einen Monat gedauert hat, zu Ende. Der entlassene Gewerkschaftsführer Claude Reymond wird wieder eingestellt.
- Am 16. März wird die 10. AHV-Revision vorgestellt. Sie hält am bisherigen Rentenalter – 62 für Frauen und 65 für Männer – fest und bringt leichte Verbesserungen für

die Frauen und wirtschaftlich Schwachen. Am 14. August beginnt die Unterschriftensammlung für die AHV-Initiative. Ziel der von SP und Gewerkschaftsbund unterstützten Initiative ist ein Ausbau der AHV/IV auf Kosten der beruflichen Vorsorge.
● Am 24. September beschliesst der Bundesrat für 1991 eine ausserordentliche Teuerungszulage an die AHV-Rentner.
● Der Zürcher Stadtrat befürwortet im Juli eine kontrollierte Heroinabgabe an schwer Drogensüchtige und tritt für die Straffreiheit von Konsum, Besitz, Kauf und Aufbewahrung von Drogen zum Eigenbedarf ein.
● An der nationalen Kundgebung der Gewerkschaft Bau und Holz (GBH) vom 15. September demonstrieren in Bern 20'000 Frauen und Männer für ein soziales, humanes und freies Europa. Die GBH fordert die Abschaffung des Saisonnierstatuts, mehr Lohn und die 40-Stunden-Woche. Die Gewerkschaften wollen nicht mehr dulden, dass die EWR-Verhandlungen ohne sie stattfinden.
● Im Oktober spricht sich die Mehrheit der Kantone, Verbände und Parteien für eine Liberalisierung des Drogenkonsums aus.

Staatsschutz/Fichenaffäre

● Am 19. Januar einigen sich Bund und Kantone auf restriktivere Richtlinien für den Staatsschutz und regeln das Einsichtsverfahren in die Karteien der Bundespolizei. Am 16. Februar werden in den Archiven der Bundesanwaltschaft bisher unbekannte Karteien gefunden: eine Extremistenkartei, verzeichnete Jurassier, Personalien von rund 180'000 ausländischen Kindern des Schweizerischen Roten Kreuzes, vertrauensunwürdige Bundesbeamte sowie im Kriegsfall zu internierende Personen. Im Februar melden viele Schweizer Künstler aus Protest über die Schnüffelaffäre ihren Boykott der 700-Jahr-Feier an.
● Am 12. Februar muss das Eidgenössische Militärdepartement (EMD) zugeben, dass die Untergruppe Nachrichtendienst und Abwehr (UNA) bis 1977 Listen über Armeeangehörige führte. Der Bundesrat beurlaubt darauf den Chef der Bundespolizei und der militärischen Abwehr Peter Huber. Am 6. Juni muss Divisionär Hans Schlup, Chef der UNA, den Dienst quittieren.
● Rund 30'000 Demonstranten aus der ganzen Schweiz fordern am 3. März in Bern «Schluss mit dem Schnüffelstaat». Am 10. März lanciert das Komitee «Schluss mit dem Schnüffelstaat» die Volksinitiative «SOS – Schweiz ohne Schnüffelpolizei». Am 1. Juni wird bekannt, dass auch PTT und Zoll als Staatsschutzspitzel tätig waren.
● SP-Nationalrat Moritz Leuenberger wird vom Bundesrat zum Sonderbeauftragten für Staatsschutzakten ernannt, gibt das Amt aber kurz darauf zurück. Neuer Fichen-Sonderbeauftragter wird Walter Gut, CVP.
● National- und Ständerat befürworten eine PUK2 zur Abklärung der Tätigkeit des EMD im Bereich Nachrichtendienst, Abwehr und Personaldaten. Präsident wird der Innerrhoder CVP-Ständerat Carlo Schmid.
● Der Bündner Willy Padrutt übernimmt am 1. August die Führung der Bundesanwaltschaft, die er neu organisieren soll.
● Mehrere politische Vorstösse wollen Licht in die «Affäre Jeanmaire» bringen, die immer mehr nach Justizskandal riecht. Seit seiner Entlassung 1988 bemüht sich Ex-Brigadier Jeanmaire, der 1976 wegen Landesverrats an die Sowjetunion zu 18 Jahren Gefängnis verurteilt worden war, um eine Revision seines Prozesses.
● Ende November bemängelt der PUK2-Bericht fehlende gesetzliche Grundlagen und mangelnde Kontrolle vieler Aktivitäten der UNA, verurteilt Missbräuche bei den innenpolitischen Personenüberwachungen und verlangt die Auflösung der geheimen Widerstandsorganisation P-26.

Wahlen

● Am 28. März werden Gerold Betschart und Bernard Corboz als neue Bundesrichter gewählt.
● Im Frühling dominieren rot-grüne Parteien die Zürcher Gemeinde- und Stadtratswahlen. Josef Estermann, SP, wird im zweiten Wahlgang Zürcher Stadtpräsident.

Sein Justiz- und Polizeidepartement geriet wegen der Fichenaffäre immer wieder unter Beschuss: Bundespräsident Arnold Koller.

Neuer Zürcher Stapi: Josef Estermann

- Am 28. April wird der Walliser Nationalrat Peter Bodenmann zum Nachfolger von Helmut Hubacher und neuen SP-Parteipräsidenten gewählt.
- Bei den Regierungsratswahlen in Bern am 29. April dominieren die Bürgerlichen; Leni Robert wird abgewählt.
- Die Männer von Appenzell Innerrhoden verweigern am 29. April ihren Frauen zum dritten Mal das Stimm- und Wahlrecht. Sieben Monate später entscheidet das Bundesgericht für die politische Gleichberechtigung der Innerrhoder Frauen.
- Der Schweizerische Gewerkschaftsbund (SGB) wählt am 20. Oktober Walter Renschler zum Präsidenten; Tiziana Mona unterliegt nur knapp.

Wirtschaft

- Am 3. Januar fusionieren fünf schweizerische Regionalkrankenkassen zur «Evidenzia».
- Am 20. Januar eröffnen die SBG und die Zürcher Kantonalbank die dritte Zinsrunde. Der Hypothekarzins steigt auf 6,5 %.
- Am 27. Februar beschliessen die Usego-Trimerco Holding, Denner und die Hofer & Curti AG eine Zusammenarbeit auf Grossistenebene. Die Hofer & Curti AG erwirbt das Usego-Namenaktienpaket von Denner-Chef Karl Schweri.
- Am 10. März verkauft der bisherige Alleininhaber Willi Studer die Revox-Studer-Gruppe an die Motor-Columbus-Tochter Refindus Holding.
- Die CS-Holding, Muttergesellschaft der Schweizerischen Kreditanstalt, integriert im April die Zürcher Grossbank Leu in ihr Finanzkonglomerat. Im Mai erwirbt der Schweizerische Bankverein 48,7 % der Banca della Svizzera Italiana.
- Am 19. April meldet der Telekommunikationskonzern ASCOM, dass er in den kommenden zwei Jahren in der Schweiz 1000 Stellen abbauen wird.
- Am 20. April übernimmt die Klinik Hirslanden, eine Tochtergesellschaft der SBG, die privaten AMI-Kliniken.
- Die Oerlikon-Bührle verkauft am 7. Juni den Lenkwaffenbereich an den Rüstungskonzern Martin Marietta (USA). Im September treten Verwaltungsratspräsident Dieter Bührle und Konzernchef Michael Funk zurück, nachdem es ihnen nicht gelungen ist, die im Militärsektor anfallenden Verluste auszugleichen.
- Am 12. Juni übernimmt die Merkur-Gruppe die Kiosk AG. Damit und mit der früheren Übernahme der Schmidt Agence/Azed verfügt Merkur über einen dominierenden Marktanteil im Kiosksektor.
- Am 16. Juni kauft der französische Baugigant Bouygues die Losinger AG.
- Der Ständerat spricht sich am 19. Juni für die Einführung der Mehrwertsteuer anstelle der bisherigen Warenumsatzsteuer aus.
- Überraschend verkauft Klaus J. Jacobs am 21. Juni die Jacobs Suchard AG für ca. 5,4 Milliarden Franken an den amerikanischen Zigaretten- und Lebensmittelkonzern Philip Morris. Als Gründe nennt er Finanz- und Nachfolgeprobleme.
- Am 15. August kauft das PR-Unternehmen Trimedia die grösste Schweizer Werbegruppe, GGK, auf.

- Am 23. August startet die SBG die vierte Hypothekarzinsrunde seit Anfang 1989. Sie will ihre Zinssätze für alte und neue Grundpfanddarlehen teils per sofort, teils per 1. November um 0,5 bis 0,75 Prozentpunkte auf bis zu 9 % anheben.
- Im September unterstellt der Bundesrat mit einem dringlichen Bundesbeschluss die Hypothekarzinsen ab 1. Oktober für drei Jahre einer konjunkturpolitisch begründeten Preisüberwachung.
- Am 10. September hebt Bundesrat Delamuraz die Bankkartelle auf. Banken und Börsen müssen ihre kartellistischen Absprachen im Zinsdifferenz- und im Kommissionsgeschäft aufgeben. Im Oktober teilen die Grossbanken mit, dass sie für 1990 mit rückläufigen Gewinnen rechnen.
- Im Oktober erreicht die Teuerung 6,4 %, den höchsten Stand seit Dezember 1981.

Die grösste Schweizer Bank eröffnete Ende August die vierte Hypothekarzinsrunde seit Anfang 1989.

Europa

Botschaftsflüchtlinge: Als letztes Ostblock-Land erlebt auch Albanien Demonstrationen gegen das kommunistische Regime.

EG/EFTA/EWR

● Auf dem Sondergipfel vom 28. April in Dublin einigen sich die Staats- und Regierungschefs der Europäischen Gemeinschaft EG auf einen Fahrplan zur Weiterentwicklung der Zwölfergemeinschaft in eine politische Union.

● Nach über einjährigen Vorbereitungsgesprächen beginnen die Verhandlungen zwischen der EG und der Europäischen Freihandelszone (EFTA) über die Schaffung eines gemeinsamen, binnenmarktähnlichen Europäischen Wirtschaftsraums (EWR). Die EG gesteht den EFTA-Ländern nur wenig Mitsprache zu. Mitte Juni suchen in Göteborg die Regierungschefs der EFTA nach einer gemeinsamen Haltung für die Teilnahme am EWR.

● Im Schengen-Abkommen vom Juni beschliessen die EG-Staaten Deutschland, Frankreich, Belgien, Niederlande und Luxemburg die Aufhebung der Zoll- und Personenkontrollen untereinander ab 1992.

● Am EG-Sondergipfel in Rom Ende Oktober bestimmen die Staats- und Regierungschefs gegen die Stimme Grossbritanniens den 1. Januar 1994 als Beginn der zweiten Stufe der Wirtschafts- und Währungsunion.

Nato

● Bei einem zweitägigen Gipfeltreffen im Juli in London schlagen die Staats- und Regierungschefs der Nato dem Warschauer Pakt eine gemeinsame Gewaltverzichtserklärung vor, kündigen Reformen ihrer Strategie und Militärstruktur an und erklären sich zu weiterer Abrüstung bereit.

● An der zweiten KSZE-Gipfelkonferenz in Paris unterzeichnen die Staaten der Nato und des Warschauer Pakts am 19. November den Vertrag zur Verringerung der konventionellen Streitkräfte in Europa.

Albanien

● In der Hauptstadt Tirana demonstrieren im Juli rund 10'000 Personen gegen das Regime. Staats- und Parteichef Ramiz Alia kündigt Reformen an. Dennoch flüchten rund 5000 Personen in ausländische Botschaften. Mitte Juli können die ersten das Land Richtung Westen verlassen. Im September beantragt Albanien Vollmitgliedschaft bei der Konferenz für Sicherheit und Zusammenarbeit in Europa (KSZE).

Bulgarien

● Am 3. Februar wird der Sozialist Andrei Lukanow zum neuen Ministerpräsidenten gewählt. Im Juni erringt die Bulgarische Sozialistische Partei bei den ersten freien Parlamentswahlen seit über 40 Jahren die absolute Mehrheit. Am 6. Juli tritt Staatspräsident Petar Mladenow zurück; das Parlament wählt darauf den Oppositionspolitiker Schelju Schelew zum neuen Staatspräsidenten. Am 18. November fordern über 100'000 Demonstranten den Rücktritt der sozialistischen Regierung.

Deutschland

● Die ersten freien Wahlen der DDR bringen am 18. März einen Sieg für die von der CDU geführte Konservative Allianz für Deutschland; am 12. April wird eine grosse Koalition aus Allianz, SPD und Liberalen unter Lothar de Maizière gebildet.

● Am 16. Mai einigen sich die Bonner Regierung und die Bundesländer auf einen Fonds von 115 Milliarden Mark zur Finanzierung der Einheit. Am 18. Mai wird der

erste Staatsvertrags über die Wirtschafts-, Währungs- und Sozialunion unterzeichnet, den die beiden deutschen Parlamente im Juni billigen. In gleichlautenden Erklärungen wird die Oder-Neisse-Grenze als endgültige polnische Westgrenze bestätigt.
● Am 1. Juli tritt die Wirtschafts-, Währungs- und Sozialunion zwischen der BRD und der DDR in Kraft; die D-Mark gilt in ganz Deutschland als Zahlungsmittel. Die Personen- und Zollkontrollen an der innerdeutschen Grenze werden abgeschafft.
● Der sowjetische Staats- und Parteichef Michail Gorbatschow stimmt am 16. Juli der Nato-Mitgliedschaft Gesamtdeutschlands zu; damit ist das aussenpolitische Haupthindernis für die Einheit beseitigt.
● Nach tagelangem Gerangel um den Beitrittstermin setzt die Volkskammer am 22. August als Datum für die Eingliederung der DDR in die BRD den 3. Oktober fest. Am 31. August wird der Einigungsvertrag unterzeichnet; am 20./21. September vom westdeutschen Bundestag und Bundesrat und von der DDR-Volkskammer ratifiziert.
● Am 12. September unterzeichnen die Aussenminister der beiden deutschen Staaten und der vier Siegermächte in Moskau den Vertrag über die deutsche Souveränität: Deutschland erhält volle Souveränität, es erhebt keinerlei Gebietsansprüche gegen andere Staaten und verzichtet auf atomare, biologische und chemische Waffen.
● Am 3. Oktober tritt die DDR mit grossen Festlichkeiten der Bundesrepublik bei und löst sich nach fast 41 Jahren auf.
● Ende Oktober droht der SED-Nachfolge-Partei PDS die Selbstauflösung, als illegale Transaktionen von über 100 Millionen DM des Parteivermögens bekannt werden.
● Am 9. November, dem Jahrestag des Mauerfalls, unterzeichnen Bundeskanzler Kohl und der sowjetische Staatschef Gorbatschow einen Vertrag über gute Nachbarschaft, Partnerschaft und Zusammenarbeit.
● Nach einem Streit im Bundestag über eine militärische Beteiligung an der Streitmacht gegen Irak beschränkt sich die BRD in der Golfkrise auf Finanzhilfe an die am meisten betroffenen Länder wie Jordanien. Anfang November gelingt es Ex-Bundeskanzler Willy Brandt bei seiner umstrittenen Reise in den Irak, 170 vor allem deutsche Geiseln freizubekommen.
● Beide bundesdeutschen Gross-Parteien haben Attentate zu beklagen: SPD-Kanzlerkandidat Oskar Lafontaine wird am 25. April während einer Wahlveranstaltung in Köln mit Messerstichen schwer verletzt. An einer Wahlveranstaltung der CDU in Offenbach am 12. Oktober erleidet Innenminister Wolfgang Schäuble schwere Schussverletzungen an Kopf und Hals.
● Die ersten gesamtdeutschen Wahlen gewinnen am 2. Dezember CDU/CSU und FDP. Die SPD fällt unter 34 %, die westdeutschen Grünen sogar aus dem Parlament. Neu im Parlament sind die ostdeutschen Grünen/Bündnis 90 und die PDS.

Ein Symbol geht in die Luft: Abtransport von Checkpoint Charly beim Grenzübergang von West- nach Ostberlin

Frankreich

● Im jüdischen Friedhof der südfranzösischen Stadt Carpentras werden am 10. Mai 34 Gräber verwüstet.
● In Paris unterzeichnen Vertreter von 40 Staaten das Übereinkommen zur Gründung der Europäischen Bank für Wiederaufbau und Entwicklung (EBRD).
● Im September findet in Paris die zweite Uno-Konferenz über die 41 am «wenigsten entwickelten» Länder statt. Die Entwicklungsländer dringen mit ihrer Forderung nach mehr Hilfe von den Industriestaaten nicht durch.
● Frankreich will in den nächsten zwei Jahren die Hälfte seiner rund 50'000 in der BRD stationierten Truppen abziehen.
● Im Herbst streiken Hunderttausende von Mittelschülern in verschiedenen Städten. Erinnerungen an die 68er-Unruhen werden

wach. Die Regierung stellt einen Sonderkredit von 4,5 Milliarden Francs für die Schulen bereit.
● Während der Golfkrise verstärkt Frankreich seine Flottenpräsenz in der Region. Anfang November erreicht es ohne offizielle Konzessionen die Freigabe aller französischen Geiseln durch den Irak.

Griechenland

● Am 8. April führen die dritten Parlamentswahlen innerhalb von zehn Monaten zu einem Machtwechsel zugunsten der Konservativen. Konstantin Mitsotakis, Führer der siegreichen Partei Nea Dimokratia, wird neuer Ministerpräsident. Am 4. Mai wählt das Parlament Konstantin Karamanlis zum Staatspräsidenten. Bei den Kommunalwahlen vom 14. Oktober siegt mehrheitlich die regierende Nea Dimokratia vor den Sozialisten und Kommunisten.
● Die USA und Griechenland einigen sich am 8. Juli auf ein neues Stützpunktabkommen. Schwerpunkt der militärischen Präsenz der USA wird die Insel Kreta.

Grossbritannien

● In London fordert Ende März eine Demonstration gegen die Kopfsteuer mit über 35'000 Teilnehmern fast 500 Verletzte.
● Bei den Gemeindewahlen vom 3. Mai erzielt die oppositionelle Labour-Partei Gewinne. Die Sozialdemokratische Partei unter David Owen löst sich am 3. Juni auf.
● Die internationale Ozonschutz-Konferenz vom 29. Juni in London beschliesst, bis zum Jahr 2000 die Verwendung von ozonzerstörenden Fluorchlorkohlenwasserstoffen (FCKW) zu verbieten.
● Die Verhandlungen zwischen London und Dublin über die politische Zukunft von Nordirland bleiben ohne Ergebnis.
● In der Golfkrise unterstützt Grossbritannien die USA mit einer verstärkten Flotte und droht mit militärischem Einsatz.
● Am 22. November tritt Premierministerin Margaret Thatcher zurück, nachdem sie in der ersten Wahlrunde als Parteichefin der Tories nicht bestätigt wurde. Ihr Nachfolger in beiden Ämtern wird John Mayor.

Irland

● Die parteilose Anwältin Mary Robinson gewinnt am 9. November überraschend die Präsidentschaftswahlen.

Italien

● Die Kommunistische Partei beschliesst am Sonderparteitag vom 11. März in Bologna eine radikale Richtungsänderung hin zur modernen linken Reformpartei. Bei den Regionalwahlen im Mai verliert sie hohe Stimmenanteile an autonomistische Regionalgruppen, in der Lombardei sind es 20 %.
● Im Lastwagen-Transitkrieg im Oktober fordert Italien von Österreich mehr Durchfahrtsgenehmigungen, Österreich lehnt ab, Italien sperrt vorübergehend die Grenzen.
● Beim Besuch des sowjetischen Staatschefs Gorbatschow in Rom unterzeichnen die beiden Staaten am 18. November einen Freundschafts- und Kooperationsvertrag.

Jugoslawien

● Bei schweren Unruhen in der mehrheitlich von Albanern bewohnten Provinz Kosovo fordern die Demonstranten freie Wahlen und ein Ende der Diskriminierung. Im Juli erklären die albanischen Abgeordneten die zu Serbien gehörende Provinz Kosovo zur Teilrepublik. Darauf löst die Regierung von Serbien das Parlament von Kosovo auf. Ende September verabschiedet das serbische Parlament eine Verfassung, die ein Mehrparteiensystem, Gewaltentrennung und Marktwirtschaft einführt und die politische Autonomie der Provinzen Kosovo und Vojvodina massiv beschneidet.
● In der Teilrepublik Slowenien finden am 8. April die ersten freien Wahlen statt. Im Juli verabschiedet das Parlament eine Souveränitätserklärung. Im Oktober übernimmt Slowenien gegen den Widerstand

Kosovo-Albaner demonstrieren gegen serbische Übermacht.

Belgrads die Territorialverteidigung in Ljubljana. Darauf besetzen am 11. Oktober jugoslawische Streitkräfte die Gebäude.
- In der Teilrepublik Kroatien finden am 22. April und 6. Mai die ersten freien Wahlen statt. Die konservativ-bürgerliche Kroatische Demokratische Gemeinschaft erringt das absolute Mehr im Parlament.
- Die jugoslawische Teilrepublik Bosnien-Herzegowina erklärt sich am 1. August zum souveränen Staat.

Liechtenstein
- Das Fürstentum wird am 18. September als 160. Mitglied in die Uno aufgenommen.

Malta
- Malta beantragt am 16. Juli die Mitgliedschaft in der Europäischen Gemeinschaft.

Norwegen
- An der Uno-Umweltkonferenz vom 16. Mai in Bergen blockieren die USA verbindliche Abkommen zur Begrenzung des Kohlendioxid-Ausstosses.
- Am 3. November übernimmt eine Minderheitsregierung der Arbeiterpartei unter Frau Gro Harlem Brundtland die Regierungsmacht, nachdem die Bürgerlichen wegen ihrer Uneinigkeit in der EG-Frage kein regierungsfähiges Kabinett zustande bringen konnten.

Österreich
- Am 12. Juli wird die Autobahnbrücke bei Kufstein wegen Einsturzgefahr gesperrt. Darauf spitzt sich der Lastwagen-Konflikt zwischen Italien und Österreich zu. Italien sperrt vorübergehend die Grenzen.
- In Sonderverhandlungen mit dem irakischen Präsidenten Saddam Hussein erreicht am 25. August Bundespräsident Kurt Waldheim die Freilassung aller österreichischen Geiseln.
- Bei den Nationalratswahlen vom 8. Oktober behauptet die SPÖ ihre führende Stellung. Ihr Koalitionspartner, die ÖVP, erleidet eine schwere Niederlage. Jörg Haiders Freiheitliche Partei FPÖ kann ihre Sitzzahl von 15 auf 33 steigern.

Polen
- Die kommunistische Polnische Vereinigte Arbeiterpartei löst sich im Januar auf und konstituiert sich neu unter dem Namen Sozialdemokratie der Republik Polen.
- Lech Walesa wird am 21. April in seinem Amt als Vorsitzender des polnischen Gewerkschaftsbundes Solidarnosc bestätigt. Im Juli gründen prominente Mitglieder der Solidarnosc eine eigene Partei.
- Ministerpräsident Mazowiecki verliert am 25. November die Staatspräsidenten-Wahl. Im zweiten Wahlgang steht Lech Walesa Stanislaw Tyminski gegenüber.

Rumänien
- Anfang Februar konstituiert sich der Rat der Nationalen Einheit, der bis zu den Wahlen als Übergangsparlament amtet.
- Am 20. Mai finden die ersten freien Wahlen seit 53 Jahren statt. Interimspräsident Ion Iliescu von der regierenden Front zur nationalen Rettung wird mit 87 Prozent der Stimmen zum Staatschef gewählt.
- Am 13. Juni setzt die Regierung Tausende von Bergarbeitern als paramilitärische Ordnungshüter ein und lässt den seit mehreren Wochen von Oppositionellen besetzten Bukarester Universitätsplatz gewaltsam räumen. Die Unruhen halten an; im November demonstrieren Hunderttausende im ganzen Land gegen die Regierung von Ion Iliescu und fordern seinen Rücktritt.

Tschechoslowakei
- Die Tschechoslowakei erhält einen neuen Staatsnamen: Tschechische und Slowakische Föderative Republik (CSFR).
- Das tschechische Bürgerforum und die slowakische Schwesterorganisation «Öffentlichkeit gegen Gewalt» gehen am 9. Juni als klare Sieger aus den ersten freien Parlamentswahlen seit 1946 hervor.
- Staatspräsident Vaclav Havel wird vom Parlament für weitere zwei Jahre in seinem Amt bestätigt.

Ungarn
- Die ersten freien Parlamentswahlen seit über 40 Jahren gewinnt klar das konservative Demokratische Forum. Am 23. Mai wird Jozsef Antall neuer Ministerpräsident.
- Im Juni beantragt Ungarn den Austritt aus dem Warschauer Pakt.
- Am 3. August wird der liberale Politiker und Schriftsteller Arpad Göncz, seit Mai interimistischer Staatschef, zum Staatspräsidenten gewählt.

Stiller Wahlsieger: Jörg Haiders Freiheitliche Partei Österreichs kann ihre Mandate im Nationalrat von 15 auf 33 steigern.

UdSSR

Nationalitäten-Konflikte

● In mehreren Teilrepubliken kommt es anfang 1990 erneut zu blutigen Auseinandersetzungen zwischen den verschiedenen Nationalitäten. In Tadschikistan richten sich die Ausschreitungen im Februar gegen Russen, Ukrainer und andere nichttadschikische Gruppen. Über Teile Kirgisiens wird im Juni nach gewalttätigen Unruhen zwischen Kirgisen und Usbeken der Ausnahmezustand verhängt.

● Im Kaukasus verschärft sich der Konflikt zwischen christlichen Armeniern und moslemischen Aserbeidschanern um die zu Aserbeidschan gehörende armenische Enklave Nagorny Karabach. Nach Pogromen an der armenischen Bevölkerung schickt Moskau Truppen nach Baku, die auf bewaffneten Widerstand der aserbeidschanischen Volksfront stossen.

Streit mit den Republiken

● Die Unabhängigkeitsbestrebungen der drei baltischen Staaten führen zu Konflikten mit der sowjetischen Zentralregierung. Im März erklärt Litauen seine sofortige Unabhängigkeit. Estland und Lettland proklamieren ebenfalls die Unabhängigkeit, sehen aber eine Übergangsfrist vor. Darauf verhängt Moskau im April Wirtschaftssanktionen gegen Litauen. Mitte Jahr kommt es zu Verhandlungen über das Ausscheiden Litauens aus der Sowjetunion, nachdem die litauische Führung unter Präsident Landsbergis die Unabhängigkeitserklärung vorübergehend ausgesetzt hat.

● Angesichts der wachsenden Autonomiebestrebungen auch in anderen Teilrepubliken der Sowjetunion beginnen im Juni Verhandlungen über einen neuen Unionsvertrag, der den Sowjetrepubliken grössere Souveränitätsrechte einräumen soll. Bis Mitte 1990 erklären acht Republiken ihre Souveränität und beschliessen, dass ihre Verfassung und Gesetze Vorrang vor denen der Sowjetunion haben sollen.

● Die ersten freien Wahlen in der Sowjetrepublik Georgien Ende Oktober gewinnt die Opposition. Alle Parteien – einschliesslich der Kommunisten – befürworten den Austritt Georgiens aus der UdSSR nach einer Übergangsperiode von rund fünf Jahren.

Reformprozesse

● Die Radikalreformer innerhalb der KPdSU, zusammengeschlossen in der Demokratischen Plattform, kritisieren das schleppende Tempo des Demokratisierungsprozesses und der wirtschaftlichen Umgestaltung. Auf dem Parteitag erklären rund 25 Reformer, unter ihnen der profilierteste Gegenspieler Gorbatschows Boris Jelzin, ihren Austritt aus der KPdSU und kündigen die Gründung einer eigenen Partei an. Im Mai wird Jelzin zum Präsidenten des Obersten Sowjets in Russland (RSFSR), der mit 150 Millionen Einwohnern grössten Teilrepublik, gewählt. Die Parlamentswahlen in der RSFSR, bei denen die Wähler erstmals frei zwischen konkurrierenden Kandidaten entscheiden können, werden zum Erfolg für die Reformkräfte.

● In Moskau bilden im Oktober neun nichtkommunistische Parteien die Bewegung Demokratisches Russland und fordern den Rücktritt von Ministerpräsident Ryschkow.

● Auf dem Parteitag der KPdSU kommt es zu scharfen Auseinandersetzungen zwischen Vertretern der Politik der Perestroika und konservativen Parteitagsdelegierten. Die Reformgegner machen Gorbatschows Politik für die Wirtschaftskrise, den wachsenden Separatismus der Teilrepubliken und den Umbruch in Osteuropa verantwortlich. Der Gründungskongress der Kommunistischen Partei in der Sowjetrepublik Russland im Juni wird von den Konservativen dominiert.

● Der Volksdeputiertenkongress verabschiedet eine Verfassungsänderung, die mit der Streichung des Führungsanspruchs der KPdSU die Voraussetzung für einen Parteienpluralismus schafft. Gorbatschow wird mit grossem Mehr zum ersten Präsidenten der Sowjetunion gewählt, ein neues Amt mit grosser exekutiver Vollmacht.

Gegenspieler im Kampf der Republiken um Unabhängigkeit: Litauens Präsident Vytautas Landsbergis (oben), Friedensnobelpreis-Träger Michail Gorbatschow

● Die Abgeordneten des Obersten Sowjets schaffen am 9. Oktober die Grundlage für ein Mehrparteiensystem; alle Parteien und Organisationen erhalten die volle politische Gleichberechtigung.

● Ministerpräsident Ryschkow legt ein Wirtschaftsprogramm vor, das den Übergang zur regulierten Marktwirtschaft beschleunigen soll. Kern des Programms ist die Abschaffung der Preissubventionen, eine Vorbereitung für die schrittweise Freigabe der staatlich kontrollierten Preise. Die Lebensmittelpreise werden sich dadurch anfang 1991 voraussichtlich verdoppeln. Bis 1993 sollen ausländische Direktinvestitionen erleichtert, das Staatsmonopol in der Wirtschaft aufgehoben und Aktienmärkte geschaffen werden. Die Zahl der Arbeitslosen während des Übergangs wird auf bis zu 40 Millionen geschätzt.

Entspannung und Abrüstung

● Die Sowjetunion stimmt der Vereinigung der beiden deutschen Staaten und dem Beitritt Gesamtdeutschlands zur Nato zu. Die sowjetische Truppenstärke soll bis Ende 1990 um 500'000 Mann verringert werden.

● Im Zeichen der Entspannung zwischen Ost und West rückt die Sowjetunion während der Golfkrise vom Irak ab, stellt ihre Waffenlieferungen ein und hält sich an die Uno-Sanktionen.

● Für «die führende Rolle in jenem Friedensprozess, von dem wichtige Teile unserer Welt gegenwärtig geprägt sind», erhält Michail Gorbatschow den Friedensnobelpreis.

● Zusammen mit 22 weiteren 1966 bis 1988 ausgebürgerten Dissidenten wird Alexander Solschenizyn wieder die sowjetische Staatsbürgerschaft zuerkannt.

Naher und Mittlerer Osten

Afghanistan

● Der afghanische Präsident Mohammed Najibullah bietet Mitte Februar den Widerstandsgruppen einen sechsmonatigen Waffenstillstand und freie Wahlen an. Am 6. März scheitert ein Putschversuch unter Führung von Verteidigungsminister Shanawaz Tanai. Die unter sich zerstrittenen Mudschaheddin kämpfen weiter. Ihre Bedingung für Verhandlungen ist der Rücktritt des Regimes.

Irak/Kuwait

● Am 19. Juli bezichtigen sich Kuwait und Irak gegenseitig des Öldiebstahls in den Fördergebieten entlang der unklaren Wüstengrenze zwischen beiden Staaten. Am 24. Juli spitzt sich die Krise zu. Von der Grenze zwischen beiden Ländern werden massive Truppenbewegungen gemeldet. Ein Versöhnungsgespräch zwischen dem Irak und Kuwait findet nicht statt, da Iraks Forderungen (mehrere Milliarden Dollar für Einnahmeverluste wegen vertragswidriger Öl-Überproduktion und für angeblich gestohlenes Erdöl) für Kuwait unannehmbar sind.

● Am 2. August besetzen irakische Truppen das benachbarte Emirat Kuwait. Saddam Hussein begründet die Aktion mit einem angeblichen Hilfsgesuch von Putschisten. Der Emir von Kuwait Jaber al-Ahmed as-Sabah flieht nach Saudiarabien. Drei Tage später setzt Irak eine Übergangsregierung aus Offizieren ein.

● In einer Krisensitzung fordert der Uno-Sicherheitsrat Irak zum Rückzug auf. Die Invasion wird weltweit scharf verurteilt. Zahlreiche westliche Länder sperren irakische und kuwaitische Guthaben. Die Sowjetunion stellt die Waffenlieferungen an den Irak ein. Der Konflikt führt zu einem massiven Anstieg des Ölpreises bis auf 41 Dollar Ende September. Die Finanzmärkte in aller Welt reagieren mit hektischen Kursausschlägen und massiven Börsenverlusten. Die Europäische Gemeinschaft verhängt ein Ölembargo gegen Irak und Kuwait und stoppt ebenfalls die Waffenlieferungen. Am 6. August verhängt der Uno-Sicherheitsrat einen Wirtschaftsboykott

gegen Irak, der allen Mitgliedstaaten den Handels- und Zahlungsverkehr mit Irak und Kuwait verbietet.
- Kuwaitische Banken und Finanzinstitute machen London zu ihrer Basis für die Zeit der Besetzung. Dank der Lockerung des Embargos, das kuwaitisches Vermögen vor dem Zugriff des Irak schützen soll, können das Kuwait Investment Office KIO und die National Bank of Kuwait ihre Geschäfte weitgehend ungehindert abwickeln. Die irakische Invasion hat eines ihrer Ziele, die Kontrolle über die internationalen Finanzanlagen Kuwaits von 100 bis 200 Milliarden Dollar, verpasst.
- Am 8. August annektiert Irak offiziell das besetzte Kuwait und erklärt es zu seiner 19. Provinz. Der Uno-Sicherheitsrat erklärt den Anschluss für «null und nichtig». US-Präsident George Bush entsendet amerikanische Truppen und Kampfflugzeuge nach Saudiarabien, wo sie einen irakischen Angriff abwehren sollen. Im Lauf der Krise werden die amerikanischen Truppen gegen eine halbe Million stark, der grösste amerikanische Truppenaufmarsch seit dem Vietnamkrieg. Grossbritannien und Frankreich verstärken ihre Flottenpräsenz. Die USA streben die Schaffung einer multinationalen Streitmacht an; Grossbritannien, Frankreich, Italien, Saudiarabien, die Vereinigten Arabischen Emirate und Syrien beteiligen sich. Japan und die BRD liefern Geld- und Sachleistungen in Milliarden-Höhe.
- Am 9. August schliesst Saddam die Grenzen für westliche Ausländer. Tausende sitzen in Irak und Kuwait fest. Irak fordert alle ausländischen Botschaften in Kuwait auf, ihre Tätigkeit innerhalb von zwei Wochen nach Bagdad zu verlegen. Ausländer aus «aggressiven Staaten» werden als menschliche Schutzschilder in strategisch wichtige Einrichtungen gebracht.
- In Kairo billigt am 10. August die Gipfelkonferenz der Arabischen Liga mit einem knappem Mehr von zwölf gegen zehn Stimmen die Entsendung einer arabischen Streitmacht nach Saudiarabien.
- Saddam Hussein ruft zur Befreiung der heiligen Stätten des Islams in Saudiarabien auf; Mekka sei zur Geisel der Amerikaner geworden. Er bietet Verhandlungen zur Beilegung der Golfkrise an, verlangt aber den Abzug Israels aus allen besetzten Gebieten und den Rückzug Syriens aus Libanon. Daraufhin kommt es in Jordanien und in den von Israel besetzten Gebieten zu proirakischen Demonstrationen. Seinem früheren Kriegsgegner Iran bietet Saddam die Regelung aller Streitfragen an. Irak ist bereit, den Grenzverlauf im Schatt-al-Arab als Verhandlungsgrundlage zu akzeptieren, und lässt iranische Kriegsgefangene frei.
- Während der Golfkrise flüchten rund 185'000 Menschen – vor allem Gastarbeiter aus afrikanischen und asiatischen Ländern – aus Kuwait und Irak nach Jordanien. Ihre Lage ist prekär; es fehlt an Flugzeugen und Schiffen für ihren Weitertransport.
- Die USA verfügen eine rigorose Kontrolle aller Schiffe mit Waren für Irak an Bord, notfalls auch mit Waffengewalt. Am 25. August billigt der Uno-Sicherheitsrat diese militärische Durchsetzung der Sanktionen gegen Saddam.
- Die Bemühungen des Uno-Generalsekretärs um eine Entschärfung der Golfkrise scheitern im September. Rund 700 Ausländer, überwiegend Kinder und Frauen, dürfen den Irak verlassen. Weitere Bemühungen des IKRK für die festgehaltenen Ausländer bleiben erfolglos.
- Saddam Hussein zeigt sich im US-Fernsehen zusammen mit westlichen Geiseln; irakische Sender zeigen eine Rede von George Bush. Vor allem der Nachrichten-Sender CNN wird zum Kommunikationskanal zwischen den beiden Parteien.
- Ende September droht der Irak mit Angriffen auf die Ölfelder am Golf. Der Uno-Sicherheitsrat beschliesst darauf eine Luftblockade gegen den Irak.
- Geschickt nutzt Saddam die westlichen Geiseln, um seine politische Isolierung zu durchbrechen. Halboffizielle Delegationen verschiedener Länder wallfahren in den Irak und versuchen mit unterschiedlichem Erfolg, Geiseln freizubekommen.
- Die fünf ständigen Mitglieder des Uno-Sicherheitsrates einigen sich am 27. November auf eine Resolution, die den militärischen Einsatz gegen Irak sanktioniert, falls dieser seine Truppen nicht bis 15. Januar 1991 aus Kuwait zurückzieht.

Stellt seine Invasion in Kuwait als heiligen Krieg des Islam gegen westliche Aggressoren dar: Saddam Hussein vor Soldaten

Iran

- Im Nordwesten von Iran fordert ein verheerendes Erdbeben am 21. Juni rund 50'000 Tote und 200'000 Verletzte.
- Am 3. Juli treffen sich erstmals seit dem Inkrafttreten des Waffenstillstands im iranisch-irakischen Krieg die Aussenminister beider Länder zu Direktgesprächen.

● Nach der Invasion Kuwaits zeigt sich der Irak in den Verhandlungen sehr konziliant und lässt iranische Kriegsgefangene frei. Darauf verurteilt der Ayatollah Ali Khamenei den amerikanischen Militäraufmarsch in der Golf-Region und erklärt den Kampf gegen die Aggression der USA zum «Heiligen Krieg». Trotz der Angebote Sadams hält sich der Iran aber weitgehend an die Uno-Sanktionen gegen Irak.

Israel

● Am 15. März stürzt das Parlament die Regierung unter Ministerpräsident Itzchak Schamir mit einem Misstrauensvotum. Nach dreimonatigen, zähen Verhandlungen wird eine neue Koalitionsregierung wieder unter Schamir gebildet. Elf der 19 Ministern gehören dem Likud-Block an, die übrigen ultrarechten und religiösen Parteien.
● Ein junger Israeli erschiesst am 20. Mai bei Tel Aviv acht palästinensische Arbeiter. Das Massaker löst in den israelisch besetzten Gebieten Unruhen aus.
● PLO-Führer Yassir Arafat ruft Ende Mai in Genf den Uno-Sicherheitsrat auf, dem palästinensischen Volk in den von Israel besetzten Gebieten internationalen Schutz zu gewähren. Israel lehnt Uno-Beobachter in den besetzten Gebieten kategorisch ab. Die Entsendung einer Uno-Untersuchungskommission scheitert am Veto der USA.
● Bei Unruhen auf dem Tempelberg in Jerusalem erschiesst die israelische Polizei am 8. Oktober 21 Palästinenser, mehrere hundert Menschen werden verletzt. Der Uno-Sicherheitsrat verurteilt in einer Resolution die Gewaltakte der Polizei gegen waffenlose Palästinenser. Die Regierung weist die Resolution zurück. Am 12. November akzeptiert sie einen Kompromiss: Statt einer eigentlichen Kommission soll ein Uno-Beamter die Vorfälle untersuchen.

Jemen (Nord und Süd)

● Die Arabische Republik Jemen (Nordjemen) und die Demokratische Volksrepublik Jemen (Südjemen) vereinigen sich am 22. Mai. Staatsoberhaupt wird General Ali Abdallah Saleh. Hauptstadt der neuen Republik Jemen ist Sana.

Jordanien

● Während der Golfkrise flüchten 185'000 Menschen aus Kuwait und Irak ins Königreich. Ihre Lage verschärft sich im September; die internationalen Hilfsorganisationen rufen nach Hilfslieferungen sowie Flugzeugen und Schiffen für ihre Ausreise.
● Bei seinem Treffen mit US-Präsident Bush im August weist König Hussein auf die wirtschaftlichen Schwierigkeiten seines Landes bei der Befolgung der Uno-Sanktionen gegen Irak, will sie aber «respektieren».

Libanon

● Ende Januar brechen langdauernde Kämpfe zwischen der Armee des christlichen Generals Michel Aoun und der Christenmiliz Forces Libanaises von Samir Geagea aus. Am 9. März erklärt General Aoun den Krieg unter den Christen Libanons für beendet und bietet Syrien Verhandlungen zur Lösung des Libanon-Konflikts an. Die Kämpfe im christlichen Teil Libanons haben seit Jahresanfang mindestens 800 Tote gefordert. Ende März brechen zwischen den verfeindeten christlichen Parteien wieder Kämpfe aus.
● Am 13. Oktober kapituliert General Aoun und flüchtet in die französische Botschaft. Hizbollah-Kämpfer und Christenmilizen kämpfen um die von Aoun bisher kontrollierten Gebiete. Am 21. Oktober kommen der prominente Aoun-Anhänger Dany Chamoun und seine Familie bei einem Anschlag um. Anfang November stimmen alle bewaffneten Gruppen zu, Beirut zu verlassen. Präsident Hraoui will mit Gross-Beirut eine Zone völlig unter der Kontrolle der Regierung schaffen.

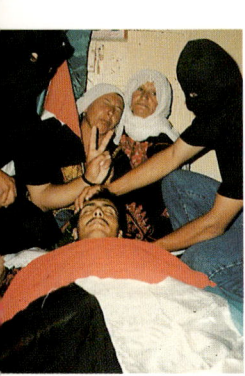

Ungelöste Palästina-Frage: ein Opfer im «Krieg der Steine» zwischen Israeli und Palästinensern

Kapituliert: Christengeneral Aoun

Wegen angeblicher Misswirtschaft abgesetzt und in den Wahlen klar geschlagen: Pakistans Ex-Premierministerin Benazir Bhutto

● Die radikale Palästinenser-Gruppe von Abu Nidal lässt am 10. April in Libanon drei europäische Geiseln frei. Mitte April werden zwei von Unbekannten verschleppte Amerikaner frei gelassen, im August dann auch die beiden Schweizer Emanuel Christen und Elio Erriquez.

Pakistan

● Die seit Jahren bestehenden Spannungen zwischen eingesessenen Pakistanern und eingewanderten indischen Moslems führen in den Städten Karachi und Hyderabad am 27. Mai zu schweren Unruhen, im Juni fordern die Konflikte 300 Tote
● Mitte Jahr verschärft sich die Kaschmir-Krise zwischen Pakistan und Indien.
● Am 6. August setzt Staatspräsident Ghulam Ishaq Khan die Premierministerin Benazir Bhutto wegen angeblicher Misswirtschaft ab, löst das Parlament auf und verhängt den Ausnahmezustand. Bei den Wahlen vom 24. Oktober wird Benazir Bhuttos Pakistan People's Party (PPP) deutlich geschlagen, neuer Premierminister wird Nawaz Sharif von der Islamisch Demokratischen Allianz.

Saudiarabien

● Bei einer Massenpanik in Mekka kommen am 2. Juli über 1400 Pilger um.
● Zum Schutz vor einer irakischen Invasion ruft König Fahd im August US-Truppen ins Land; die USA schicken Kampfflugzeuge, Kriegsschiffe und insgesamt gegen eine halbe Million Mann. Ende September versprechen die USA Saudiarabien Waffenlieferungen im Wert von 7,5 Milliarden Dollar.

Syrien

● Innenpolitisch kann Staatspräsident Assad an seinem repressiven Kurs festhalten. Bei den Parlamentswahlen im Mai wird lediglich der Anteil der Mandate, der nicht für Kandidaten der Regierungskoalition Nationale Progressive Front reserviert ist, von 18 auf 40 % erhöht. In der Golfkrise stellt sich Syrien gegen den Irak. Im Libanon wird seine Position nach der Kapitulation General Aouns stärker.

Türkei

● Im März bricht in Südostanatolien ein neuer kurdischer Aufstand aus. Der türkische Staat reagiert mit militärischer Härte und Aufhebung der Pressefreiheit. Im Schatten der Golfkrise nimmt die Gewalt gegen die Kurden zu. In einem Brief an alle Europaratsstaaten kündigt die Türkei an, die Menschenrechtskonvention könne im Südosten aus «Gründen der nationalen Sicherheit» nicht mehr angewendet werden.
● In der Golfkrise rückt die Türkei vorsichtig vom Nachbarn Irak ab. Als Nato-Partner weiss sie sich geschützt und wird von den USA mit zusätzlichen Waffenlieferungen belohnt.

Zypern

● Zypern beantragt am 4. Juli formell die Mitgliedschaft in der Europäischen Gemeinschaft.

Afrika

Ägypten

● Soziale Spannungen und die weitverbreitete Armut führen zu einer verstärkten Hinwendung zu extremistischen Moslemgruppen. In Kairo tagt am 10. August unter dem Vorsitz des ägyptischen Staatspräsidenten Mubarak die Gipfelkonferenz der Arabischen Liga und billigt mit knappem Mehr die Entsendung einer Streitmacht nach Saudiarabien gegen die irakische Invasion.

Algerien

● Die Sozialistische Einheitspartei FLN wagt im Frühjahr die politische Öffnung und setzt freie Wahlen an. In freien Gemeindewahlen gewinnt darauf die fundamentalistische Islamische Heilsfront die Mehrzahl der Mandate.

Elfenbein-Küste

● Präsident Félix Houphouet-Boigny schenkt dem Papst Johannes Paul II anlässlich seines Besuchs am 25. Juni eine gigantische Petersdom-Kopie, das grösste Kirchenbauwerk Afrikas. Am 28. Oktober wird er mit grossem Mehr in seinem Amt bestätigt, die Opposition spricht von massivem Wahlbetrug.

Kamerun

● Präsident Biya wehrt sich mit allen Mitteln gegen eine Demokratisierung und verweigert der Sozial-Demokratischen Front die Registrierung als Partei.

Liberia

● Mit dem Einmarsch einer Rebellengruppe in die Region Nimba Country Ende 1989 beginnt ein blutiger Bürgerkrieg. Gegen eine halbe Million Menschen fliehen nach Guinea, Sierra Leone und Elfenbein-Küste. Rebellenführer Charles Taylor und seine Nationale Patriotische Front (NPF) lehnen eine Koalitionsregierung mit dem amtierenden Präsidenten Samuel Doe ab. Nach einem Massaker in der Hauptstadt Monrovia – 600 Menschen werden in der lutherischen Kirche von Regierungstruppen umgebracht – entsenden die Mitgliedstaaten der Westafrikanischen Wirtschaftsgemeinschaft im August eine Friedenstruppe, die aber den Konflikt zwischen Rebellen und Regierung nicht beilegen kann. Am 9. September wird Samuel Doe von Rebellenführer Prince Johnson gefangengenommen und hingerichtet. Am 22. September tritt auf Initiative der grössten Rebellengruppe, der Nationalen Patriotischen Front, ein Waffenstillstand in Kraft.

Libyen

● Zu Spannungen mit der BRD führt im März ein Brand in einer Chemiefabrik im libyschen Rabta. In der mit Unterstützung deutscher Firmen errichteten Anlage wurde angeblich Giftgas produziert.

Marokko

● Im Juli scheitern in Genf die West-Sahara-Gespräche zur Versöhnung zwischen Marokko und der Polisario. Marokkanische Truppen halten weiterhin das Polisario-Gebiet besetzt.

Moçambique

● Nach 14 Jahren Bürgerkrieg mit 600'000 Toten, 200'000 verwaisten Kindern und einer Million Flüchtlinge versuchen die Kampfparteien, Präsident Chissanos sozialistische Frelimo Organisation und die Söldnertruppe Renamo, einen Frieden herzustellen. Am 3. November verabschiedet die Staatspartei Frelimo eine Verfassung, die ein Mehrparteiensystem vorsieht.

Namibia

● Im Februar verabschiedet Namibias verfassungsgebende Versammlung ohne Gegenstimme eine neue Verfassung. Sam Nujoma, Vorsitzender der SWAPO, wird er-

Algerischer Fundamentalisten-Führer Abassi Madani auf der Partei-Versammlung vom 5. Juli 1990

Bürgerkrieg in Liberia:
Rebellenführer Major Charles Taylor

ster Präsident. Am 21. März wird Namibia als letztes afrikanisches Land nach 75 Jahren südafrikanischer Herrschaft offiziell in die Unabhängigkeit entlassen.

Nigeria

● Am 22. April scheitert ein Putschversuch von Offizieren gegen Präsident Babangida.

Rwanda

● Auf die Invasion von Rebellen der Patriotischen Front im Oktober reagiert die Regierung Rwandas mit der Verhängung des Belagerungszustandes.

Sahara

● Seit Monaten sind die meisten Tuareg-Stämme in der Sahara in Aufruhr. Sie verlangen Nahrungsmittel, Bewegungsfreiheit und soziale Anerkennung. Die Regierungen von Algerien, Libyen, Mali und Niger dagegen versuchen, ihre Wanderbewegungen zu kontrollieren.

Sambia

● In der sambischen Hauptstadt Lusaka brechen im Juni wegen Preiserhöhungen für Grundnahrungsmittel schwere Unruhen aus. Ein Putschversuch am 30. Juni gegen Präsident Kenneth Kaunda scheitert. Im Juli wird ein nationales Komitee gegründet, das die Einführung eines pluralistischen Systems vorbereiten soll.

Südafrika

● Am 2. Februar signalisiert Präsident de Klerk mit der Legalisierung des ANC und 33 weiterer Oppositionsgruppen die Abkehr von der bisherigen starren Apartheid-Politik der Weissen. Weitere Etappen des neuen Kurses bilden die Freilassung von Nelson Mandela (11. Februar), die Aufhebung des Gesetzes über die Rassentrennung in öffentlichen Einrichtungen (19. Juni) und die Zusicherung einer gestaffelten Amnestie aller politischen Häftlinge (7. August). Durch die Entspannung zwischen Schwarz und Weiss treten die bestehenden Konflikte zwischen verschiedenen schwarzen Gruppierungen, insbesondere zwischen dem Afrikanischen Nationalkongress ANC (dessen Mitglieder mehrheitlich zu den Xhosa gehören) und der Zulupartei Inkatha, deutlicher zu Tage. Die Kämpfe zwischen

Von der Inkatha (konservativer Zulu-Stamm) bei lebendigem Leib verbrannt: ein Mann des Xhosa-Stammes

den verschiedenen Stämmen und Parteien fordern mehrere hundert Todesopfer.

Zaire

● Im April tritt Mobutu vom Präsidium der Einheitspartei MPR zurück und lässt andere Parteien zu, bleibt aber Staatspräsident.

Ostasien

Australien
● Die Parlamentswahlen vom 24. März gewinnt knapp die Labour-Partei von Bob Hawke vor der Parteienkoalition unter dem liberalen Parteichef Andrew Peacock.

Burma
● Die Oppositionspartei Nationale Liga für Demokratie (NLD) siegt bei den Wahlen am 27. Mai. Die Militärs anerkennen den Wahlsieg nicht, worauf im Oktober der buddhistische Klerus in den Machtkampf eingreift und die Militärs und ihre Familien von den Glaubensriten ausschliesst – eine Exkommunikation der gesamten Armee.

China
● Der chinesische Parteichef Jiang Zemin verspricht Reformen, unterstreicht aber das strikte Festhalten der kommunistischen Führung am Marxismus. Kundgebungen zum Jahrestag des friedlichen Aufstands vom 4. Juni 1989 werden durch massive Polizeiaufgebote verhindert.

Indien
● In den Bundesstaaten Jammu und Kaschmir kommen im März bei blutigen Zusammenstössen zwischen moslemischen Separatisten und Sicherheitskräften mindestens 40 Menschen ums Leben. Die Auseinandersetzung mit Pakistan um Kaschmir verschärft sich im Verlauf des Jahres. Der Plan hinduistischer Extremisten, anstelle der Moschee in Ayodhya einen Tempel zu bauen, führt zu schweren Unruhen, spaltet die regierende Janata-Dal-Partei und kostet Premierminister Singh am 7. November das Amt. Nachfolger wird Chandra Shekhar.

Japan
● Trotz skandalträchtigen Affären gewinnt die Liberaldemokratische Partei (LDP) am 18. Februar zum zwölften Mal die Mehrheit der Sitze des Unterhauses. Am 28. Juni einigen sich die USA und Japan über ein Massnahmenpaket, um die Handelsungleichgewichte zwischen beiden Ländern zu verringern. Japan ist in aller Stille zur drittstärksten Militärmacht der Welt geworden und rüstet weiter massiv auf.

Kambodscha
● Die Uno versucht mit einer Interimsverwaltung den Abzug der vietnamesischen Truppen zu erreichen. Im August wird der Uno-Friedensplan von der Roten Khmer und anderen Widerstandsgruppen begrüsst. Die Konfliktparteien billigen die Schaffung eines Obersten Nationalen Rates, doch die Auseinandersetzungen dauern an.

Korea
● Auf Drängen Moskaus, das im Frühjahr diplomatische Beziehungen zu Südkorea aufnimmt, kann sich das nordkoreanische Regime von Kim Il Sung einem Dialog mit Südkorea nicht länger verschliessen: Am 4. September treffen sich zum ersten Mal seit der Teilung Koreas in Seoul die Ministerpräsidenten der beiden Teilstaaten.

Mongolei
● Die Perestroika erreicht die Mongolei: Im März tritt das Politbüro zurück, und das Parlament schafft das Machtmonopol der

Erste freie Wahlen in der Mongolei

KP ab. Bei den freien Wahlen am 22. Juli ziehen fünf Oppositionsparteien ins Parlament ein, doch erringt die kommunistische Revolutionäre Volkspartei in beiden Kammern die Mehrheit.

Nepal
● Am 6. April schlagen Soldaten vor dem Königspalast in der Hauptstadt Katmandu eine Massenkundgebung für Demokratie blutig nieder (über 200 Tote). König Birendra beugt sich darauf der Opposition und kündigt die Einführung eines Mehrparteiensystems an. Erstmals seit 30 Jahren erhält

Nepal am 19. April wieder eine Regierung, der Parteipolitiker angehören. Regierungschef wird Krishna Prasad Bhattarai.

Sri Lanka

● Im März verlassen die restlichen indischen «Friedenstruppen» das Land. Der Abzug der indischen Truppen, das Nachlassen der Anschläge singhalesischer Terroristen und der Beginn von Gesprächen zwischen Regierung und tamilischen Unabhängigkeitskämpfern führen zur Entspannung. Der Konflikt hat zwischen 1983 und 1990 rund 100'000 Todesopfer gefordert. Da die Regierung die Forderung der Tamilen nach einem eigenen Staat weiterhin ablehnt, beginnen im Sommer neue Kämpfe zwischen den tamilischen Tigern und der Armee.

Vietnam

● Am 29. September findet in New York ein erstes amerikanisch-vietnamesisches Aussenministertreffen seit dem Ende des Vietnam-Kriegs statt.

Nordamerika

Kanada

● Die Aussenminister der Nato und des Warschauer Pakts einigen sich im Februar in Ottawa auf eine Obergrenze von je 195'000 amerikanischen und sowjetischen Soldaten in Mitteleuropa, was den Rückzug von 360'000 sowjetischen und 85'000 amerikanischen Soldaten bedeutet.

● Die 1987 beschlossenen Zusätze zur kanadischen Verfassung, die Sonderrechte für Quebec vorsehen, scheitern Mitte Juni am Widerstand der Provinzen Manitoba und Neufundland. Gegner sind vor allem die Indianer, die dieselben Sonderrechte auch für sich fordern. Quebec droht darauf mit der Separation.

● Seit Juli kämpfen Mohawk-Indianer gegen die Erweiterung eines Golfplatzes auf ihrem Stammesgebiet. Die Regierung ruft die Indianer auf, ihre Waffen niederzulegen und die Barrikaden abzubauen, und lässt schliesslich am 1. September das von den Indianern besetzte Gebiet durch kanadische Soldaten räumen.

Kämpfen gegen Übergriffe der Weissen: Mohawk-Indianer in Kanada

Mexiko

● Papst Johannes Paul II. stattet Mexico im Mai einen einwöchigen Besuch ab. Präsident Carlos Salinas will sein mit 107 Milliarden Dollar verschuldetes Land mit liberaler Handelspolitik, gesenkten Zöllen und forcierter Reprivatisierung für einen Freihandelspakt mit den USA vorbereiten.

USA

● Zehn Tage nach seiner Flucht in die vatikanische Botschaft in Panama-City ergibt sich am 3. Januar der gestürzte panamesische Machthaber General Noriega den US-Truppen und wird nach Miami geflogen. Ein Bundesbezirksgericht klagt ihn des Drogenhandels und weiterer elf Delikte an. Die Verteidigung bestreitet die Zuständigkeit des Gerichts und bezeichnet Noriega als politischen Gefangenen.

● Nach der Wahlniederlage der Sandinisten im Februar hebt US-Präsident Bush am 13. März die Wirtschaftssanktionen gegen Nicaragua auf.

● Am 18. April endet in Washington die Klimakonferenz von 17 Ländern und der USA ohne Ergebnisse.

● Im April transportiert die Raumfähre «Discovery» das Teleskop «Hubble» ins Weltall. Es soll völlig neue Erkenntnisse über das Universum liefern.

● Gespräche der USA mit den Philippinen über US-Stützpunkte auf philippinischem Boden werden am 18. Mai erfolglos abgebrochen. Der alte Vertrag läuft im September 1991 aus.

● Im Juni wird der ehemalige amerikanische Sicherheitsberater John Poindexter wegen Beteiligung an der Iran-Contra-Affäre in allen Anklagepunkten für schuldig befunden und zu sechs Monaten Gefängnis verurteilt.

● US-Präsident George Bush und der sowjetische Präsident Michail Gorbatschow unterzeichnen bei den Gipfelgesprächen vom Juni in Washington zahlreiche Verträge und Absichtserklärungen unter anderem zur Reduzierung strategischer Waffen, zur drastischen Verringerung der C-Waffen-Arsenale sowie ein Handelsabkommen.

● Nach einjährigen Verhandlungen einigen sich die USA und Japan am 28. Juni über Massnahmen, die das Handelsungleichgewicht zwischen beiden Ländern verringern sollen.

● Am 2. Juli wird die frühere philippinische Präsidentengattin Imelda Marcos von einem New Yorker Geschworenengericht freigesprochen. Die Anklage lautete auf Veruntreuung und Diebstahl philippinischer Staatsgelder. Auch der saudiarabische Geschäftsmann Adnan Kashoggi wird freigesprochen.

● Auf der 6. Weltwirtschaftsgipfelkonferenz in Houston vom 9. Juli bekräftigen die Staats- und Regierungschefs der sieben führenden westlichen Industriestaaten ihre Bereitschaft, die Reform- und Demokratiebewegungen in der Sowjetunion zu unterstützen. Die Gatt-Unterhändler werden angewiesen, die Subventionen für die Landwirtschaft schrittweise abzubauen.

● Am 18. Juli ziehen die USA ihre diplomatische Anerkennung und finanzielle Unterstützung der kambodschanischen Guerillaorganisation von Prinz Sihanouk zurück und sind bereit zu Gesprächen mit Vietnam über die Lösung des Kambodscha-Konflikts. Das erste amerikanisch-vietnamesische Aussenminister-Treffen seit Ende des Vietnam-Kriegs findet Ende September in New York statt. Die USA und Vietnam streben eine Normalisierung ihrer Beziehungen an.

● Unter scharfen Sicherheitsvorkehrungen beginnt am 26. Juli der Abtransport amerikanischer Chemiewaffen aus der BRD. Die Giftgasgranaten sollen gegen den Protest der südpazifischen Inselstaaten auf dem Johnston-Atoll vernichtet werden. Zudem planen die USA, weltweit 151 Militärstützpunkte und -einrichtungen zu schliessen.

● Vor der Sommerpause verabschiedet der Senat das Verteidigungsbudget 1991 mit 289 Milliarden Dollar. Die dafür notwendigen Einsparungen sollen durch Abbau der Truppen und weniger Kredite für SDI erreicht werden.

● In der Golfkrise vom August schickt US-Präsident Bush Truppen, Kampfflugzeuge, Raketen und Panzer nach Saudiarabien als Schutz vor einem irakischen Angriff. Bis Ende Jahr sind es gegen eine halbe Million Mann. Auch die Flottenpräsenz im persisch-arabischen Golf wird massiv verstärkt. Im September fordern die USA eine internationale Verteilung der Kosten ihres militärischen Engagements im Golf. Es geht nach Ansicht von George Bush bei der Golfkrise auch darum, die mit dem Ende des kalten Kriegs geborene «neue Weltordnung» zu verteidigen. Am 25. August unterstützt die Uno, den Entschluss der USA, den Handelsboykott gegen Irak notfalls mit militärischer Gewalt durchzusetzen. Am 17. September verliert der Stabschef der US-Luftwaffe, General Michael Dugan, nach seinen umstrittenen Äusserungen über mögliche militärische Aktionen der USA gegen Irak seinen Posten.

● An der Ende September vom Uno-Kinderhilfswerk Unicef in New York organisierten Gipfelkonferenz verpflichten sich die Staats- und Parteichefs von über 70 Ländern in einer einstimmigen Erklärung, verstärkte Anstrengungen zu unternehmen, um die Not der Kinder zu lindern. Ziel ist die Senkung der Sterblichkeitsrate; täglich sterben weltweit 40'000 Kinder.

● Nach den Gewaltakten der Jerusalemer Polizei gegen demonstrierende Palästinenser, die zu über 20 Toten und mehreren hundert Verletzten führen, stimmen auch die USA im Uno-Sicherheitsrat für die Resolution gegen Israel.

Beraten über militärischen Einsatz im Golf: US-Präsident George Bush und seine Sicherheitsberater

● Nach monatelangem, für Präsident Bush peinlichem Ringen einigen sich die Regierung und der von den Demokraten bestimmte Kongress Ende Oktober auf eine Reduktion des Haushaltsdefizits in den nächsten fünf Jahren um 500 Milliarden Dollar. Das Sparziel soll durch Ausgabenkürzungen und – trotz gegenteiliger Wahlversprechen von Präsident Bush – durch Steuererhöhungen erreicht werden. Das Budget-Debakel hat wider Erwarten nur wenig Einfluss auf die Kongresswahlen vom 6. November. Die Demokraten können ihre Mehrheit in Senat und Repräsentantenhaus nur leicht ausbauen.

● Auf Antrag der USA beschliessen die fünf ständigen Mitglieder des Uno-Sicherheitsrates am 17. November eine Resolution, die den militärischen Einsatz gegen Irak sanktioniert, falls dieser seine Truppen nicht bis 15. Januar 1991 aus Kuwait zurückzieht.

Südamerika

Argentinien

● Am 20. Februar versöhnt sich Argentinien mit Grossbritannien, acht Jahre nach dem Falklandkrieg. Die Differenzen über den Status der Falkland Inseln bleiben davon jedoch unberührt. Der argentinische Staatspräsident Carlos Saul Menem versucht mit mehreren Stabilitätsprogrammen, die Inflation in den Griff zu bekommen. Zur Stärkung ihrer Wirtschaft beschliessen Argentinien und Brasilien im Juli, bis 1994 einen gemeinsamen Markt aufzubauen.

Brasilien

● Am 15. März leistet Fernando Collor de Mello den Amtseid als erster demokratisch gewählter Präsident seit 26 Jahren. Er übernimmt ein Land, das sich mit einer Jahresinflation von rund 5000 % in einem Wirtschaftschaos befindet. Seine Regierung ordnet im Rahmen eines rigorosen Wirtschaftssanierungsprogramms die Entlassung eines Viertels der 1,6 Millionen Staatsangestellten an. Zum Umweltminister wird der weltweit bekannte Umweltschützer José Lutzenberger berufen.

Chile

● General Augusto Pinochet tritt am 11. März nach 16 Jahren Alleinherrschaft zurück. Sein Nachfolger im Amt des Präsidenten wird der demokratisch gewählte Patricio Aylwin. Am 4. September erhält der frühere chilenische Staatspräsident Salvador Allende, 17 Jahre nach seinem Tod, ein Staatsbegräbnis.

Dominikanische Republik

● Bei den Präsidentschaftswahlen vom 16. Mai wird der bisherige Präsident Joaquin Balaguer von der konservativen Sozial-Christlichen Reformistischen Partei zum Wahlsieger erklärt.

El Salvador

● Vertreter der Regierung von El Salvador und der Befreiungsfront Farabundo Marti vereinbaren in Genf am 4. April die Wiederaufnahme von Friedensgesprächen. Nach vielen Verhandlungsrunden scheint die Aussicht auf Frieden immer noch gering. Hauptstreitpunkt ist die künftige Rolle der Streitkräfte.

Guatemala

● Die Regierungen von Honduras, Nicaragua, Guatemala, Costa Rica und El Salvador unterzeichnen am 17. Juni einen «Aktionsplan für Mittelamerika», der die Grundlage für eine geplante Wirtschaftsunion sein soll.

Haiti

● Nach heftigen Unruhen tritt Staatspräsident Prosper Avril am 10. März zurück. Bis zu den nächsten Wahlen übernimmt die Richterin Ertha Pascal Trouillot das Amt.

Kolumbien

● Die Regierungschefs der USA, Kolumbiens, Boliviens und Perus unterzeichnen im Anschluss an den Drogengipfel vom Februar die «Erklärung von Cartagena». Darin verpflichten sich die USA, die Wirtschaftshilfe zu erhöhen, mit der die Umstellung auf legale Nutzpflanzen ermöglicht werden soll. Die Liberale Partei siegt im März in den Parlamentswahlen, im Mai gewinnt ihr Kandidat César Gaviria die Präsidentschaftswahlen. Während des neunmonatigen Wahlkampfes kommen rund 1600 Menschen ums Leben, darunter drei Präsidentschaftskandidaten.

Kuba

● Die Parteiführung will mit inneren Reformen das «politische und institutionelle System der Nation perfektionieren». Nach der antikommunistischen Revolution in Osteuropa setzen die Exilkubaner in Florida und die US-Regierung auf ein baldiges Ende des Castro-Regimes. Castro will aber am marxistischen Kurs festhalten.

Nicaragua

● Überraschend verlieren Daniel Ortegas Sandinisten die Präsidentschafts- und Parlamentswahlen in Nicaragua: Am 25. Februar wird Violeta Chamorro vom Oppositionsbündnis UNO mit 55 % der Stimmen zum neuen Staatsoberhaupt gewählt. Einen Monat später erklären sich die Contras bereit, die Waffen niederzulegen, und am 19. April kommt es zu einem Waffenstillstandsabkommen. Bis zum 10. Juni soll die Entwaffnung der Guerillas abgeschlossen sein. Am 28. Juni wird der Bürgerkrieg in Nicaragua offiziell für beendet erklärt. Die wirtschaftlichen Probleme des Landes sind damit nicht gelöst: Im Oktober erklärt sich Nicaragua ausserstande, seine Auslandschulden in der Höhe von 11 Milliarden US-Dollar zurückzuzahlen.

Nicaragua: Wahlsiegerin Violeta Chamorro, Verlierer Daniel Ortega

Panama

● Zehn Tage nach seiner Flucht in die vatikanische Nuntiatur in Panama-City ergibt sich der gestürzte panamaische Machthaber General Manuel Antonio Noriega am 3. Januar den US-Truppen und wird nach Miami geflogen. Die USA klagen Noriega wegen Drogenhandels und weiterer Delikte an. Staatspräsident ist seit Dezember 1989 Guillermo Endara von der Authentischen Panamaischen Partei (PPA), der nach der Invasion der USA an die Macht kam.

Peru

● Bei den Präsidentschaftswahlen im April verfehlt der favorisierte Schriftsteller Mario Vargas Llosa deutlich die absolute Mehrheit und wird in der darauffolgenden Stichwahl vom Überraschungskandidaten Alberto Fujimori geschlagen. Dessen Regierung verkündet im August ein drastisches Programm zur Bekämpfung der Inflation. Die Preise für Lebensmittel werden massiv erhöht. Die Massnahmen führen zu schweren Unruhen mit Massenverhaftungen. Nach einer Welle von Terroranschlägen im Oktober nimmt die peruanische Polizei um die 8000 Personen fest.

Peru: Demonstration gegen die Wirtschaftskrise

Trinidad und Tobago

● Am 27. Juli versucht eine Gruppe schwarzer Moslems, die Macht an sich zu reissen. Ministerpräsident Arthur Robinson und andere Minister werden gefangengenommen. Mangels Unterstützung beenden die Putschisten nach einigen Tagen ihr Vorhaben und lassen alle Geiseln frei.

Persönlichkeiten, die auffielen

MENSCHEN

Aufwärts zum Gipfel

Zum 125. Jubiläum der Erstbesteigung erwies auch Adolf Ogi dem Matterhorn die Honneurs. Medienwirksam in alle Schweizer Stuben übertragen, wagte sich der Verkehrsminister in die dünne Gipfelluft von 4478 Metern über Meer. Dabei wurde er für einmal nicht von Staus geplagt, der schönste Schweizer Berg war für gewöhnliche Sportler gesperrt.

Strahlen für 1991

Voll Optimismus will Marco Solari nach dem CH-91-Debakel eine allen genehme 700-Jahr-Feier realisieren. Doch im Jahr des Fichenskandals hatte er's nicht leicht: Viele Künstler meldeten ihren Boykott an, und auch bei den übrigen Schweizern wollte keine rechte Feststimmung aufkommen. Stell Dir vor, die Schweiz hat ihren 700. Geburtstag, und keiner geht hin.

Letzter Schrei aus der DDR

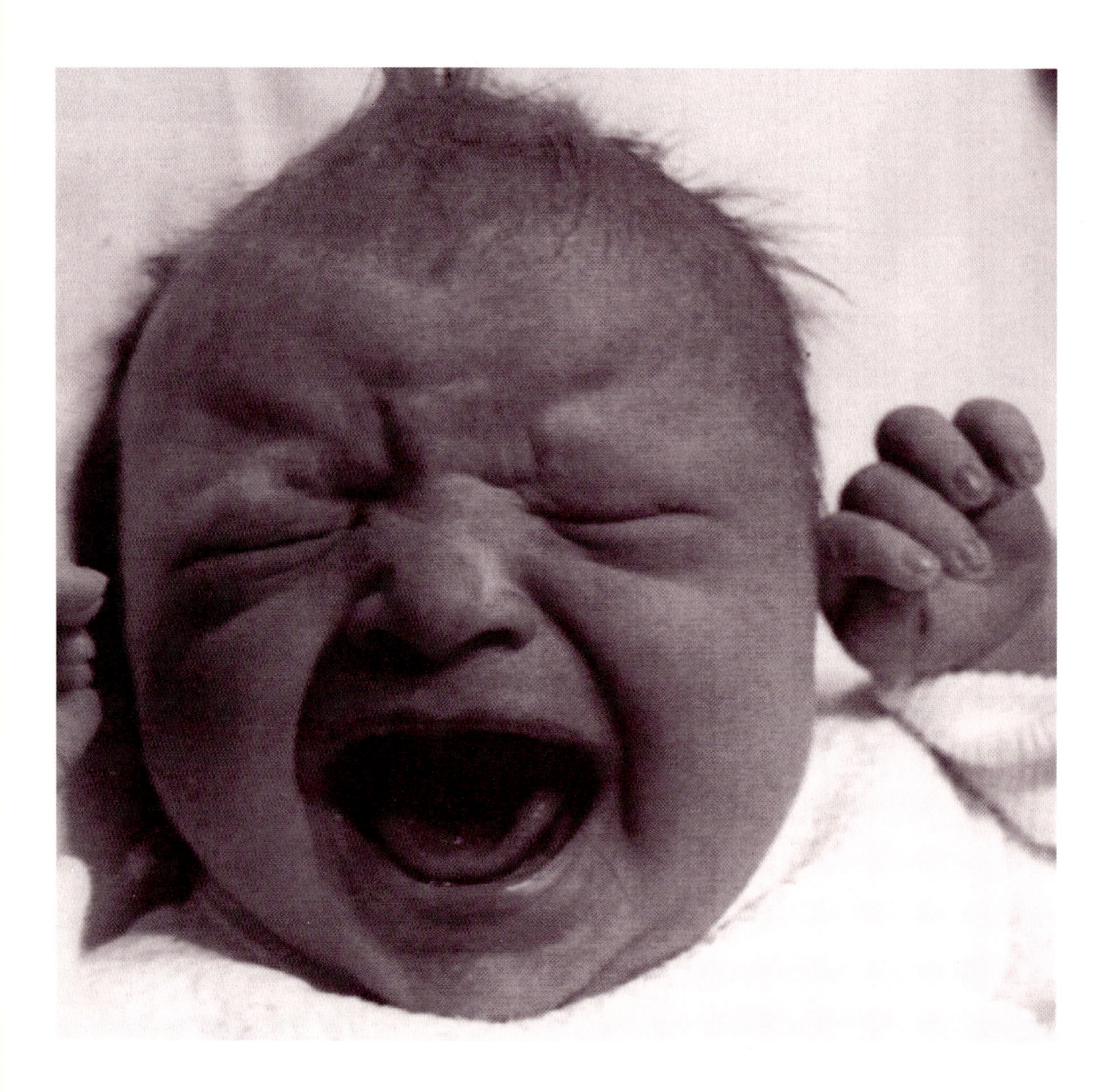

Kaum auf der Welt, war ihr schon ein Platz im Kuriositäten-Kabinett der Geschichte sicher. Die kleine **Sarah Liebig**, am 2. Oktober 1990 um 23.58 Uhr in Leipzig geboren, ist die jüngste und letzte DDR-Bürgerin überhaupt. Zwei Minuten nach ihrem ersten Schrei wurde ihr Heimatstaat der Bundesrepublik Deutschland einverleibt.

Kanzler im Glück

1990 war sein Erfolgsjahr; Helmut Kohl, erster Kanzler aller Deutschen, war im rechten Moment am Ruder. Die Einheit und Souveränität Deutschlands, die Freundschaft Amerikas und Gorbatschows, das (zögernde) Vertrauen der europäischen Nachbarn – alles wurde seinem Konto gutgeschrieben. Wie hoch die Soll-Seite dieses Kontos ist, wird die Zukunft zeigen.

Ende des Geiseldramas

Genf, 14. August: Die IKRK-Delegierten **Emanuel Christen** und **Elio Erriquez** sind nach über 10 Monaten Geiselhaft im Libanon endlich frei. Über die Hintergründe der Geiselaffäre konnte oder wollte das IKRK nichts sagen. Christen zu den Spekulationen über seine Freilassung: "Lass ein Ja ein Ja sein, ein Nein ein Nein, und für uns ein Danke ein Danke."

Gesicht eines Opfers

Ohne Grund wurde der Tamile **Jeevan Selvarajah** von einem Schweizer niedergeschlagen und starb. Sein Pech, dass man ihm den Ausländer von weitem ansah. Rassenhass und Aggression gegen Fremdartige nehmen auch in der Schweiz zu. Selvarajahs Schicksal steht für alle Anschläge, den Terror und die Schiessereien, denen Asylanten 1990 ausgesetzt waren.

Frauen in den Ring

Noch einmal siegte am 29. April die Tradition; die Männer von Appenzell Innerrhoden verweigerten ihren Frauen das Stimm- und Wahlrecht zum dritten Mal. Doch sieben Monate später entschied das Bundesgericht einstimmig, dass die Gleichberechtigung auch für die Innerrhoder Frauen gelte. Die nächste Landsgemeinde wird von beiden Geschlechtern bestritten.

Der Millionen-Maler

Arm und einsam starb 1890 Vincent van Gogh; ein einziges Bild zu umgerechnet etwa 1000 Franken hatte er verkauft. 1990 war Van Gogh ein gutes Geschäft: Heerscharen pilgerten zu Jubiläums-Ausstellungen in Holland, sein «Porträt des Docteur Gachet» ging für 82 Millionen Dollar nach Japan, und sein Name auf Tellern und T-Shirts war für Traum-Umsätze gut.

Überraschende Siegerin

Die Sandinisten sahen dem sicheren Sieg entgegen, da gewann Violeta Chamorro die ersten freien Wahlen Nicaraguas. Die neue Präsidentin, die Witwe des legendären, 1978 von Somoza ermordeten Chamorro, versprach in ihrem Wahlkampf allen etwas. Doch wird sie angesichts des wirtschaftlichen und politischen Chaos im Land ihr Versprechen halten können?

Frei nach 27 Jahren

11. Februar: Nelson Mandela, der Hoffnungsträger der Schwarzen Südafrikas, ist frei. Der Vizepräsident des African National Congress ANC soll zwischen Schwarz und Weiss, aber auch zwischen den verschiedenen Parteien der Schwarzen vermitteln. Doch deren Anhänger liefern sich blutige Kämpfe. Reicht der Mythos Mandela, den schwarzen Widerstand zu vereinen?

Ambitiöse Blondine

1990 war das Jahr der **Madonna Louise Ciccone**. Gekonnt setzte sie sich in Szene als Marilyn Monroe im Video «Vogue» und als von Gaultier gestylter Vamp in ihrer Show «Blond Ambition World Tour». In Warren Beattys Comicverfilmung «Dick Tracy» schliesslich feierte sie als blonde Nachtklubsängerin auch ihr Comeback im Kino. We're breathless, Madonna!

Unbequemer Bestseller

Wieder nahm es **Jean Ziegler** mit den mächtigen Schweizer Banken auf. In «Die Schweiz wäscht weisser» zeigte er, wie die schmutzigen Milliarden des internationalen Drogenhandels in ihren Geldwaschanlagen verschwinden und sauber wieder in die Finanzmärkte gelangen. Zum Ärger der Geldwäscher gehörte Zieglers Buch zu den Bestsellern des Jahres 1990.

Hoppe, hoppe Reiter

... bevor er fällt, verkauft er: **Klaus J. Jacobs** überliess die Jacobs Suchard AG überraschend und zu einem überaus günstigen Preis dem amerikanischen Zigaretten- und Lebensmittelgiganten Philip Morris. Als Gründe nannte er Finanz- und Nachfolgeprobleme. Insider meinen, dass der Dressurreiter sich und sein Unternehmen schlichtweg überschätzt habe.

Die schöne Silberne

WELTKLASSE IN ZÜRICH

Über Hürden läuft **Anita Protti** (fast) der ganzen Konkurrenz davon. Am Leichtathletikmeeting in Zürich siegte sie, an den Europameisterschaften in Split erlief sie Silber. Seit 19 Jahren das erste Mal, dass eine Schweizerin auf dem EM-Siegerpodest stand. Und wenn Anita ihre Technik noch verbessert, liegt das nächste Mal vielleicht gar Gold drin.

Anwalt der Umwelt

1988 erhielt er den Alternativen Nobelpreis, 1990 wurde er zum Umweltminister von Brasilien ernannt: **José Lutzenberger** kämpft gegen die Zerstörung des Regenwalds, setzt sich ein für organische landwirtschaftliche Misch- statt Monokulturen und beweist, dass ökologisches Denken und Handeln auch in der Dritten Welt möglich ist.

Ungeliebter Hirte

Seit Wolfgang Haas als Bischof von Chur amtet, ist in der katholischen Kirche der Teufel los. Der erzkonservative, dem Opus Dei nahestehende Hirte besetzt wichtige Posten selbstherrlich mit seinen Leuten und stellt sich gegen alle Reformversuche. Kein Wunder, dass ihm die fortschrittlicheren seiner Schäfchen davonlaufen.

Themen, die das Jahr prägten

BRENNPUNKTE

Umwelt und Politik fordern ein Bauernopfer

Von Bernhard Raos, freier Journalist in Diepoldsau

Das Jahr 1990 markiert einen Wendepunkt in der schweizerischen Landwirtschaft: Der internationale Druck auf die Berner Subventionspolitik und wachsender Unmut über Umweltsünden und Überschüsse zwingen zum Kurswechsel. Anstatt das Übel an der Wurzel zu packen, sucht die konventionelle Landwirtschaft ihr Heil in Scheinlösungen. Dabei wäre eine konsequente Umstellung auf biologischen Landbau eine einmalige Chance für die Schweiz.

Es ist stotziges, hügeliges Land, auf dem Vollerwerbsbauer Felix Tobler aus dem appenzellischen Rehetobel seit viereinhalb Jahren wirtschaftet – Bergzone 2 nach der staatlichen Norm. Nur 3,8 Hektaren sind eigener Boden, 21 Hektaren konnte er rund ums Dorf zupachten. Da er über kein Milchkontingent verfügt, machte er aus der Not eine Tugend und setzte auf die extensive Schafhaltung. Dazu kommen 10 Aufzuchtrinder, 25 Muttersauen und 30 Hühner. Eine Hektare hat er mit Spezialkulturen bepflanzt: Erdbeeren, Kartoffeln, Gemüse und Heilkräuter.

Vor zwei Jahren entschloss sich der Jungbauer, seinen Betrieb auf biologischen Landbau umzustellen: «Meinen Standortnachteil bei den Spezialkulturen kann ich nur ausgleichen, wenn ich für meine Produkte einen höheren Preis erziele. Und der Konsument zahlt nur dann mehr, wenn er ein besseres Produkt erhält.»

Auf den Bio-Pfad brachte ihn auch die ökologische Einsicht. «Ich weiss, was auf die Kulturen gespritzt wird. Das ist der falsche Weg für Ernährung und Umwelt», sagt er. Ab 1992 wird er die «Knospe», die Schutz- und Kontrollmarke der Vereinigung schweizerischer biologischer Landbauorganisationen (VSBLO) führen dürfen.

Nach VSBLO-Richtlinien erhalten Betriebe erst zwei Jahre nach der Umstellung das begehrte Markenzeichen. «Knospe»-Bauern lassen sich regelmässig kontrollieren, um einem Etikettenschwindel vorzubeugen. Die Richtlinien stellen verbindliche Mindestanforderungen an die Düngung, den Pflanzenschutz und die Tierhaltung auf. Felix Tobler verzichtet daher auf chemische Spritzmittel und in der Schweinehaltung auf Antibiotika. Dafür nimmt er Mehrarbeit und Ertragsschwankungen in Kauf, und dass er mit seiner Art zu bauern im Dorf noch als Aussenseiter gilt. «Ich muss Lehrgeld bezahlen, aber am Bio-Landbau führt kein Weg vorbei», ist er überzeugt.

Szenenwechsel in das «Haus des Schweizer Bauern» an der Laurstrasse in Brugg: Das ehrwürdige Gemäuer atmet den bewahrenden Geist, der hier vorherrscht. Selbst zaghaften Kurskorrekturen versagte die Mehrheit der Bauern bislang jeweils lauthals die Gefolgschaft.

Da verwundert es nicht, dass Melchior Ehrler, Direktor des Schweizerischen Bauernverbandes (SBV), das Bio-Rezept zur Gesundung der eidgenössischen Scholle skeptisch beurteilt: «Wenn alle biologisch produzieren, bricht der Markt zusammen.» Ehrler, wendiger Tänzer auf allen Agrarhochzeiten, verneint jedoch gleichzeitig Berührungsängste: «Wenn Leute biologische Produkte kaufen, finde ich das gut. Wir müssen dann so flexibel sein, diese zu produzieren.»

Das ist das Stichwort: Produzieren, was der Boden hergibt, und der Staat garantiert Preis und Vermarktung. Bis heute gilt dies als Brugger Leitlinie. Doch damit ist es nun endgültig vorbei. Das dämmert auch den Verantwortlichen im SBV. In einem Strategiepapier zur «Landwirtschaft in den neunziger Jahren», das zurzeit die verbandsinterne Vernehmlassung durchläuft, heisst es: «Wir stehen vor einem eigentlichen Dilemma. Auf der einen Seite hat der SBV mit seiner Politik in der Vergangenheit eine Erhaltungspolitik betrieben und damit natürlich auch entsprechende Erwartungen

Milchsee: Überflussproduktion zu garantierten Preisen

Endstation Schlachthaus: Kotellets aus umweltbelastenden Mastfabriken

geweckt, auf der andern Seite zeigt ein Blick auf die Realität, dass sich diese Erhaltungspolitik nicht durchhalten lässt. Der Bauer wendet den technischen Fortschritt an und erhöht damit seine Leistungsfähigkeit auch in einer Situation, in der die Nachfrage nicht weiter steigt. Damit stehen wir vor dem Problem, dass der Entscheid des Bauern oft nicht so ausfällt, wie es die politischen Entscheidungsträger im Interesse eines guten Gelingens der Agrarpolitik erwarten.»

Ein Scherbenhaufen

Was der SBV damit verharmlosend umschreibt, sieht in nüchternen Zahlen verheerend aus. Eine im Juni veröffentlichte OECD-Studie veranschlagt die Unterstützung der schweizerischen Landwirtschaft durch den Steuerzahler und die Konsumenten auf jährlich 7,2 Milliarden Franken. Der Rohertrag betrug 1989 rund 9 Milliarden Franken. Von jedem Franken, den der Bauer verdient, stammen 80 Rappen aus direkten oder indirekten Zuschüssen. Damit sind wir Subventions-Weltmeister. Der Bauernverband kritisiert den OECD-Schlüssel, doch selbst das Bundesamt für Aussenwirtschaft kommt in seiner Schätzung noch auf stolze 6 Milliarden Franken für Agrarschutzmassnahmen – rund 1000 Franken pro Kopf der Bevölkerung.

In der Krise steckt jedoch die gesamte Weltagrarwirtschaft. Hochgetriebene Preise in den einzelnen Staaten führen zu einer chronischen Überproduktion, die dann nur dank reichlichem Subventionsfluss auf den internationalen Märkten Abnehmer findet. Das Überangebot führt wiederum zu sinkenden Weltmarktpreisen, was die Finanzhaushalte immer stärker belastet und Handelskonflikte programmiert. Steuerzahler und Verbraucher der OECD-Länder zahlen jährlich 300 Milliarden Franken zur Unterstützung ihrer Bauern!

Schuld an dieser Subventionitis sind die Bauern nicht allein. Sie sind Mitakteure einer verkehrten Politik, die in der Schweiz auf künstlich erhöhten Preisen, strengem Grenzschutz und Abschottung vom Weltmarkt beruht. Wohin dies führt, lässt sich am Beispiel der Milchkontingentierung exemplarisch aufzeigen:

Etwa ein Drittel des Endrohertrages der schweizerischen Landwirtschaft strömt aus den Zitzen von rund 800'000 Kühen. Und das immer reichlicher. Die Durchschnittsleistung der Milchspenderinnen nahm allein von Mitte der 60er bis Ende der 70er Jahre um ein Viertel zu. Da bei der Milch ein Garantiepreis mit staatlicher Übernahmepflicht bestand, reizte das System zur Produktion von Überschüssen.

1977 wollte der Bundesrat mit der Milchkontingentierung der Schwemme den Riegel schieben. Die Milchablieferung je Betrieb wurde individuell festgelegt. Der Bund liess sich die «Pioniertat» etwas kosten: 375,8 Millionen betrug die Milchrechnung. Mittlerweile muss der Steuerzahler über eine Milliarde Franken locker machen, um den nicht kostendeckenden Absatz der Milch auszugleichen. Hauptposten dabei ist die Käsesubvention mit einer halben Milliarde Franken. Da beträgt der Selbstversorgungsgrad zurzeit rund 145 Prozent, und wir leisten uns den Luxus des Exportes – bei EG-Preisen, die 1990 zwischen 30 und 52 Prozent unter dem helvetischen Niveau lagen. Von der gesamten Milchmenge lässt sich nur ein Drittel kostendeckend absetzen (Konsummilch, Joghurt, Rahm, Milchspezialitäten). Der Löwenanteil muss vom Bund künstlich verbilligt werden. Ein Scherbenhaufen; die Produktionslenkung ist nicht im Griff. Nach heutigem Stand würden 670'000 Kühe genügen, um den Inlandbedarf an Milchprodukten zu decken.

Doch damit nicht genug. Die im Talgebiet mit Zusatzfutter aus dem Ackerbau zu Höchstleistungen getriebenen Milchkühe gelten auch für die Bergbauern als Vorbild. Diese kaufen teures Kraftfutter zu. Damit sie sich das leisten können, müssen sie mehr produzieren. Und die Subventionsspirale dreht sich in die nächste Windung...

«Die Kontigentierung zementiert seit über einem Jahrzehnt die ökologisch wie sozial nicht sinnvollen Betriebsstrukturen der Milchproduktion. Sie wirkt sich auf die bäuerlichen Entfaltungsmöglichkeiten in den reinen Futterbaugebieten negativ aus. Da für diese rund 45'000 Betriebe nur wenig Produktionsalternativen bestehen, sind die Bauernfamilien von politischen Entscheidungen bezüglich Milchpreis und Direktzahlungen existentiell abhängig geworden», schreibt die Schweizerische Gesellschaft für Umweltschutz (SGU) in ihrem Leitfaden zur Ökologisierung der Landwirtschaft.

> **Steuerzahler und Verbraucher der OECD-Länder zahlen jährlich 300 Milliarden Franken zur Unterstützung ihrer Bauern!**

Teure Lager: Die Käsesubvention kostet den Bund eine halbe Milliarde jährlich.

Käfighaltung lebenslänglich: Industrielle Nahrungsmittelproduktion

In der Milchproduktion schreitet die Entwicklung zur Turbo-Kuh immer weiter fort. Das Kontingent kann mit immer weniger Tieren ausgeschöpft werden. Stallplätze für die Mast werden frei. Im Talgebiet nahmen die Tierbestände der Grossviehmast innert zehn Jahren um 25 Prozent zu, in der Bergzone 3 gar um 153 Prozent. In schöner Regelmässigkeit ist entweder der Rinder- oder der Schweinemarkt aus dem Lot.

Im Berggebiet ist die Rentabilität zudem geringer als im Tal, da es am kostengünstigen Mais für die Rindermast mangelt. Dies führt bei einem gesättigten Rindfleischmarkt zum Futtertourismus und zu einer Ausdehnung des Getreideanbaus in den Bergzonen. «Beides macht volkswirtschaftlich und ökologisch keinen Sinn», kritisiert die SGU zu Recht.

Bruderzwist

In der Produktionslenkung sind wir mittlerweile soweit, dass kein Spielraum mehr besteht, um die Leistungssteigerungen aufzufangen. Das führt – so der SBV – zu einer «innerlandwirtschaftlichen Zerreissprobe»: Betriebe mit einem gesicherten Grundeinkommen durchs Milchkontingent können in weniger geschützten Produktionszweigen wie dem Getreidebau mit tieferen Preisen leben als der spezialisierte Betrieb.

Der Kampf der Regionen um Produktionsanteile hat bereits begonnen. Nachdem der Bund die Getreideproduzenten 1990 mit 40 Millionen Franken zur Verwertung ihrer Überschüsse zur Kasse bat, wollen beispielsweise die Westschweizer Bauern wieder vermehrt in die Milchwirtschaft ausweichen und verlangen eine Neuverteilung der Milchkontingente. Berner und Bündner Bauern wiederum möchten eine Verdoppelung der Tierhalterbeiträge, während der SBV eher generelle Flächenbeiträge fordert. Dadurch würde sich das Füllhorn der Bundeshilfen aber tendenziell stärker über die Grossbetriebe ergiessen, was die Kleinbauern noch mehr ins Eck drängt. Am Subventionstrog kämpfen Berg- gegen Tal-, Milch- gegen Getreidebauern um die besten Plätze.

Bei den Bauern ist noch aus anderen Gründen Feuer im Dach. Das Bundesamt für Landwirtschaft wagt sich an die heilige Kuh «Paritätslohn». Bern will sie zwar nicht schlachten, aber zumindest abspecken.

> In schöner Regelmässigkeit ist entweder der Rinder- oder der Schweinemarkt aus dem Lot.

Die Landwirte in der Schweiz haben einen sogenannten paritätischen Lohnanspruch – ihre Arbeit ist gleich zu entschädigen wie jene eines qualifizierten Arbeiters in Industrie und Gewerbe. Entsprechend wird Jahr für Jahr bei den Preisrunden im Herbst am Hahnen der Bundeshilfe gedreht. Konkret: 1989 erwirtschafteten die 2500 Testbetriebe der Tal- und Hügelzone, die vom Bund zur Berechnung berücksichtigt werden, im Durchschnitt ein landwirtschaftliches Einkommen von 92'500 Franken. Davon wird nun ein Zinsanspruch für im Betrieb investiertes Eigenkapital von 16'500 Franken abgezogen. Der verbleibende «Arbeitsverdienst» wird durch 420 Arbeitstage geteilt, da die Mitarbeit von Bäuerin und Kindern angerechnet wird. Für letztes Jahr ergibt dies einen Tageslohn von 181 Franken, der 5 Franken über dem Paritätslohn liegt.

Das Bundesamt für Landwirtschaft schlägt nun vor, die Buchhaltungsbetriebe erstens strenger zu selektionieren und zweitens sowohl die 420 Berechnungstage wie auch den Zinsabzug zu reduzieren. Dagegen läuft der SBV Sturm, von einem «agrarpolitischen Overkill» ist gar die Rede. Brugg kommt nämlich für 1990 in seinen Paritätslohnberechnungen auf ein Minus von 32 Franken, was eine drastische Verschlechterung der Einkommenssituation bedeuten würde. Je höher das Manko, desto höher die bäuerlichen Preisbegehren: Diese Politik ist der Hauptgrund, weshalb die Preise in der Schweiz wesentlich über dem EG-Niveau liegen. Zum Vergleich: Das landwirtschaftliche Einkommen in der Schweiz liegt doppelt so hoch wie in der BRD.

GATT-Poker

Gewaltig unter Druck gerät die Schweizer Landwirtschaft durch die Verhandlungen um das Allgemeine Zoll- und Handelsabkommen GATT. Um die Landwirtschaft wird im Rahmen der «Uruguay»-Runde gerungen. Erklärtes Ziel ist ein Abbau der Handelsschranken, eine Öffnung der Märkte. Die Schweiz hat bei ihrem GATT-Beitritt 1966 die Landwirtschaft ausgeklammert, da sie kaum Agrargüter exportiert. Nun akzeptieren die Partner das helvetische Sonderzüglein nicht mehr.

Die Vorstellungen über den Abbau der Schutz- und Unterstützungsmassnahmen liegen dabei noch meilenweit auseinander. Die USA mit ihrer maroden Landwirtschaft

Zuviel Dünger: Die Gülle von 2 Millionen Rindern und 2 Millionen Schweinen...

...gelangt durch die überdüngten Böden ins Grundwasser und verseucht die Seen.

und dem gewaltigen Budgetdefizit will um 70 Prozent reduzieren; unter Einrechnung aller inneramerikanischen Klauseln bleibt immer noch ein effektiver Abbau von 35 Prozent. Die EG-Staaten offerieren eine Subventionskürzung von 30 Prozent, nehmen aber das hohe Preisniveau des Jahres 1986 als Basis – unter dem heutigen Strich ein Minus von 10 Prozent. Der Abbau soll nach EG-Vorstellungen in fünf Etappen bis 1996 erfolgen.

Die Vorschläge sind intern umstritten, die Kommission schleppt sich von Sitzung zu Sitzung und tritt an Ort. Die Schweiz fühlt sich im GATT-Poker – so David de Pury, Beauftragter des Bundesrates für Handelsverträge – «sehr isoliert», da ihr Bauernopfer noch um 10 Prozent unter dem EG-Angebot liegt.

Selbst der schweizerische Minimalabbau treibt die Bauernvertreter auf die Barrikaden, wie die Debatten in den eidgenössischen Räten zeigen. Doch Bundesrat Jean-Pascal Delamuraz markiert für einmal Härte. Er verlangt mehr Markt, niedrigere Preise und weniger Importschutz. Es brauche einen Strukturwandel. Für Bauernbetriebe, die bisher nur mit staatlicher Stützung überlebten, sei das Ende gekommen, sagte Delamuraz anfangs Oktober im Parlament. Hintergrund des Sinneswandels: Die Schweiz kann sich einen Handelskrieg nicht leisten, da sonst die gesamte Exportindustrie ins Abseits gerät. Von dort kommt aber das Geld, das die grosszügige Stützung der Landwirtschaft erst erlaubt.

Dabei kann es nicht um eine völlige Liberalisierung des Agrarhandels gehen. Das wird auch gar nicht verlangt und wäre sowohl sozial als auch ökologisch katastrophal: Zehntausende von Betrieben müssten aufgeben, während der Rest noch intensiver und umweltbelastender produzieren würde. Gegenüber den Industriebauern in EG und Übersee sind die marktwirtschaftlichen Spiesse in jedem Fall viel zu kurz. Die Schweiz verfügt pro Kopf der Bevölkerung über 19 Aren landwirtschaftliche Nutzfläche, die EG über 37 und die USA über 185. Mit Direktzahlungen, die an ökologische Bedingungen geknüpft sind, will Bern seine Bauern auch in Zukunft nicht darben lassen. Das GATT gesteht entsprechende Massnahmen zu, solange damit kein ökologisch getarnter Handelsprotektionismus getrieben wird. Und da muss nun der Grossteil der Schweizer Bauern gewaltig umdenken.

> **Die Schweiz kann sich einen Handelskrieg nicht leisten, da sonst die gesamte Exportindustrie ins Abseits gerät. Von dort kommt aber das Geld, das die grosszügige Stützung der Landwirtschaft erst erlaubt.**

Jahrelang auf Produktivitätssteigerungen gelenkt und fixiert, liessen sie die Ökologie links liegen.

Der Sündenfall

«Die Intensivierung der Schweizer Landwirtschaft mit ihren Eingriffen in die natürlichen Kreisläufe gefährdet die Stabilität und das gesunde Funktionieren dieses Gesamtsystems», bringt die Schweizerische Gesellschaft für Umweltschutz das Problem auf den Punkt. Konkrete Belege gibt es leider zuhauf:

● Seit 1950 ist der Verbrauch an Pestiziden pro Hektare Kulturland von 0,3 auf 1,9 Kilogramm gestiegen. Ein Teil davon wird zwar abgebaut; vor allem im Boden gibt es jedoch Speichervorgänge und innert weniger Jahre Wirkstoffkonzentrationen zwischen 10 und 50 Prozent. Über die Wechselwirkungen auf das Bodenleben und die Kulturen weiss man noch viel zuwenig. Nach Angaben des baselstädtischen Kantonslabors weisen die Hälfte der Obst- und Gemüseproben Pestizidrückstände auf. Am schlimmsten trifft es die Natur. So sterben bei einer «normalen» Blattlausbehandlung in einem Drescherbsenfeld unmittelbar nach der Giftdusche auch 60'000 Nutzinsekten pro Hektare. Die Resistenz der Schadinsekten dagegen wächst ständig.

● Kunstdünger und Futtermittel bringen den Stoffkreislauf durcheinander. Jährlich werden 16'000 Tonnen Reinstickstoff als Nitrate ins Grundwasser gewaschen. Von den als Luftschadstoffe bekannten Stickstoffformen stammen nach Berechnungen der Eidgenössischen Forschungsanstalt in Liebefeld 70'000 Tonnen aus der Landwirtschaft. Nitrate im Wasser und in der Nahrung sind ein Gesundheitsrisiko. Für 80 Prozent des Phosphoreintrags in den künstlich beatmeten Sempachersee sind die Bauern verantwortlich, vor allem die Schweinemäster mit ihren unsäglichen Tierfabriken.

● Vor neun Jahren ist das schweizerische Tierschutzgesetz in Kraft getreten, das auf dem Papier als eines der strengsten der Welt gilt. 1991 läuft die grosszügig gewährte Übergangsfrist für den Vollzug aus. In der Nutztierhaltung ist sie weitgehend ungenützt verstrichen. In mehreren Kantonen zeigen Kontrollen, dass noch mehr als die Hälfte der Rinder- und Schweineställe nicht den Auflagen entsprechen.

- Die Fruchtbarkeit des Bodens schwindet. So wird beispielsweise in vielen Schweizer Rebbergen der Richtwert von 50ppm Kupfer nach Bodenschutzverordnung um das Zehnfache überschritten. Kupfer «hilft» gegen die Pilzkrankheit «Falscher Mehltau», ist aber für Mikroorganismen schon in geringsten Mengen giftig; bei 15ppm leidet die Bodenatmung.
- Die Landwirtschaft ist hauptverantwortlich für die Verarmung der Natur. Innert weniger Jahrzehnte hat sie es geschafft, 40 Prozent der einheimischen Tier- und Pflanzenarten durch Melioration, Düngung und Flurbereinigungen auszurotten.

Scheinlösungen

Bauerndirektor Melchior Ehrler, wortgewaltiger Sachwalter seines Standes, windet sich: «Es lässt sich nicht bestreiten, dass es um die politische Akzeptanz einer Fortführung des bisherigen Systems nicht zum besten gestellt ist. Einfacher ausgedrückt: die Gesellschaft will nicht mehr für eine Landwirtschaft bezahlen, die zuviel produziert und dabei die Umwelt belastet.»

Den statistischen Beweis liefert das Oktober-Bulletin der «Demoscope»-Meinungsforscher. Zwischen 1979 und 1990 ist das Wohlwollen der Schweizer gegenüber dem Bauernstand von 53 auf 40 Prozent gesunken. Ein Jahr zuvor demonstrierte der Stimmbürger bei der «Kleinbauern-Initiative» für eine naturgemässere Landwirtschaft – sie wurde nur hauchdünn abgelehnt – den Sinneswandel.

Taktisch geschickt antwortete der SBV mit seiner «Volksinitiative für eine umweltgerechte und leistungsfähige bäuerliche Landwirtschaft». Sie wurde im Februar mit 260'000 gültigen Unterschriften eingereicht und will es allen etwas rechter machen, ohne viel von den eigenen Positionen aufzugeben. Vollmundig ist von einer «verantwortungsvollen Nutzung und Pflege der natürlichen Grundlagen» und einer «Versorgung der Bevölkerung mit qualitativ hochwertigen Nahrungsmitteln» die Rede. Die Beisszähne wurden der Initiative aber vorsorglich gezogen: So werden für die gewässerbelastende, bodenunabhängige Hors-sol-Produktion nur «Leitplanken» verlangt, und die Zulassungskriterien für die risikoreiche Gentechnologie sollen so festgelegt werden, dass man auf «alle Aufgaben der Landwirtschaft Rücksicht nimmt». Im Bereich der Hormone in der Tierhaltung will man den technischen Fortschritt «sinnvoll nützen» – was immer das auch heissen mag. Und bei Dünger und Pestiziden geht es um eine «sachgerechte und unbedenkliche Anwendung der Hilfsstoffe». Die SBV-Initiative wird ihrem ökologischen Anspruch nicht gerecht.

Auch die Vorschläge des Bundes zur Bewältigung der Agrar-Misere können nicht überzeugen. Am 15. Mai 1990 hat eine Expertenkommission unter der Leitung von Hans Popp, stellvertretender Direktor im Bundesamt für Landwirtschaft, ihren Bericht über «Direktzahlungen in der schweizerischen Agrarpolitik» abgeliefert. Er ist eine typisch eidgenössische Zangengeburt. Zunächst ergab sich nämlich in der Kommission keine Einigkeit über die Strategie. Als konsensfähig erwies sich schliesslich ein Mini-Schrittchen Richtung umweltgerechtere Landwirtschaft: Auch in Zukunft bleibt die Preisstützung in Verbindung mit Kontingentierungen der wichtigste Pfeiler der landwirtschaftlichen Einkommenspolitik, ergänzt mit Direktzahlungen. Empfohlen wird die «Integrierte Produktion» (IP). Auf einen einfachen Nenner gebracht, heisst das «so wenig Hilfsstoffe wie möglich, aber so viel wie nötig». IP-Bauern propagieren eine vielgliedrige Fruchtfolge, natürliche Lebensgemeinschaften sowie die Pflege und Erhaltung von Ausgleichsflächen.

Im Obst-, Wein- und Gemüsebau gibt es positive Erfahrungen; durch IP kommt man mit deutlich weniger Pestiziden aus. Ein Reinfall ist die Soft-Chemie im Getreidebau, wo zum Teil mehr Spritzmittel auf den Feldern landen als nach konventioneller Methode.

Der Popp-Bericht schlägt vor, die Umstellung auf IP zu subventionieren und auf Vertragsbasis zu fixieren. Entstehende Mehrkosten durch Mehraufwand und Mindererträge sollen aber soweit als möglich über den Markt abgegolten werden. Noch sind viele Fragen offen. Unterschiedliche Vorstellungen bestehen über das Wie. Die Kommission empfiehlt für den IP-Einstieg «nicht allzu strenge Richtlinien und allenfalls ein mehrstufiges, regional differenziertes System» sowie eine «minimale Kontrolle». In dieser unverbindlichen und ängstlichen Form wird IP ebenfalls zur Scheinlösung. Wer mehr für ein Produkt bezahlt, will eine echte Gegenleistung.

> «Lindenhof»-Bauer Ernst Frischknecht: «Heute ist es so, dass ein hoher Anteil der Subventionen gar nicht bis zum Bauern gelangt und bei den Verwertungsverbänden hängenbleibt.»

Für «naturnahe» Landwirtschaft

Wesentlich weiter als der Bauernverband und die Popp-Kommission geht die am 12. Juni 1990 von 23 Umwelt- und Konsumentenorganisationen sowie Linksparteien lancierte «Bauern- und Konsumenten-Initiative für eine naturnahe Landwirtschaft». Die Initiative hat mit dem LdU und der Arbeitsgruppe «Neue Agrarpolitik» zwei Väter, die sich erst nach einigem Hin und Her auf eine gemeinsame Linie einigen konnten. Ursprünglich waren zwei verschiedene Volksbegehren geplant, was die landwirtschaftlichen Reformkräfte unnötig zersplittert hätte. Herausgekommen ist auch hier ein Kompromiss:

● Verlangt wird eine «leistungsfähige, bodenbewirtschaftende, umwelt- und tierfreundliche Landwirtschaft». Erreicht werden soll dies unter anderem über marktgerechte Preise und Ausgleichszahlungen, Beiträge für die Erhaltung und Entwicklung einer vielfältigen Kulturlandschaft sowie den Schutz der genetischen Vielfalt bei Pflanzen und Tieren. Namentlich der biologische Landbau käme in den Genuss dieser Beiträge.

● Bei Annahme wird eine ausgeglichene Nährstoffbilanz über den standortgemässen Tierbesatz vorgeschrieben. Auf Handelsdünger und Pestizide werden Lenkungsabgaben erhoben, damit die Anwendung umweltfreundlicher Produktionsmethoden wirtschaftlich lohnend wird.

● Hilfsstoffe und Technologien in der Tier- und Pflanzenproduktion würden nur zugelassen, wenn die Gefährdung von Mensch, Tier und Umwelt ausgeschlossen ist.

● Für Nahrungs- und Futtermittel verlangt das Volksbegehren eine klare Deklaration von Produktionsmethode, Qualitätsmerkmalen und Herkunftsland.

Die Initiative ist die Faust im Nacken des Bauernverbandes und der Agrarpolitik des Bundes. Sie ist eine Synthese zwischen IP und biologischem Landbau. Die Initiative folgt weitgehend dem Öko-Leitfaden der SGU, erarbeitet durch die Schweizerische Stiftung zur Förderung des biologischen Landbaus in Oberwil. Fazit: «Durch die Reduktion des Pestizideinsatzes um 30 bis 50 Prozent und durch kulturtechnische Massnahmen werden gegen 50 Prozent des ökologischen Wirkungsgrades des biologischen Landbaus erreicht. Die periodische Anpassung der Richtlinien führt dazu, dass sich die Landwirtschaft schrittweise dem heutigen Stand des biologischen Landbaus annähert.»

Die Bio-Chance nützen

Die richtigen Konsequenzen hat Ernst Frischknecht, Bauer auf dem «Lindenhof» in Tann bei Rüti, schon vor 18 Jahren gezogen und seinen 16-Hektaren-Betrieb auf biologisch umgestellt. Er sieht sich durch die Entwicklung voll bestätigt: «Der Markt für unsere Produkte ist da, unser Image beim Konsumenten ist gut, und unter meinen Berufskollegen werde ich um meine Sicherheit und meine bessere Zukunft beneidet.» Schon in den 60er Jahren habe er gesehen, dass der schweizerische Weg in eine Sackgasse führe. Es sei gefährlich, einen Berufsstand von der Konkurrenz abzuschotten. Und: «So wenig ein Arbeiter Recht auf einen Arbeitsplatz hat, so wenig hat ein Bauer Recht auf Produktion.» Vergeblich warnte Ernst Frischknecht vor den Gefahren der Überdüngung und der Bodenzerstörung. Er bekam recht: «Heute begreift man langsam, dass die Folgekosten für die Umwelt viel stärker gestiegen, als die Koteletts vergleichsweise billiger geworden sind».

Auf dem «Lindenhof» ist der Nährstoffkreislauf geschlossen; es werden keine Hilfsstoffe verwendet. Die Schweine suhlen sich im Wühlbad, haben Auslauf und können ihre natürlichen Instinkte ausleben. Seine Produkte vermarktet Ernst Frischknecht unter dem «Knospe»-Zeichen weitgehend selber. Da er am Rand einer Stadt mit 12'000 Leuten wohne, gebe es kaum unerwünschten Ökotourismus durch den Direktverkauf, fügt er an.

Die Ansicht von SBV-Direktor Melchior Ehrler, dass der Markt bei einer landesweiten Umstellung auf biologischen Landbau zusammenbreche, wertet er als «demagogisch». Denn: «Wohl fällt die heutige Vorzugsstellung weg, dafür erübrigen sich die Verwertungskosten in Milliardenhöhe. Heute ist es so, dass ein hoher Anteil der Subventionen gar nicht bis zum Bauern gelangt und bei den Verwertungsverbänden hängenbleibt.»

Frischknecht macht noch eine weitere Rechnung: Zurzeit seien die Bio-Produkte noch rund 15 Prozent teurer. Diese Mehrkosten liessen sich erheblich senken, wenn sich der Markt einmal eingespielt habe.

Bio-Bauer Felix Tobler: Pfleglicher Umgang mit der Natur

Bodenschutz vor Erosion: Erdklee im Maisfeld

Statt Chemie: Mit dem Hackstriegel gegen Unkraut

Schweine im Freien: Tiere artgerecht halten

Untersuchungen der Eidgenössischen Forschungsanstalt für Betriebswirtschaft und Landtechnik in Tänikon (FAT) bestätigen, dass der Bio-Landbau konkurrenzfähig ist: Der Rohertrag pro Hektare liegt bei Bio-Betrieben mit 11'254 Franken um 9 Prozent unter den Vergleichsbetrieben. Der jährliche Arbeitsverdienst ist in etwa gleich hoch, allerdings ist der Arbeitsaufwand grösser. Niedriger sind die Sachkosten im Pflanzenbau, dafür sind die Arbeitskosten höher – aber auch die Preise besser.

Dass eine Umstellung der gesamten schweizerischen Landwirtschaft auf biologischen Landbau machbar ist und sich erst noch rechnet, zeigt die Studie «Möglichkeiten und Grenzen des biologischen Landbaus im Kanton Zug», erstellt durch das Forschungsinstitut für biologischen Landbau (FIBL) in Oberwil. Die Experten weisen nach, dass drei Viertel der Zuger Landwirtschaftsbetriebe eine ausgeglichene Produktionsstruktur aufweisen und daher mit relativ geringem Aufwand auf biologisch umstellen könnten. Das Gros des restlichen Viertels müsste grössere, aber machbare Strukturanpassungen vornehmen. In erster Linie wären die zu grossen Tierbestände abzubauen, um die Nährstoffbilanz ins Gleichgewicht zu bringen. Kaum eine Umstellungschance haben rund sechs Prozent der Haupterwerbsbetriebe, da sie «beinahe bodenlos» und industriell geführt werden. Es sind dies vor allem Schweinemastbetriebe. Betroffen wären auch rund ein Drittel der Nebenerwerbsbetriebe, die ebenfalls über keine landwirtschaftlichen Nutzflächen verfügen.

Die Umstellung würde die Zuger Volkswirtschaft zwischen 11 und 18 Millionen Franken kosten. Dem stehen bezifferbare Einsparungen an den Ausgaben gegenüber, die den Kanton Zug allein im Gewässerschutzbereich in den nächsten Jahren zwischen 20 und 85 Millionen Franken kosten werden. Bei einer Bio-Wende gingen nämlich die gewässerbelastenden Stickstofffrachten um 29, die von Phosphor um 40 und von Kali um 30 Prozent zurück. Gar nicht in Franken ausdrücken lässt sich die Zerstörung der Bodenfruchtbarkeit oder der Artenschwund.

In den Kantonen Bern und Baselland erhalten Umstellungsbetriebe staatliche Beiträge, in einer Reihe weiterer Kantone gibt es positive Ansätze. Die Popp-Kommission will IP- und Bio-Betriebe gleich behandeln. Seit 1988 hat Bern die Beiträge an das FIBL von 0,3 auf 1,3 Millionen jährlich aufgestockt. In Forschung und landwirtschaftlicher Ausbildung arbeiten Oberwil und die staatlichen Agrarier rege zusammen. Indes: Die sieben eidgenössischen Forschungsanstalten erhalten 70 Millionen pro Jahr, und verglichen mit den Milliardenbeträgen für die konventionelle Landwirtschaft, sind die öffentlichen Gelder für den Bio-Landbau nur Brosamen.

Zaudern statt handeln

Erst eine kleine Minderheit hat die Zeichen der Zeit erkannt und produziert nach den Richtlinien des biologischen Landbaus. Innerhalb der Gruppe der Bio-Bauern gibt es verschiedene Methoden (biologisch-organisch/biologisch-dynamisch) und Organisationen. Die sieben wichtigsten sind in der Vereinigung schweizerischer biologischer Landbauorganisationen (VSBLO) zusammengeschlossen. Rund 1000 Betriebe gehören ihr an – weniger als ein Prozent der Schweizer Betriebe. Hauptaufgabe der VSBLO ist die Kontrolle und die Erteilung der «Knospe».

Das Bio-Zeichen ist wohl markenrechtlich, nicht aber staatlich geschützt. In Bern wird die rechtliche Regelung für die naturbelassene Produktion seit Jahren von Amt zu Amt geschoben, wo man die Zeit mit der Frage vertrödelt, ob nun der Bio-Landbau besser im Konsumenteninformations- oder im Lebensmittelgesetz zu regeln sei.

Dadurch läuft die Schweiz als Pionierland des alternativen Landbaus Gefahr, den europäischen Bio-Zug zu verpassen. Noch ist unser Land in der Anbautechnik führend. Bis 1992 wird die EG eigene Regeln für die biologischen Produktion fixieren. Auch in den USA wird der Bio-Landbau vor allem in Hinblick auf den Export gefördert. Bauer Ernst Frischknecht sagt es deutlich: «Während man rundherum die Weichen stellt und beträchtliche Mittel investiert, wird bei uns die Nichtbehinderung des biologischen Landbaus bereits als Fortschritt gefeiert. Wir hinken der Entwicklung einmal mehr zehn Jahre hinterher».

Fünf Fragen an Melchior Ehrler

Immer mehr Bürgerinnen und Bürger verlieren das Vertrauen in die konventionelle Landwirtschaft. Macht Ihnen das keine Sorgen?

Melchior Ehrler: Doch; wir müssen das Vertrauen der Konsumenten zurückgewinnen. Wir setzen dabei auf die integrierte Produktion (IP) und wollen mit den Konsumentenorganisationen zusammenarbeiten. Der Käufer entscheidet über die Akzeptanz der IP. Mittelfristig kann man keine Luft verkaufen. In der Vergangenheit waren die Bauern gewohnt zu produzieren, und der Staat sorgte für Absatz und Verwertung. In Zukunft muss der Bauer wieder mehr Eigeninitiative ergreifen. Heute badet die Landwirtschaft ein gewisses Misstrauen gegen die Grosstechnologie aus. Wir haben eine Nostalgiefunktion. Man erwartet vom Bauern, dass er schafft wie zu Gotthelfs Zeiten. Rein von den Produktions- und Arbeitskosten her ist das schon undenkbar.

Ihr Verband propagiert IP – nur ein halber Schritt in die richtige Richtung.

Melchior Ehrler: IP ist unbestritten ein Fortschritt gegenüber bisher. Wir werden in Zukunft nicht nur weniger, sondern auch «sanftere» Hilfsstoffe verwenden. Gleichzeitig dürfen wir uns nicht von der internationalen Entwicklung abkoppeln, sonst laufen wir noch mehr Gefahr, ins Abseits zu geraten.

In Ihrer Volksinitiative reden Sie bei der Nutztierhaltung von einem «ausgewogenen» Verhältnis zwischen Tierbestand und Nutzfläche und von «angemessener» Futtergrundlage. Hat Sie bei den konkreten Zielen der Mut verlassen?

Melchior Ehrler: Man kann ja nicht die Verordnungen schon in die Verfassung hineinnehmen. Wir sind der Meinung, dass im Gewässerschutzgesetz der nötige Rahmen vorgegeben wird. Der Tierbesatz wird in Zukunft auf durchschnittlich drei Grossvieheinheiten (GVE) pro Hektare Land beschränkt. Wenn wir diese Zahl in der Verfassung festschreiben, verbauen wir uns eine Anpassung. Vielleicht stellen sich in einigen Jahren weniger GVEs als richtig heraus.

«Gotthelfs Zeiten sind vorbei.» Melchior Ehrler, Direktor des Schweizerischen Bauernverbandes

Bei allen umstrittenen Produktionsformen wie Hors-sol-Gemüse, Hormone in der Mast und Gentechnologie sagen sie in Ihrer Initiative «jein».

Melchior Ehrler: Man kann doch nicht von vornherein sagen, neue Produktionsverfahren oder Technologien seien gut oder schlecht. Wir wollen die Vor- und Nachteile genau abklären. Letztlich soll der Konsument entscheiden, was er will und was nicht. Dann muss das aber auch für die Importe gelten. Wir sind für klare Warenbezeichnungen und für die offizielle Anerkennung der «Knospe» als Bio-Label.

Das Zoll- und Handelsabkommen GATT und EG 92 erzwingen einen Subventionsabbau. Fällt der Heimatschutz für die Schweizer Bauern?

Melchior Ehrler: Man tut immer so, als ob die Schweizer Landwirtschaft der Schlüssel zur Lösung der weltweiten Handelsprobleme wäre. Dabei erlauben die Länder mit der grössten Agrarstützung den grössten Marktzutritt. Wir importieren rund 40 Prozent unserer Nahrungsmittel. Wir müssen den eigenen Gestaltungsspielraum unseres Landes behaupten, sonst verschwindet ein Grossteil unserer Betriebe. Es dürfen nicht wegen dem Druck der Agrarexporteure mutwillig Strukturen zerstört werden, die wir zum Schutz und zur Pflege der natürlichen Lebensgrundlagen und für einen lebensfähigen ländlichen Raum brauchen.

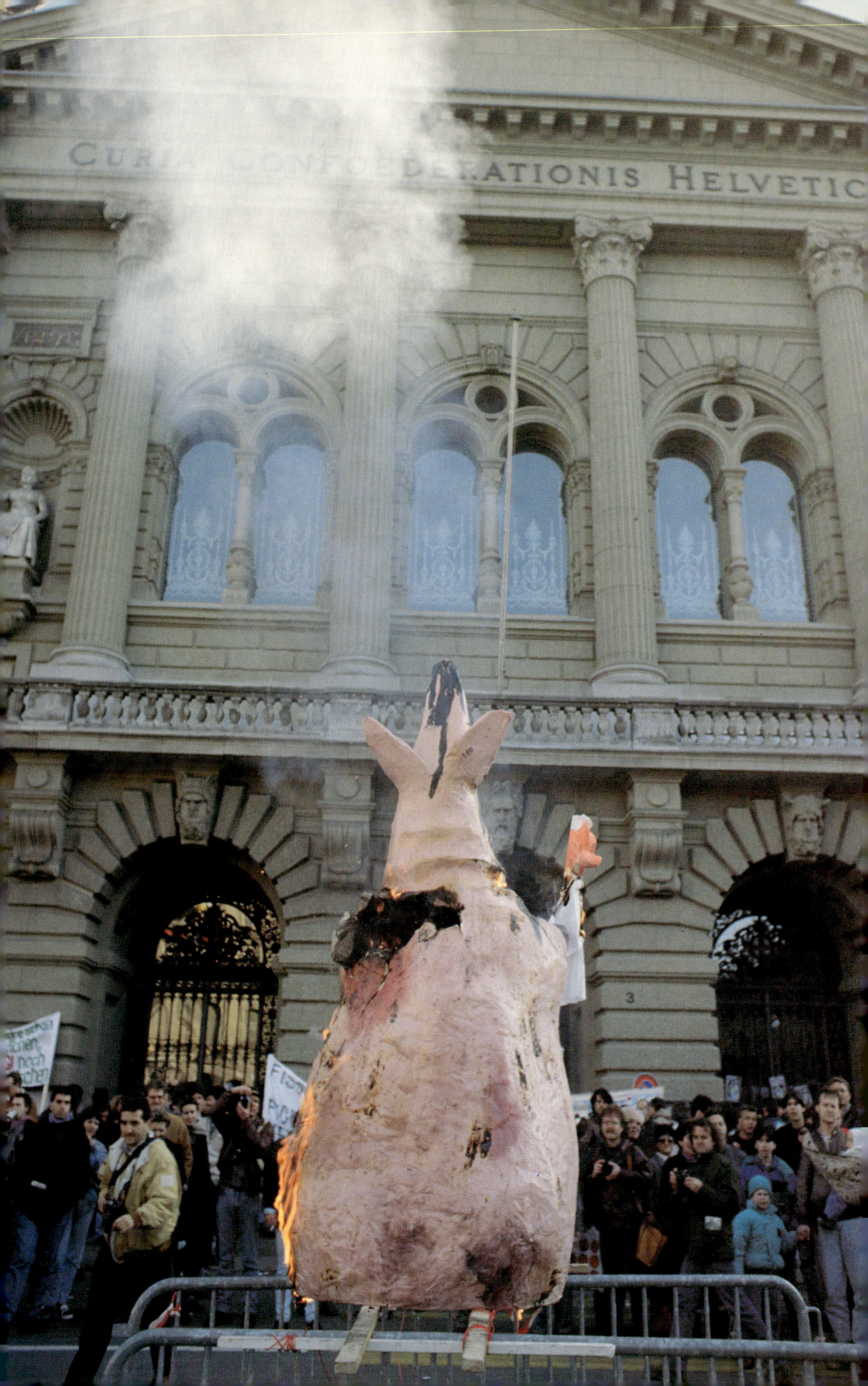
DERATIONIS HELVETIC

Das Feuer, das den Filz frisst, brenne lang!

Vor einem Jahr wurde der PUK-Bericht veröffentlicht. Hoch loderten die Flammen der Empörung über die Verfilzung zwischen privaten und öffentlichen Interessen, über die Blindheit der Behörden gegenüber dem organisierten Verbrechen und ganz besonders über unseren Schnüffelstaat. Ein Strohfeuer? Ist die Botschaft, die die PUK zu vermitteln versuchte, Ende 1990 bereits wieder verhallt?

Obwohl sich die öffentliche Diskussion vorwiegend um die sogenannte Fichenaffäre drehte, muss betont werden, dass sich der Inhalt des PUK-Berichtes keineswegs auf dieses Thema beschränkte. Im Gefolge der Kopp-Affäre hatte sich der Verdacht erhoben, die Arme des internationalen Drogenhandels reichten bis in das Herz des Schweizerischen Bundesrates. Vom Vorwurf der Verfilzung ausgehend beleuchtete die PUK die Problematik des wirtschaftlichen und persönlichen Umfeldes eines politischen Repräsentanten, untersuchte die weiteren Vorwürfe, unsere Behörden würden den internationalen Drogen- und Waffenhandel ungenügend verfolgen, ja das organisierte Verbrechen habe in unseren Institutionen bereits Fuss gefasst.

Sind wir ein Volk von Schnüfflern?

In Würdigung des derzeitigen Hauptthemas der Nach-PUK-Diskussion dennoch zunächst einige Bemerkungen zur Fichenaffäre: Noch ist die gross angelegte Ficheneinsicht im Gang. Welchen Beitrag sie schliesslich zur Bewältigung der Vertrauenskrise leisten kann, bleibt abzuwarten. Die ganze Diskussion um einzelne Karteien, schwarze Balken, unrichtige oder halbfalsche Eintragungen darf uns aber nicht darüber hinwegtäuschen, dass eine wirkliche Bewältigung der Vergangenheit nicht einzig und allein auf dem Buckel der politischen Polizei, sondern auch selbstkritisch ausgeübt werden muss. Der Wildwuchs der bundesanwaltschaftlichen Tätigkeit, die durch die Bundesräte des Justiz- und Polizeidepartementes während Jahren nie kontrolliert und geführt wurde, zeigt neben der Überlastung des Bundesrates auch die bisher fehlende Kontrolle durch das Parlament. Dieses räumte seiner gesetzlichen Kontrollkommission, der Geschäftsprüfungskommission, nicht genügend Rechte für eine wirkliche Verwaltungskontrolle ein. Der Bundesrat konnte letztinstanzlich beschliessen, welche Akten der Kommission herausgegeben werden, welche nicht. Die PUK hat hier eine Änderung vorgeschlagen, die demnächst verwirklicht werden soll.

Doch die «Schnüffelkrise» wurzelt viel tiefer: Nahtlos wandelten sich die Feindbilder unseres Landes von braun zu rot. Was an geistiger Abwehr während des Zweiten Weltkrieges gegen Nazi-Deutschland aufgebaut und im Landigeist gefestigt wurde, diente nachher gegen die stalinistische Gefahr aus dem Osten: Das Misstrauen, das nationale Selbstbewusstsein als Richtlinie weitete sich mehr und mehr von einer gesunden Wachsamkeit zu einer Hysterie, die Feindbilder bei all jenen erblickte, die Veränderungen in unserem Staat anstrebten. Allzu rasch sahen sich viele von uns in ihren geistigen Grundwerten schon dann bedroht, wenn andere Veränderungen – beispielsweise in der Energiepolitik oder im Erziehungswesen – anstrebten. Das Bewusstsein für demokratische Grundrechte scheint verloren gegangen zu sein. Das Misstrauen gegen all jene, die – mit demokratischen Mitteln von der schweizerischen Bundesverfassung Gebrauch machend – Veränderungen anstrebten, war derart gewaltig, dass diese Demokraten von einem grossen Teil der Bevölkerung nicht nur als suspekt, sondern als eigentliche Staatsfeinde betrachtet und entsprechend behandelt wurden. Nicht nur die Polizei, sondern die politische Selbstgerechtigkeit vieler Schweizerinnen und Schweizer bilden die eigentlichen Wurzeln und Ursachen der Fichenaffäre. Die im

Von Moritz Leuenberger, Anwalt in Zürich, Nationalrat, Präsident der Parlamentarischen Untersuchungskommission (PUK1)

Die Flammen lecken am Schnüffelschwein: 30'000 Demonstranten versammelten sich am 3. März 1990 vor dem Berner Bundeshaus. Die Fichenaffäre riss die Schweizer Bürgerinnen und Bürger aus ihrer politischen Apathie.

67

Jahre 1990 provokativ und im alten Stil wieder aufgenommene Arbeit des «Trumpf-Buur» beweist, dass viele Kreise bewusst nicht von ihrer schematischen Demagogie abweichen wollen. Ob es ihnen gelingt, das aufklärerische Hoch des Jahres 1990 wieder zuzunebeln, wird sich auch daran zeigen, ob eine Mehrheit in diesem Land zu mehr Toleranz fähig sein wird.

Rückstand beim Datenschutz

Das notwendige Ausmass staatsschützlerischer Tätigkeit ist heute heftig umstritten. Umso wichtiger ist es, den Finger auf das Korrelat jedes polizeilichen Eingriffes in die Persönlichkeitssphäre der Betroffenen zu legen, nämlich auf den Datenschutz. Seit bald 15 Jahren wurde dieser elementare Schutz des einzelnen Bürgers durch den Bundesrat und das Parlament nicht mehr vorangetrieben. Es ist dringend notwendig, dass so fundamentale Grundsätze endlich für und gegen jedermann gelten: Gesammelte Daten müssen richtig sein, was eine Nachführungspflicht oder eine Vernichtung veralteter Daten beinhaltet. Gesammelte Daten müssen in einem Verhältnis zum angestrebten Zweck stehen, und vor allem müssen die Betroffenen das Recht auf Einsicht in die Daten und auf eine Berichtigung haben, wenn diese falsch sind. Das Parlament hat 1990 nun mit der materiellen Arbeit eines schweizerischen Datenschutzgesetzes begonnen.

Geldwäscherei und Waffenhandel

So unverhältnismässig sich der Aufwand der politischen Polizei präsentierte, so unverständlich war für die PUK die personelle Unterdotierung der Bundespolizei und ihre Zurückhaltung im Kampf gegen das organisierte Verbrechen, den internationalen Drogenhandel und insbesondere die Geldwäscherei.

Bereits seit 1975 ist gemäss Betäubungsmittelgesetz strafbar, wer den Drogenhandel finanziert oder seine Finanzierung vermittelt. Dessen ungeachtet stellte sich die Bundesanwaltschaft, aber auch etwa die Staatsanwaltschaft des Kantons Zürich, auf den Standpunkt, «Geldwäscherei als solche» sei in der Schweiz nicht strafbar. Deshalb wurden Ermittlungsverfahren trotz alarmierender Polizeirapporte und Hinweisen aus dem Ausland gar nicht erst angehoben. Etwas zähflüssig, aber immerhin, änderte sich im laufenden Jahr einiges im Sinne der PUK. So wurde gegen Mohamed Shakarchi doch noch eine polizeiliche Voruntersuchung eingeleitet. Der Ausgang dieses Verfahrens ist allerdings völlig ungewiss. Die Gebrüder Magharian wurden 1990 durch ein Tessiner Gericht für Geldwäscherei im Zusammenhang mit dem Drogenhandel verurteilt, und überdies verabschiedeten die Eidgenössischen Räte eine Strafnorm gegen die Geldwäscherei. Dieser neue Artikel soll den Untersuchungsbehörden die Beweisführung in ihrem Kampf gegen das internationale Verbrechen erleichtern. In Vorbereitung ist zudem eine Gesetzesänderung, die es den Banken trotz des Bankengeheimnisses erlauben würde, einen Verdacht auf die kriminelle Herkunft angebotener Gelder bei der Polizei zu melden. Eine solche Norm, die Verurteilung der Gebrüder Magharian sowie auch die heftige Diskussion um die Entgegennahme schmutziger Gelder in unserem Land, dürfen immerhin die Hoffnung aufkommen lassen, dass wir ein etwas weniger attraktiver Hort von schmutzigen Geldern geworden sind.

Um einiges harziger gestaltet sich ein Umdenken beim Waffenhandel, konkret bei der Interpretation des Kriegsmaterialexportgesetzes. Die PUK kritisierte, dass Vermittlertätigkeit auf Schweizer Boden für Waffengeschäfte mit Kriegsgebieten straflos bleibe. Sie regte an – wenn dies überhaupt nötig sei –, die entsprechenden gesetzlichen Änderungen vorzunehmen. Nichts derartiges ist eingeleitet worden, die Bundesanwaltschaft blieb auch 1990 bei Strafanzeigen wegen solchermassen betriebenen Waffenhandels untätig und berief sich weiterhin auf ihre Jahrzehnte alte Praxis.

Der einziger Lichtblick kommt von anderswo: Zum ersten Mal beteiligte sich die Schweiz nämlich in diesem Jahr an einem wirtschaftlichen Boykott der UNO. Von diesem Boykott gegen den Irak sind ausdrücklich Vermittlergeschäfte ebenfalls erfasst. In welchem Ausmass die in weltweiter Harmonie beschlossene Massnahme auch tatsächlich befolgt wird, bleibt angesichts unserer langjährigen gegenteiligen Praxis und der professionell verschlossenen Augen unserer Bundesanwaltschaft vorerst noch ein Fragezeichen. So ergaben Nachfragen bei verschiedenen Bundesbehörden, dass niemand so recht weiss, wer für die

---

Nach Jahrzehnten des Laisser Faire gegenüber den Staatsschützern die Aufarbeitung im Jahre 1990: Bundespolizeichef Peter Huber (oben) und UNA-Chef Hans Schlup (Mitte) mussten ihre Sessel räumen. Ans Tageslicht kamen auch die Sandkastenspiele mit einer Geheimarmee des UNA-Offiziers Albert Bachmann (unten).

entsprechende Kontrolle zuständig ist, ob die Bundespolizei oder das Volkswirtschaftsdepartement.

Allerdings erscheint es auch bedenklich, wenn wir auf den Druck von aussen hoffen müssen, damit sich in unserem Land etwas bewegt. Dies war schon bei der Insider-Strafgesetzgebung, beim Rechtshilfeabkommen mit den USA oder eben bei der erwähnten Strafnorm gegen die Geldwäscherei der Fall. Mit dem sich zusammenschliessenden Europa wird dieser Druck noch stärker. Wieviel schöner wäre es, wenn sich unser Land aus innerem Antrieb auf seine internationale moralische Verpflichtung besänne, statt sich dem aus der wirtschaftlichen Verflechtung resultierenden Druck von aussen zu beugen. Wir riskieren, unsere Fähigkeit zu autonomen Reformen zu verlieren.

Grenzen des Systems

Wie sie in ihrem Bericht antönte und bei dessen Vorstellung immer wieder unterstrich, stiess die parlamentarische Untersuchungskommission bei ihrer Arbeit an die Grenzen unseres Milizsystems. Es ist daher kein Zufall, dass es zwei ihrer Mitglieder sind, die im Stände- und Nationalrat je eine grundlegende Änderung der Parlamentsarbeit vorschlagen. Die Vorschläge haben durchaus eine Chance, tatsächlich auch verwirklicht zu werden.

Der historische Wettbewerb zwischen der Privatwirtschaft und den politischen Instanzen um gesellschaftlichen Einfluss hat zu einer zunehmenden Desavouierung der Politik als solcher geführt. Der pointierte Slogan «Mehr Freiheit, weniger Staat» brachte eine Geringschätzung der politischen Arbeit überhaupt zum Ausdruck und verstärkte diese Auffassung mit der Folge, dass es den politischen Parteien zunehmend schwerer fällt, Bürgerinnen und Bürger – beispielsweise auf Gemeindeebene – für politische Ämter zu rekrutieren. Mehr und mehr muss deshalb in letzter Zeit vom Amtszwang Gebrauch gemacht werden. Die politische Tätigkeit, insbesondere ein Parlamentsmandat, wird hauptsächlich als Würde oder als eine Auszeichnung empfunden. Die eigentliche Arbeit wird im «Hauptberuf» ausserhalb des Parlamentes geleistet. Unser Milizsystem wird dadurch mystifiziert, die politische Arbeit wird zur Nebenbeschäftigung.

Schuldig befunden der Geldwäscherei: Das Geschworenengericht in Bellinzona verurteilte die Gebrüder Magharian im September zu je viereinhalb Jahren Haft (oben). Andauernder Wirbel um Jean-Louis Jeanmaire (links): Die Spionageaffäre um den Ex-Brigadier harrt noch immer der Aufklärung.

Politik ist Arbeit

Zur Diskussion steht heute eine freiwillige Professionalisierung der Parlamentsarbeit. Wer für die Ausübung seines Parlamentsmandats den angestammten Beruf aufgeben muss, soll voll für die politische Arbeit entschädigt werden. Dies kann neben der Mitgliedschaft in einer parlamentarischen Untersuchungskommission auch etwa das Präsidium der Finanzkommission, der Geschäftsprüfungskommission, das Ratspräsidium oder ähnliches sein. Das Einkommen eines Politikers soll der Verantwortung seiner Aufgabe entsprechen. Andernfalls können sich die Parlamentarier nicht

69

genügend vorbereiten, und sie bleiben gegenüber der Verwaltung schlechter informiert und argumentativ im Hintertreffen. Eine Verbesserung der parlamentarischen Arbeitsbedingungen und Infrastruktur führt nicht etwa notwendigerweise zu einem schwächeren Bundesrat oder zu einer Schwächung der Verwaltung. Ein Wettbewerb mit weniger ungleich langen Spiessen ermöglicht viel eher die sachliche Bewältigung der anstehenden Probleme. Hätte beispielsweise das Parlament seine Kontrollrechte gegenüber der Bundesanwaltschaft schon früher tatsächlich wahrnehmen können (die gesetzlichen Voraussetzungen dazu waren gar nicht gegeben), so wäre der Bundesrat gefordert gewesen, nicht seinerseits die Zügel schleifen zu lassen, und es wäre vielleicht nicht zum heute beklagten Debakel bei der Arbeit der politischen Polizei gekommen.

Auch die eidgenössische Exekutive kann in ihrer heutigen Funktionsweise einem internationalen Vergleich politischer Führung kaum genügen. Es wurde errechnet, dass zum Beispiel der Vorsteher des Departementes des Innern gleichzeitig an mehreren EG-Ministertreffen teilnehmen müsste, wenn nicht auch bei uns das Departement in verschiedene Ministerien aufgeteilt wird. Änderungen sind unausweichlich. Die Revisionsarbeiten sind in diesem Jahr angelaufen.

Ein neuer politischer Stil

Die PUK hat sowohl ihren gesamten Bericht als auch ihre Vorschläge einstimmig, ohne Enthaltung verabschiedet. In einer Zeit der politischen Unversöhnlichkeit – die beispielsweise jede Hoffnung auf eine Totalrevision der Bundesverfassung innert absehbarer Zeit schwinden lässt – hat dieser Konsens der PUK eine besondere Glaubwürdigkeit verliehen. Ferner darf es als zumindest aussergewöhnlich bezeichnet werden, dass die PUK – ebenso einstimmig – politische Tätigkeit an den ethischen Normen gesamtgesellschaftlicher Verantwortung mass, ohne allerdings das Wort «Moral» ausdrücklich zu nennen. Die Diskussion um den moralischen Stellenwert der Politik ist denn 1990 auch intensiver als früher geführt worden.

Damit die Politik in der Öffentlichkeit auch tatsächlich denjenigen Stellenwert erhält, den sie selbst anstrebt, genügt eine Reorganisation der politischen Instanzen allerdings nicht. So hielt die PUK fest: «Für jedes öffentliche Handeln – und die Tätigkeit des Ehepartners eines Bundesrates gehört auch dazu – ist private Zurückhaltung und persönliche Disziplin als Verantwortung der Allgemeinheit gegenüber unabdingbar. Diese Problematik kann mit rechtlichen Vorschriften allein, etwa mit Unvereinbarkeitsbestimmungen, kaum bewältigt werden. Es ist Aufgabe aller verantwortlichen Gremien, nicht primär die äusseren Lebensumstände oder den Zivilstand eines Kandidaten zu beachten, sondern weitere Bindungen zu durchleuchten. Wenn ähnliche Krisen vermieden werden sollen, müssen sämtliche gesellschaftlichen, wirtschaftlichen und persönlichen Abhängigkeiten im relevanten Umfeld berücksichtigt und offen dargelegt werden.»

Auch in Inhalt und Form muss so politisiert werden, dass politische Arbeit als glaubwürdiges Engagement und nicht zum vornherein als «Drecksarbeit» bewertet wird. Dies heisst: Respekt vor dem politischen Gegner, faires Politisieren, sachlicher und nicht bewusst unsachlicher Streit. Vaclav Havel drückte sich 1984 so aus: «Ich bin für eine antipolitische Politik, eine Politik nicht als Technologie und Manipulation der Macht oder als Kunst des Zweckmässigen und der Intrige, sondern für eine Politik als praktizierte Sittlichkeit, als Dienst an der Wahrheit, als sich nach menschlichen Massstäben richtende Sorge um den Nächsten.» Wenn wir in unserem Land einer solchen Politik zum Durchbruch verhelfen wollen, haben wir den grössten Teil der Läuterungsarbeit allerdings noch vor uns.

> Das Schnüffelschwein ist abgebrannt, das Schauspiel aus. Doch aus der Asche steigen (vielleicht) neue politische Tugenden: Toleranz, Fairness, Sachlichkeit – und Wachsamkeit gegen die, die sich Wächter nennen.

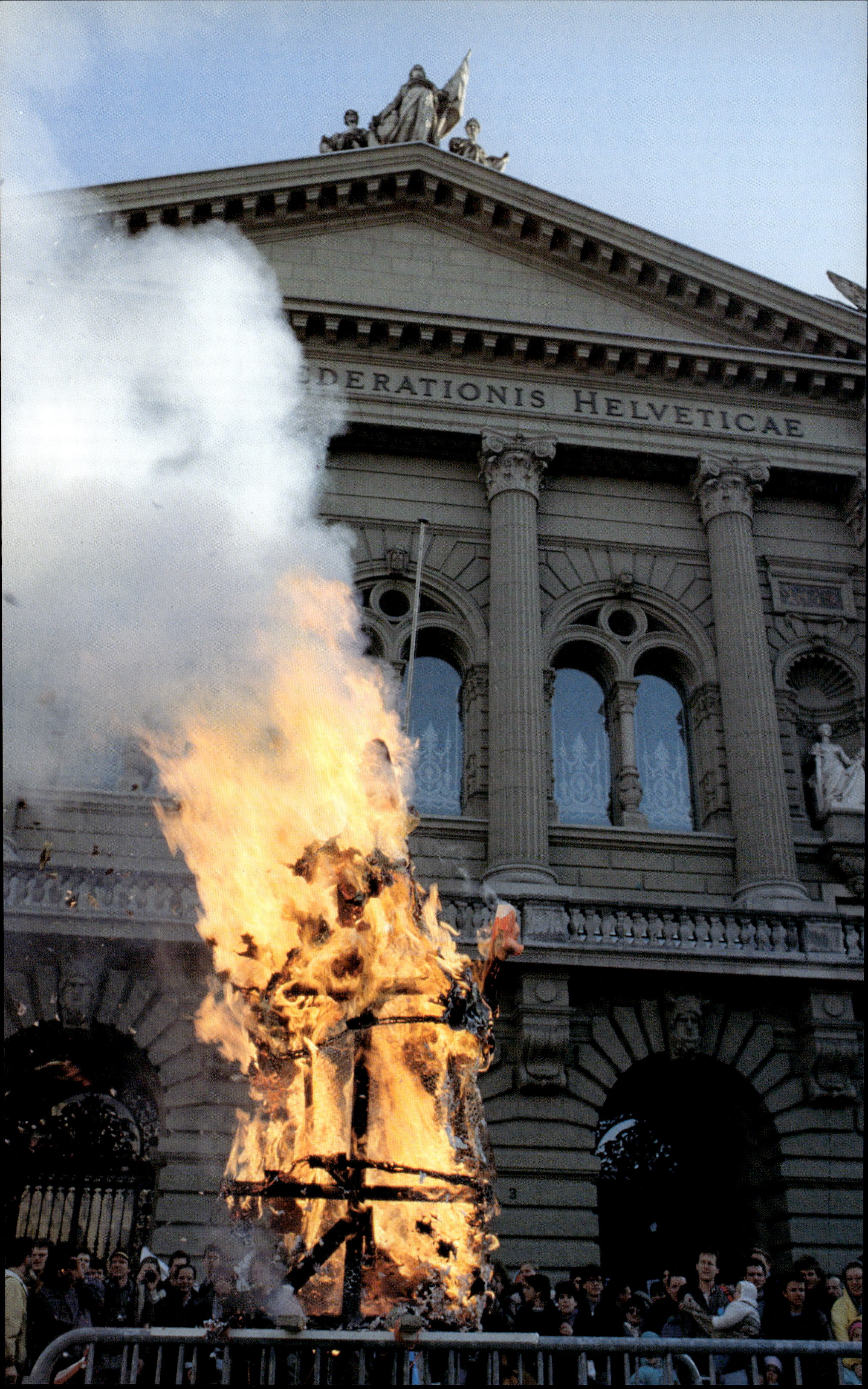
HELVETICAE

Sauberer Tresor, sauberes Geld?

Der Schweizer Banken Glanz? Wie weggefegt!

Was das Wetter betrifft, wird 1990 als warmes und trockenes Jahr in die Geschichte eingehen. Für die Schweizer Banken war es ein Jahr mit dunklen Gewitterwolken und einigen Regenschauern. Die sonnigen Tage des Geld-mit-Geld-Verdienens sind für Helvetiens Gnomen Vergangenheit. Der Strukturwandel hat begonnen. Grosse Veränderungen stehen noch bevor.

«Zuverlässigkeit, Diskretion und das enorme Know-how der Schweizer Banken bilden die unerschütterlichen Grundpfeiler für den weltweit geschätzten Finanzplatz Schweiz.» Im Brustton der Überzeugung wurde diese Aussage so oder ähnlich immer und immer wieder gemacht. Wir Schweizer durften richtig stolz sein auf unsere Banken. Wäre das heute noch so, könnte man diese Lektüre getrost beiseite legen. Doch nein: Die Industrie, die derzeit immerhin mehr als 120'000 saubere Arbeitsplätze bereitstellt und einen namhaften Beitrag zum Wohlstand des Landes geleistet hat, ist ins Schlingern geraten. Anfänglich im Stillen, heute für eine breite Öffentlichkeit immer offenkundiger.

Viel Glanz verloren

Im Herbst dieses Jahres wurde offiziell auf Moll gestimmt: «Schlechtere Ertragslage beim Bankverein», «SKA mit nachgebendem Ertrag», «Bankgesellschaft befürchtet starke Ertragseinbussen», «Bank Leu mit enttäuschendem Ergebnis» oder «Gedrückte ZKB-Zinsmargen» lauteten etwa die Überschriften im Nachgang zum dritten Quartalsabschluss. 1990 haben die Banken in aller Öffentlichkeit viel von ihrem einstigen Glanz verloren. Und plötzlich ist jedermann ernüchternd klar geworden, dass sich die Banken naturgemäss nicht in erster Linie um die soziale Wohlfahrt des Landes scheren, sondern sich schlicht und einfach für Geld interessieren. Was den edlen Instituten während den vielen fetten Jahren sonst noch an Interessen und gesellschaftlichen Funktionen angedichtet wurde, hat den Sprung in die Ära der neunziger Jahre nicht geschafft. Die kunstgeschwängerte Jubiläumsfeier der einhundert Jahre alten Bank Bär, die im Herbst dieses Jahr effektvoll über die Bühne ging, dürfte die letzte Ausnahme von der Regel gewesen sein. Inskünftig lässt sich Kunstmäzenatentum mit helvetischen Bankgeschäften mit Sicherheit weniger einfach verbinden, als dies auch schon der Fall war.

Der Überlebenskampf der Banken erfuhr Anfang dieses Jahres zunächst eine scheinbar harmlose Verschärfung. Im Zug der Auflagen der Kartellkommission wurde ab Januar 1990 die praktisch freie Preisgestaltung für den Handel und die Verwaltung von Wertpapieren offiziell eingeführt und damit der Kuchen unter den Banken neu verteilt. Die Kommissionserträge bilden einen wichtigen Bestandteil der Bankeinnahmen. Nun kam aber nicht nur die Handelsmarge der Banken unter Druck. Die gleichzeitig immer schwächer und flauer gewordene Börse führte zu immer breiterer Marktabstinenz eines vormals investitionsfreudigen Publikums und damit auch zu einem volumenmässig rückläufigen Geschäft. Diese doppelte Belastung forderte schon bald die ersten Opfer.

Nicht weniger als drei Banken haben in den ersten zehn Monaten dieses Jahres ihren Sitz an der Zürcher Börse geräumt. Gleichzeitig ist das Handelsvolumen um rund 30 Prozent unter den Vorjahreswert gefallen. Eine Entwicklung, welche den regionalen Börsen noch früher als befürchtet den Garaus machen könnte. Faktisch wurde die Börse in Bern bereits aufgegeben. Die Zukunft der Basler Börse und der dortigen Bankhandelsaktivitäten ist ebenfalls in zunehmendem Mass in Frage gestellt.

Der Wunsch der Kartellkommission, dass ihre Empfehlungen, die mehr Markt im Bankengeschäft bringen sollen, in Verfügungen umzuwandeln seien, stiess zwar zumindest teilweise auf heftigen Widerstand. Dass aber mit antiquierten Absprachen die

Von Matthyas Arter, Wirtschaftsjournalist und Inhaber der PR-Agentur Brainwork, Zollikon

«Seid umschlungen, Millionen» – Beethovens Neunte, dirigiert von Sir George Solti, erklang zum 100. Geburtstag der Bank Bär. In den Chor der Gratulanten reihte sich ein, was Rang und Namen hat: SBG-Präsident Nikolaus Senn, Elisabeth Lusser, Energiepapst Michael Kohn (oben links); Sänger Simon Estes, Yvonne Estes-Bär, Peter Bär (oben rechts); Jubilar Hans J. Bär, Ilse Bär, Lady Solti, Sir George Solti (Mitte); Vera Villiger, Bundesrat Kaspar Villiger, Verena Bär, Nicolas J. Bär

einstmals gut rentierende, wohlorganisierte kartellistische Bankenwelt gerettet werden könne, ist eine Illusion. Zu sehr ist das Bankgeschäft generell unter Druck geraten, so dass jede Bank danach trachten muss, das eigene Hemd zu retten. Falls notwendig, auch auf Kosten der andern. Denn die Banken haben nicht nur im Wertschriftenhandel Einbussen zu beklagen. Ertragsausfälle mussten auch im Emissionsgeschäft, dem zweiten wichtigen Kommissionslieferanten, hingenommen werden. Der zunächst eher schwache Franken und die gleichzeitig anziehenden Zinsen liessen es immer weniger attraktiv erscheinen, Anleihen in der Eidgenossenschaft aufzulegen. Die über lange Jahre margenträchtige Plazierung von Aktien im Publikum, sei es durch Kapitalerhöhungen oder durch die Publikumsöffnung vormals privater Firmen, geriet ebenfalls ins Stocken. Das hierfür notwendige Vertrauen des Publikums in die Börse fehlte mehr und mehr.

Internationale Konkurrenz

Kommt noch hinzu, dass ein Teil dieser Geschäfte heute gar nicht mehr über die Handelsplätze in der Schweiz abgewickelt wird, sondern nicht selten preisgünstigere Alternativ-Finanzplätze, vornehmlich London, Luxemburg oder sogar Frankfurt, in Anspruch genommen werden. Auch wenn Bankenvertreter gerne Bundesrat Stich und die von ihm verteidigte Stempelsteuer für internationale Verschiebung der Geldströme und die damit einhergehenden Schwierigkeiten im helvetischen Kapitalbeschaffungsgeschäft verantwortlich machen, zeigten die Ereignisse dieses Jahres nur allzu deutlich, dass nicht alles mit diesen 0,3 Prozent Stempelsteuer erklärt werden kann. Die Tatsache beispielsweise, dass das Jahr 1990 nicht wenige der vorgängigen Aktienplazierungen im Publikum als veritable Flops entlarvte (besonders krasses Beispiel: der Titel Euroactividade), zeigt, dass die Bankhäuser derartige Aktionen nicht immer mit der notwendigen Sorgfalt begleiteten. Auch die in Mode geratenen Coto, die als attraktiver Dividendenersatz mit Steuervorteil lanciert und durch Bundesrat Stich als Steuersparlösung entlarvt wurden, waren eher dazu angetan, den Investor zu verunsichern, als Dividendenpapiere attraktiver zu machen. Dass Bundesrat Stich darauf besteht, auch verdeckte Gewinnausschüttungen für den Fiskus zu erschliessen, kann ihm sicher niemand ernsthaft ankreiden. Es war zu allen Zeiten nicht einfach, schlauer zu sein als die andern.

Die Hyposünde

Wenn anderseits die hohen Zinsen und der zeitweilig schwache Franken als Begründung für flaue Geschäfte herhalten müssen und damit die Schuld ebenfalls gerne in die Schuhe anderer geschoben wird, so spricht dies abermals eher für die Ignoranz einiger Banker und nicht direkt gegen die Politik der Nationalbank. Offenbar haben sich einige – zumindest gegen aussen – einfach noch nicht damit abgefunden, dass auch sie selbst Fehler begangen haben und nun härteren Zeiten entgegen sehen.

Die kritisierte restriktive Geldpolitik von Nationalbankpräsident Lusser ist gut begründet, hat aber die Banken auf dem falschen Bein erwischt. Das gesamte Zinsdifferenzgeschäft wurde dadurch unter dem Stichwort Hyporunden mehr und mehr in ein schiefes Licht gerückt. Aber gerade die Schuld für das Hypothekendebakel müssen die Banken – ob sie wollen oder nicht – auf ihre Schultern nehmen. Was war geschehen? Die blühende Konjunktur in der Schweiz, aber auch die aus Angst vor einer Rezession nach dem spektakulären Börsencrash vom Oktober 1987 übermässig ausgeweitete Geldmenge, drängten die helvetischen Währungshüter zurück auf den Pfad der Tugend. Durch eine Politik des knappen Geldes versuchten sie dem ungestümen Wirtschaften und der damit einhergehenden Inflationsgefahr Einhalt zu gebieten. Die Zinsen kletterten dadurch nach und nach in die Höhe. Die Zinsmarge der Banken wurde immer bedrohlicher in Mitleidenschaft gezogen, weil plötzlich offenkundig wurde, dass man zuvor insbesondere im politisch sensitiven Bereich der Hypothekarkredite lange Zeit eine banktechnische Todsünde begangen hatte:

Über Jahre war es ein ausserordentlich gutes Geschäft gewesen, auf dem Geldmarkt billiges Geld aufzunehmen und im Gegenzug Hypotheken auszugeben. Weil zeitweilig auf dem Geldmarkt gute Franken für weniger als 2 Prozent Jahreszins eingekauft werden konnten und anderseits Hypotheken bei äusserst bescheidenem Kreditrisiko rund 5 Prozent brachten, vergaben die Banken begeistert immer noch mehr Hypotheken. Auf dem Papier war dagegen auch nichts einzuwenden, denn Hypotheken sind in der Regel

> **Die Zinsmarge der Banken wurde immer bedrohlicher in Mitleidenschaft gezogen, weil plötzlich offenkundig wurde, dass man zuvor insbesondere im politisch sensitiven Bereich der Hypothekarkredite lange Zeit eine banktechnische Todsünde begangen hatte.**

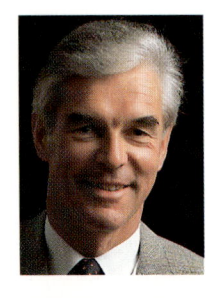

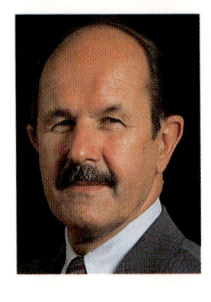

Ausleihungen, die auf sechs Monate gekündigt werden können, stellen also eine ebenso kurzfristige Anlage dar wie die zur teilweisen Finanzierung herangezogenen Geldmarktkredite. In der Praxis wurde mit dieser Finanzierungsform aber krass gegen die goldene Bilanzregel verstossen, wonach die Fristigkeit der Ausleihungen mit jener der zur Finanzierung herangezogenen Gelder übereinstimmen muss: Hypotheken sind ihrer Natur nach nämlich trotz kurzfristiger Kündbarkeit langfristige Gelder. Denn in der Schweiz ist es seit alters her nicht üblich, zumindest Hypotheken im ersten Rang überhaupt jemals abzulösen.

Dessen ungeachtet haben allen voran die Grossbanken durch eine grosszügige Belehnungspraxis das Hypothekarkreditvolumen in der Schweiz während den achtziger Jahren von einstmals etwas mehr als 100 Milliarden Franken auf die enorme Summe von 370 Milliarden ausgeweitet. Dafür durfte sich die Schweizerische Bankgesellschaft am Ende des Jahrzehnts als eine führende Bank im Hypothekargeschäft bezeichnen. Noch per Ende 1985 hatte sie Hypotheken im Betrag von lediglich 23,8 Milliarden Franken ausstehend gehabt, welche mit 11,5 Milliarden Spareinlagen und 8,9 Milliarden Kassaobligationen praktisch zu hundert Prozent nach dem klassischen Modus finanziert worden waren. Per Ende September 1990 wies die SBG dagegen Hypothekarausleihungen von 41,8 Milliarden Franken aus, welchen nur 13,3 Milliarden Spareinlagen und 12,9 Milliarden Kassaobligationen gegenüberstanden. Kein Wunder, dass der Katzenjammer umgehend folgte, als die Zinssätze für kurzfristige Gelder in die Höhe schnellten und damit die Finanzierung von Hypotheken so sehr verteuerten, dass nur mit einer Hypothekarzinserhöhung nach der andern die Zinsdifferenz wenigstens teilweise gerettet werden konnte. Und dies nicht nur bei der Bankgesellschaft.

Die Folgen sind hinlänglich bekannt. Selbst wenn ein Generaldirektor der SBG im Zug der vierten Hyporunde vom Herbst 1990 die Ansicht vertrat, dass die Schweizer trotz höherer Mieten und Eigenheimkosten noch Ferien machen könnten, ist dadurch offensichtlich geworden, dass die Schweizer Banken weder in der Lage sind noch die Absicht haben, volkswirtschaftliche Verantwortung zu tragen. Der Publizist Frank A. Meyer verstieg sich gar zur nicht unbegründeten Behauptung, dass «eine Generation von Managern und Patrons herangewachsen ist, welche kaum etwas weiss vom Bürger, der in der Migros die Quittungszettel nachprüft». Dass einige Banker vom Boden der Realität abgehoben haben und die Sprache des Volkes nicht mehr verstehen, zeigt sich auch daran, dass die Finanzinstitute praktisch durchwegs einen Ombudsmann für das Bankengeschäft ablehnen. Repräsentative Umfragen zeigen nämlich, dass 80 Prozent der Bevölkerung die Schaffung einer solchen Stelle begrüssen würden. Viel Zeit werden die Banken aber nicht mehr haben, um sich auf die neuen Gegebenheiten einzustellen und auf den Boden der Realität zurück zu kommen. Die Luft in den Chefetagen ist dünn geworden.

Fusionen, Übernahmen

Diese Erkenntnis unterstreicht das Bankenjahr 1990 auch in anderer Hinsicht. Die Fehler der Vergangenheit rächen sich nicht nur im Hypothekargeschäft. Die teilweise spektakulären Fusionen und Übernahmen von Banken durch Banken sind nicht etwa Ausdruck einer besonders wachstumsträchtigen Branche, sondern vielmehr der Anfang eines schmerzhaften Bankensterbens. Die Übernahme der Sparkasse der Stadt Zürich durch die Zürcher Kantonalbank, die zumindest mittelfristig die Aufhebung etlicher Filialen in der Stadt und damit den Verlust von einigen wenigen Arbeitsplätzen zur Folge hat, mag noch als überfällige Anpassung hingenommen werden. Ein Opfer liebgewonnener, aber hoffnungslos veralteter Bankstrukturen, deren Nostalgiewert es nun abzubuchen gilt. Die zumindest mittelfristig absehbare Einverleibung der Banca della Svizzera Italiana in den Bankverein, die im Frühjahr durch eine erste indirekte Beteiligung eingeleitet wurde, muss aber bedenklicher stimmen. Zumal dann, wenn ein hochgestellter Banker nach dem vierten Bier an der Bar hinter vorgehaltener Hand die tiefe Überzeugung äussert, dass «noch viele Schweizer Banken sterben werden und mittelfristig mindestens 20'000 Arbeitnehmer, die heute ihren Lohn von einer Bank beziehen, ein neues Betätigungsfeld suchen müssen».

In ähnlichem Licht ist die Übernahme der ältesten Zürcher Bank durch die Kreditanstalt zu sehen. Die Bank Leu hat nach bald einem Vierteljahrtausend erfolgreichem Banking Strukturen aufgewiesen, die mit

Lächeln gehört zum Geschäft – das Volk jedoch, das immer höhere Mieten zahlt, nimmt seinen Grossbankiers die gute Laune eher übel. Robert Studer (Bankgesellschaft), Walter G. Frehner (Bankverein), Robert A. Jeker (Kreditanstalt)

Sicherheit nicht einmal das nächste Jahrzehnt überlebt hätten. Und wenn die Bank Leu unter den neuen Fittichen als Retter für das Schauspielhaus auftritt, so spielt sie weniger die Rolle des potenten Gönners als vielmehr jene des armen Statisten, der noch weiter Theater spielen möchte, aber ahnt, dass der Vorhang schon bald fallen könnte. Als erstes werden die Filialen der Bank Leu nach und nach aufgelöst. Daran ist sicher auch der technologische Fortschritt schuld, welcher viele der heute noch stolz präsentierten Bankfilialen als fragwürdige Investitionen erscheinen lässt, weil halt Bancomat und Electronic Banking ungleich viel praktischer sind als selbst der freundlichste Schalterbeamte. Denn dieser kann beim besten Willen nicht vierundzwanzig Stunden am Tag dienstbereit sein.

Prestigiöse Personalpolitik

Es wäre jedoch falsch, den laufenden Schrumpfungsprozess im Bankgewerbe allein dem technischen Fortschritt anzulasten. Ebenso dafür verantwortlich ist eine verfehlte Personalpolitik. Das Personalwachstum in den Banken hatte während Jahren eher menschliche denn betriebswirtschaftliche Gründe: Die etwas eigenwillige Interpretation des Karrieregedankens, wonach nur der ein erfolgreicher Banker sein kann, der immer mehr Leute unter sich hat, dürfte viel dazu beigetragen haben, dass auch Stellen geschaffen wurden, deren betriebswirtschaftliche Relevanz mit reichlich konstruierten Argumentationsketten hergeleitet werden musste. Das Jahr 1990 hat auch diesen Trend endgültig gebrochen. Obgleich zu sagen ist, dass die meisten Banken spätestens seit 1987 nur sehr selektiv neue Stellen geschaffen haben und der «Personalhortung» Einhalt boten, so gut es ging. In diesem Jahr wurden indes in verschiedenen Banken strikte Personalstops angeordnet. Ein genereller Personalstop, wie ihn einige Institute nun sozusagen als Notbremse postuliert haben, ist aber nicht als hoffnungsfrohe Wende in der Personalpolitik zu interpretieren, sondern bestätigt nur die Hilflosigkeit diverser Finanzinstitute, mit der neuen Lage fertig zu werden. Diese Hilflosigkeit trifft nicht alle gleich. Noch gehören die drei Grossbanken zum durchlauchten Kreis jener, die durch internationale Ratingfirmen wie Standard & Poors mit einem AAA ausgezeichnet werden und damit als über alle Grenzen hinweg kreditwürdig gelten. Es ist jedoch nicht auszuschliessen, dass auch diese harten Burschen der Branche schon bald näher zusammenrücken könnten, um die vielfältigen Synergien auszunutzen, die in der helvetischen Bankenwelt noch schlummern.

Laut einem namhaften, aber ungenannt sein wollenden Bankrevisor ist es nämlich heute noch so, dass viele Banken nicht in der Lage sind, zu sagen, wo sie Geld verdienen und wo nicht. Eine entsprechend differenzierte Kostenstellenrechnung ist vielerorts immer noch nicht eingerichtet, so dass in der Praxis das Instrumentarium fehlt, um festzustellen, wo ein Stellenabbau angebracht wäre und wo – was es ja auch gibt – ein Ausbau der Geschäftsaktivitäten mehr Geld bringen würde.

Mehr Transparenz

Das muss sich in der nächsten Zukunft ändern. Transparenz ist gefragt. Nicht nur was das interne Rechnungswesen betrifft. Auch die Publikation geschäftsrelevanter Informationen wird nicht zuletzt im Zug der Globalisierung und insbesondere Europäisierung der Finanzgeschäfte die helvetischen Institute zwingen, vom alten Pfad diskreter Tugend abzuweichen und sich offen der harten Konkurrenz zu stellen.

Der Trend zum sauberen Finanzplatz, wie er in diesem Jahr durch Geldwäschereiartikel und resoluteres Auftreten der Bankenkommission eindrücklich dokumentiert wurde, bedroht den Fluss aus verschwiegenen Quellen. Die Schweiz als letzter Hort für alles Geld dieser Welt ist nurmehr Legende. Auch wenn die Kuwait-Krise gezeigt hat, dass der Zustrom gefährdeter Gelder in die Schweiz noch immer durch tiefgreifende Krisen gefördert werden kann, ist es zynisch zu hoffen, die Schweiz könne weiter aus dem Unglück verfolgter Völker Kapital schlagen.

In all diesen Erscheinungen liegt auch eine Chance für die Schweizer Banken. Jene Institute, die den Härtetest dank neuer Flexibilität und Offenheit erfolgreich überstehen, sind für die Zukunft gerüstet und werden selbst im internationalen Geldkonzert eine bescheidene Rolle spielen dürfen. Aber die Schweiz kann ihren überdimensionierten Finanzplatz nicht in der bisherigen Form aufrechterhalten, zumal das Jahr 1990 deutlich gezeigt hat, dass seine Dienstleistungen nicht überall und schon gar nicht um jeden Preis gefragt sind.

Die Politik als Störfaktor: Unter dem Druck der Ereignisse wurde Bern – zum Leidwesen der Banken – aktiv: Otto Stich verdarb ihnen die Freude am Coto, Odilo Guntern darf nun die Hypothekarzinsen «konjunkturpolitisch» überwachen, Jean-Pascal Delamuraz hob die Kartellabsprachen im Bankgewerbe auf.

Staatschefs und Aussenminister der EG: Die geballte Macht Europas setzt unter Druck, ...

...was von ihr eingeschlossen ist: Verunsicherung in Helvetiens Regierung und Parlament.

Europa – die Angst der Eidgenossen

Der Kontinent Europa hat sich in nur 12 Monaten grundsätzlich verändert. Während die meisten Europäer sich über den Wandel freuen, wirken die Schweizer verängstigt und verunsichert.

Noch am Anfang des Jahres 1990 schien die Welt für die Eidgenossenschaft einigermassen in Ordnung: Die 700-Jahr-Feier des Jahres 91 hätte zum freudigen Ereignis werden sollen. Europa lockte zwar, aber Mitglied der Europäischen Gemeinschaft brauchte man nicht zu werden. Der Beitritt zum Europäischen Wirtschaftsraum (EWR) reichte als Option für die Zukunft aus. Klar und deutlich unterstützten 90 Prozent der Eidgenossen den Beitritt zum EWR – der europäische Pelz hätte so gewaschen werden können, ohne nass zu werden. Die Schweiz schien ungefährdet in die europäische Zukunft hinübergerettet werden zu können.

Doch innerhalb von weniger als zwölf Monaten sah alles anders aus: Glaubten anfangs noch gut 40 Prozent an die Realisierung des Europäischen Wirtschaftsraumes, änderte sich das Klima plötzlich. Nachdem selbst das neutrale Schweden einen Antrag auf volle EG-Mitgliedschaft stellte, Norwegen die Annäherung an Brüssel suchte und Österreich ohnehin seit langem die EG-Mitgliedschaft dem EWR vorzog, blieb die Schweiz unversehens allein. Kein Wunder, dass die Eurokraten in Brüssel die EFTA mit einmal als «Konkursmasse Europas» bezeichneten. Die Schweizer begannen plötzlich Europa ernst zu nehmen – und dieser Ernst der Lage bereitete ihnen Angst. Keine Spur mehr von Selbstbewusstsein! Zeigten sich in der eingangs zitierten Umfrage lediglich 20 Prozent pessimistisch über die Zukunft der Schweiz, nahm die griesgrämige Stimmung nun zu. Die Europa-Promotoren in der Schweiz – so stellte sich in einer neuen Umfrage heraus – sind im Durchschnitt eher jünger und eher höher geschult (90 Prozent mit Ausbildung an einer Universität oder einer Höheren Berufsschule). Die Europa-Befürworter sind eher in Privatunternehmen oder an Universitäten tätig und weniger in den Verwaltungen. Sie sind im Industriesektor häufiger anzutreffen als im Banken- und Versicherungssektor. Mit andern Worten: Jene Menschen, die aktiv Verantwortung tragen in der Schweiz, votierten eher für den Europa-Beitritt, während die breite Masse skeptisch blieb.

Gleichzeitig aber zweifelten die Europa-Freunde an ihrer Durchschlagskraft im eigenen Land: Die konservativen Eigenbrötler konnten sich auf die Volksstimmung abstützen. Diese grundsätzliche Verunsicherung, diese eigentliche Identitätskrise verstärkte sich, weil niemand die politische Führung übernahm. Der Bundesrat unternahm im Lauf des Jahres lediglich eine grosse, langsame Kehrtwendung, indem er in homöopathischen Dosen den Bürgern gegenüber die Enge seines Verhandlungsspielraums offenbarte. Wörtlich sagte zum Beispiel Bundesrat Delamuraz: «Qualitative Anpassungen in der Ausländerpolitik werden bei einem Beitritt zum EWR unumgänglich sein.» Und: «Der Ausschluss der Schweiz bei den Luftverkehrsverhandlungen ist für uns ganz klar eine Enttäuschung.» Mit solchen Worten begann der zögernde Bundesrat, die verblüfften und verunsicherten Schweizer langsam aber sicher auf die absehbaren Schwierigkeiten vorzubereiten: Der Binnenmarkt in Europa – noch lange Zeit ein Fremdwort für das Volk – wird die Schweiz gründlich verändern. Und Veränderungen machen Angst.

Gefährdet Europa die Schweiz?

Warum hatten die Schweizer Angst im Jahre 1990? Weniger sachliche Gründe als der allgemeine Eindruck bestimmten die Gefühle. In einer Zeit, in der die Mauern in Osteuropa fielen und Westeuropa zusammenrückte, verlor die herkömmliche schweizerische Neutralität ihren Sinn. Dieser Sinn musste neu definiert werden, die traditionelle Interpretation hatte ausgedient. Das Unbehagen, die «Idee Schweiz»

Von Peter Hartmeier, Chefredaktor «Politik und Wirtschaft»

würde in einem «Europa der Regionen» auseinanderfallen, beherrschte die Diskussion. In den Hintergrund trat dabei die sachliche Auseinandersetzung mit den Themen und Problemen, die sich der Schweiz im Hinblick auf die Europäische Gemeinschaft tatsächlich stellen:

● Die EG ist eine Zollunion mit gemeinsamem Aussentarif; dies schliesst nationale Handelsverträge mit Drittstaaten aus. Die handelsvertragliche Autonomie galt jedoch bisher für die Schweiz auch als ein neutralitätspolitisch begründetes Erfordernis. Anderseits benötigt eine Zollunion im Gegensatz zu einer Freihandelszone keine Ursprungsnachweise für Waren. Das ist ein wirtschaftlicher Vorteil.

● Die EG ist eine Agrarunion mit gemeinschaftlichen Marktordnungen und einheitlichen Preisen. Deren durchschnittliches Niveau macht gegenwärtig etwa die Hälfte der schweizerischen Produzentenpreise aus. Die Auswirkungen auf die Einkommen der schweizerischen Bauernschaft wären entsprechend massiv.

● Die EG kennt einen einheitlichen Arbeitsmarkt. Für Staatsangehörige ihrer Mitgliedländer ist die grenzüberschreitende Freizügigkeit für Arbeitnehmer ebenso rechtsverbindlich wie das freie Niederlassungsrecht der selbständig Erwerbenden. Eine restriktive Ausländerpolitik nach schweizerischer Art ist nicht zulässig.

● Die Erhebung der Umsatzsteuer ist in der EG eine Verpflichtung. Im Rahmen des Binnenmarktprogramms strebt sie eine Harmonisierung der Mehrwertsteuersätze an.

● Die Wettbewerbspolitik untersteht in der EG supranationaler Hoheit. Eines ihrer entscheidenden Elemente ist das Kartellverbot. Davon weicht das schweizerische Kartellrecht grundlegend ab.

● Die EG will eine Währungsunion schaffen. In dieser soll die geldpolitische Hauptverantwortung an übernationale Zentralbankorgane übertragen werden. Nationale (notenbankpolitische) Zuständigkeiten für die Geld-Stabilität fielen damit grösstenteils dahin.

● Gemeinschaftsrecht entsteht durch Entscheidungen des EG-Ministerrates jeweils auf Vorschlag der Brüsseler Kommission und nach Konsultation des EG-Parlaments. In der Zwölfer-Gemeinschaft herrscht ein Demokratiedefizit.

● Über die Anwendung des Gemeinschaftsrechts entscheidet letztinstanzlich der EG-Gerichtshof. Ihm sind die nationalen Gerichte in allen Fällen untergeordnet, in denen es um EG-Rechtsakte geht.

Die Schweiz kommt zu spät

Und wie erleben die Schweizer nun praktisch dieses Europa? Im Himmel sind die Briten die Polizisten, die Franzosen die Köche, die Italiener die Liebhaber, und alles wird von den Deutschen organisiert. In der Hölle hingegen sind die Franzosen die Polizisten, die Briten die Köche, die Deutschen die Liebhaber, und die Italiener organisieren das Ganze. Mit diesem alten Scherz über die Stärken und Schwächen der Europäer startete das «Wall Street Journal» einen Bericht über den alten Kontinent. Doch was die Amerikaner mit so freundlicher Ironie betrachten, ist für die Europäer kein Witz – vor allem nicht für die Schweizer. Sie hatten immer darauf gebaut, dass Europa letztlich an den internen Differenzen scheitern würde. Diese destruktive Hoffnung ist nicht aufgegangen. Was in Europa geschah, ist «eine stille Revolution» – diese Worte verwendete einer, der es wissen muss: Jacques Delors, der Präsident der EG-Kommission und Motor der EG. Der Bonner Wirtschaftsminister Helmut Haussmann sah in den Vorhaben «die grösste Reform seit der Währungsreform und dem Grundsatzentscheid für die soziale Marktwirtschaft».

Genau dies war von den Schweizern viel zu spät entdeckt worden: Die Schweiz hatte sich in ihrem Jahrhunderte lang erprobten Selbständigkeitsmythos getäuscht. Das Resultat: Eine führungsschwache Regierung, ein verunsichertes Volk und damit eine schwache Verhandlungsposition. Franz Blankarts jahrelang zitierter Europa-Slogan, die Schweiz müsse beitrittsfähig bleiben, um der EG nicht beitreten zu müssen, hatte sich als Trugschluss erwiesen. Blankart, der Ballettfreund und Traumtänzer, gescheit und eloquent, war damit zum Absteiger des Jahres geworden: Nicht Bern, sondern Brüssel bestimmt, wie die wirtschaftliche Europa-Karte aussehen wird. Und von gemütlicher Gelassenheit kann schon gar keine Rede mehr sein. Die EG hat ein uneidgenössisch schnelles Tempo angeschlagen. Phillip Levi, früherer Botschafter und heute Generaldirektor der Schweizer Mustermesse, brachte es auf den Punkt: «Die EG hält das Heft in der Hand, weil wir offenbar unfähig sind, frühzeitig

Zunehmend im Abseits: Franz Blankart, Chef der Schweizer Delegation an den EWR-Verhandlungen (oben). Hat in Europa das Sagen: Jacques Delors, Präsident der EG-Kommission

die sich abzeichnenden neuen Gelegenheiten zu erfassen und entsprechend die Initiative zu ergreifen.» Dabei hätte man bereits im Januar 1989, als der Präsident der EG-Kommission, Jacques Delors, den EFTA-Staaten eine engere Kooperation von Block zu Block offeriert und gemeinsame Institutionen in Aussicht gestellt hatte, die Weichen richtig stellen können. Damals lachten die Schweizer über das Ziel, einen Europäischen Wirtschaftsraum, in dem Personen, Kapital, Dienstleistungen und Arbeit frei verkehren, zu schaffen.

Anfang 1990 äusserte sich Kurt Moser, Direktor des Vororts des Schweizerischen Handels- und Industrievereins besorgt über die Integrationspolitik: «Die industrielle Produktion und die Dienstleistungen wandern tendenziell dorthin, wo sie günstigere Bedingungen finden und rentabler als bei uns zu sein versprechen. Bisher wurden Produkte exportiert – morgen können es Arbeitsplätze sein.» Doch weniger diese Auswirkungen begannen die Eidgenossen zu beschäftigen; sie erkannten plötzlich die praktischen Konsequenzen: Die Schweizer werden zu Touristen zweiter Klasse, wenn in ganz Westeuropa die Grenzkontrollen abgeschafft sind – nur nicht die für Helvetien. Flüge aus und nach der Schweiz werden dann als einzige in Europa nicht als Binnenflüge behandelt. Auslandschweizer in der EG werden als einzige Europäer nicht wohnen und arbeiten können, wo sie möchten; Schweizer Studenten werden ihren Studienort nicht frei in ganz Europa wählen können.

Diese Europa-Verunsicherung brachte merkwürdige Blüten zum Vorschein: Westschweizerinnen begannen ihre Babys jenseits der Grenze zur Welt zu bringen, damit sie Franzosen würden; Gastarbeiterkinder lehnten den Schweizer-Pass ab, weil er ihnen Zukunftsperspektiven vermauert. Diese Vorboten des europäischen Kulturschocks, der sich über den Eidgenossen zusammenbraute, erschütterten die Menschen und liessen sie ihre eidgenössische Enge spüren. Im EG-Binnenmarkt 1992 kommen diejenigen unter Druck, die durch ihn eingeschlossen sind – also die Schweiz und Österreich. «Je enger die EG zusammenwächst, um so höher werden die Barrieren für Nicht-EG-Länder!» Dies der Wink mit dem Zaunpfahl des Heinz Ruhnau, Vorstandsvorsitzender der Deutschen Lufthansa AG, an die Adresse der Schweiz.

Wirtschaftliche Macht Europa

Die Errichtung des grossen Marktes mit über 320 Millionen Einwohnern eröffnet der Gemeinschaft die einzigartige Chance bedeutender zusätzlicher Wachstumsimpulse: Das Europa-Sozialprodukt betrug 1989 knapp 4 Billionen Dollar; wirtschaftlich stärker sind allein die USA, während Japan im gleichen Zeitraum gut zwei Billionen Dollar erwirtschaftete. Eine von der EG-Kommission in Auftrag gegebene Studie schätzte die kummulierten ökonomischen Vorteile, die von der Beseitigung von Grenzbarrieren, von den Kostenvorteilen des grösseren Marktes und von einem intensiveren Wettbewerb ausgehen, auf 175 bis 250 Milliarden Ecu; das entspricht einer Steigerung des Bruttosozialprodukts um insgesamt 4,25 bis 6,5 Prozent (Ecu ist die europäische Währungseinheit des EWR). Der einheitliche Markt wird gleichzeitig die ökonomische und technologische Wettbewerbsfähigkeit Europas gegenüber den Konkurrenten USA und Japan sowie gegenüber neuen Wirtschaftszentren verbessern. Die Struktur des Wettbewerbs in Europa wird zusätzlich durch die diskriminierenden Effekte der EG gegenüber Drittländern charakterisiert sein – zu diesen Drittländern gehört die Schweiz.

In die zunehmende Verunsicherung der Eidgenossen und das innenpolitische Macht-Vakuum stiess im Herbst 1990 eine von mehreren Schweizer Politikern, Organisationen und Medien präsentierte Europa-Initiative, in welcher der Beitritt der Schweiz zur Europäischen Gemeinschaft postuliert wurde. Diese Initiative, die sich auf viel Sympathie aus der Wirtschaft abstützen durfte, vertrat eine positive, vorwärtsgerichtete Strategie:

Die Epoche, welche die Schweiz durchläuft, ist aufregend; sie bietet die Chance – auch als kleines Land –, aktiv die eigene Zukunft neu bestimmen zu können, weit über die Wirtschaft hinaus. Die Stärke Europas liegt in der Vielfalt der Kulturen und der Verschiedenartigkeit der Menschen. Und die Schweiz ist, ob sie will oder nicht, ein Teil dieses Europas. Europa – demokratisch, marktwirtschaftlich, föderalistisch – ist deshalb keine Gefahr, sondern eine Chance für die Schweiz. Gerade an ihrem 700. Geburtstag.

> **Die Struktur des Wettbewerbs in Europa wird durch die diskriminierenden Effekte der EG gegenüber Drittländern charakterisiert sein – zu diesen Drittländern gehört die Schweiz.**

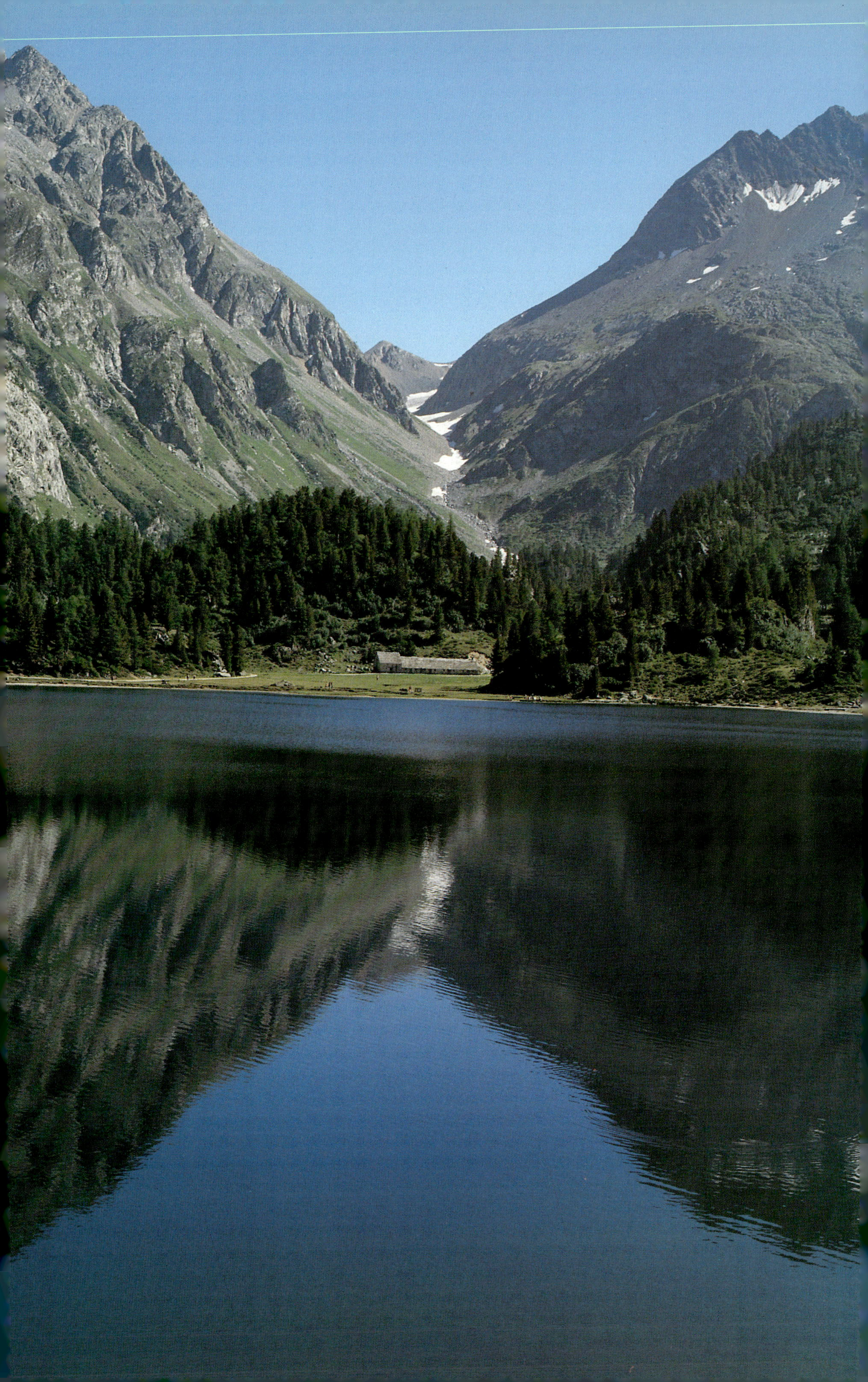

Der Akzep-Tanz auf der Ozonschicht

Angeblich nicht vorhandene Akzeptanz für Vorschriften und Massnahmen aller Art ist zur wohlfeilen Ausrede für Politiker geworden, sich um unangenehme Entscheide zu drücken. Besonders fatal wirkt sich dies beim menschlichen Verhalten der Umwelt gegenüber aus. Denn hier gilt es, über Jahrzehnte ablaufende Prozesse schon zu einem Zeitpunkt zu beeinflussen, da die katastrophalen Auswirkungen noch nicht zu erkennen sind. Wenn die ersten Vorboten einer verfehlten Umweltpolitik nicht mehr zu übersehen sind, kommen Massnahmen zu spät.

1995, Sommersession des Nationalrates. Der Vorsteher des Eidgenössischen Departementes des Innern eilt über den Bundesplatz. Eigentlich wäre es ein wunderschöner Tag. Die Sonne brennt. Aber es wird kein schöner Tag werden. Denn auch die Augen brennen. Und die Nase läuft. Der Ozongehalt der Luft muss heute wieder weit über der Toleranzgrenze liegen. Der Vorsteher des EDI eilt in den Rat, um einzugestehen, dass das bundesrätliche Luftreinhaltekonzept versagt hat: Die Schadstoffe konnten nicht wie geplant auf den Stand der sechziger Jahre gesenkt werden. Es wird ein struber Tag werden heute.

Der sensible Bundesrat ist nicht der einzige, der unter dem Sommersmog leidet. Seit Jahren hat die Zahl der hustenden Kinder und der nach Atem ringenden Alten jeden Sommer zugenommen. Ein Rezept dagegen im Sinne einer unmittelbar vorbeugenden Massnahme gebe es aber nicht, hält der 1989 erschienene Bericht «Ozon in der Schweiz» auf 270 Seiten fest. Denn wenn die Sonne scheine und sich der Smog aus den Schmutzstoffen bilde, nütze eine Reduktion ebendieser Stoffe nichts mehr. Man müsste sie schon reduzieren, wenn noch Regenwetter herrsche, durch Einschränkung des Privatverkehrs zum Beispiel. Dafür aber fehle die Akzeptanz. Und darum sei das Problem nur langfristig in den Griff zu bekommen: mit der Verwirklichung der Ziele der Luftreinhalteverordnung bis 1995. Sie verlange ja, dass die Stickoxyde und die Kohlenwasserstoffe (zur Hauptsache aus dem Verkehr stammend) um 80 Prozent reduziert würden.

Der Bericht verschweigt nicht, dass es auch dazu «einschneidende Massnahmen» brauche. Tempo-Beschränkungen zum Beispiel. Ökobonus. Oder gar Fahrverbote und Treibstoff-Rationierung. Bisher sei solches allerdings «aus vorwiegend politischen Gründen nicht bearbeitet oder zurückgestellt» worden. Aber bis 1995...

1990 fegten Bundesrat und vorberatende Kommissionen die Idee des Ökobonus vom Tisch. Stattdessen brachte der damalige Chef des Innern die CO2-Lenkungsabgabe aufs Tapet. Die aber hatte keine Chance, die Hürde der bürgerlichen Mehrheit in den Räten bis 1995 zu nehmen: fehlende Akzeptanz. War ja auch kein Wunder: Da hatten doch Regierung und Verwaltung jahrzehntelang der schrankenlosen Mobilität das Wort geredet, hatten die folgsamen Parlamentarier jedes Jahr Hunderte von Millionen Franken für den Ausbau der Strassen bewilligt, «um den Verkehr zu verflüssigen»; hatten die Städte Parkhäuser in die Zentren geklotzt, «um die Luft bei der Parkplatzsuche zu schonen». Und noch am 1. April 1990 feierte der Bundesrat «einen Sieg der Vernunft»: das Abschmettern der Kleeblattinitiativen. Endlich war der Weg frei, um die Autobahnen zu vollenden und damit «den Verkehr aus den Dörfern zu bringen». Und nun sollte dies alles falsch gewesen sein? So schnell denkt nicht um, was ein rechter Parlamentarier ist.

«Früher husteten die Kinder auch»

Die erhofften Entlastungs-Effekte blieben alle aus: Die stete Zunahme der Mobilität machte alles zunichte. Strassen, Dörfer und Städte waren bald so verstopft wie vorher.

Von Roland Wiederkehr, langjähriger Geschäftsführer des WWF Schweiz, Nationalrat und freier Berater in Aesch

Zukunftsszenario 1: So kann die Schweiz im Jahr 2000 immer noch aussehen, falls die Politiker den Mut auch zu unpopulären Umweltschutz-Massnahmen finden.

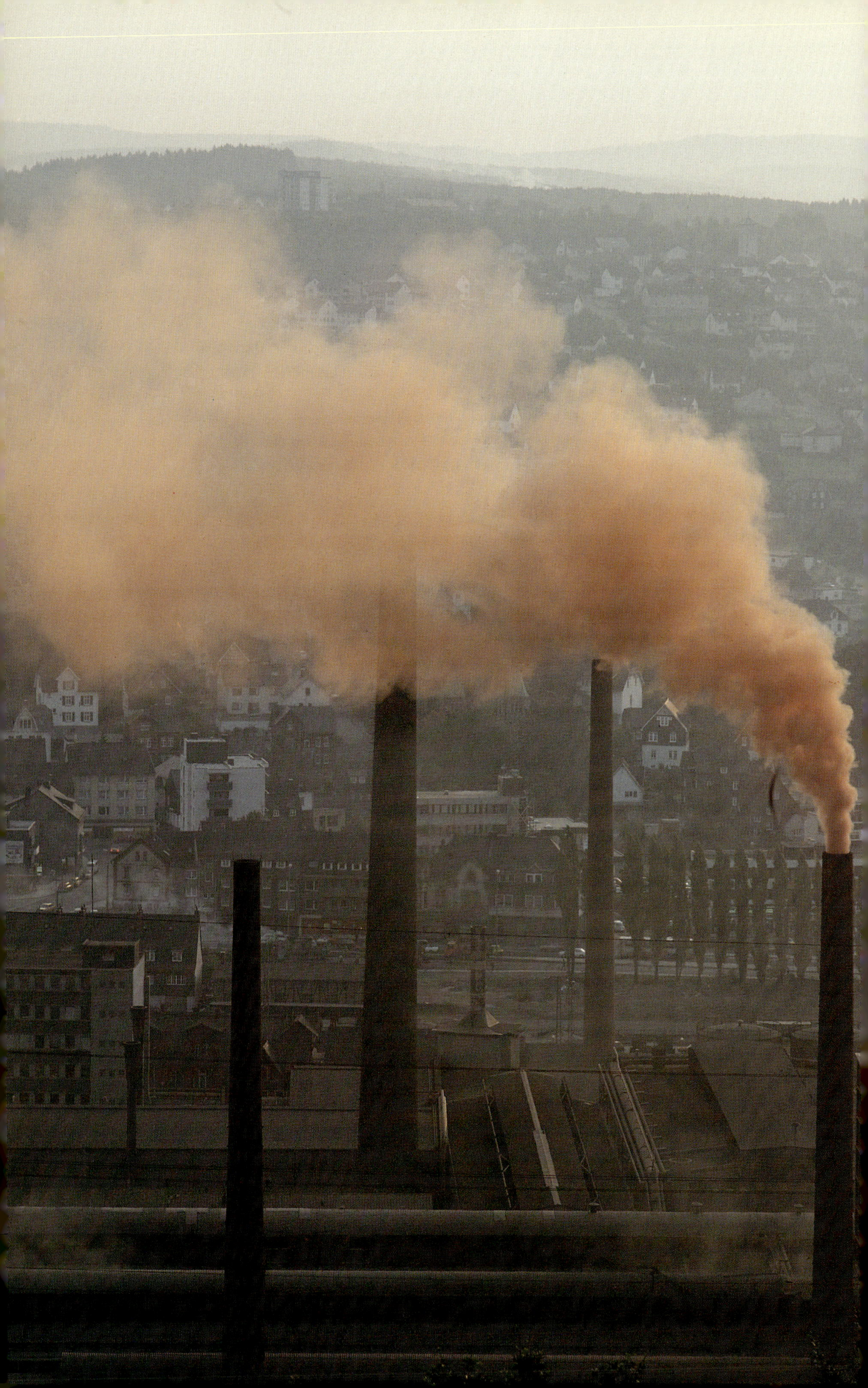

Fertige Autobahnen brachten keine Abhilfe, im Gegenteil: Sie wirkten wie Magnete, zogen immer noch mehr Verkehr an, sogen immer mehr Industrie ins Grüne. Die Luftbelastung stieg und stieg.

Auch die Zahl der Kinder und Alten stieg, die jedes Jahr ihren Husten den ganzen Sommer über nicht mehr los wurden. Offensichtlich nützten die Empfehlungen des Ozonberichts 1989 nichts, «sich vernunftgemäss allgemein an Hitzetagen zu schonen». Es erwischte sogar Bundesräte.

Wie gesagt, es wird ein struber Tag in dieser Junisession 1995. Die Linken, die Grünen und die Unabhängigen benutzen die Gelegenheit zu einem Rundumschlag gegen die Landesregierung und die Bürgerlichen. All die Massnahmen, die wirklich etwas gebracht hätten, aber systematisch (fehlende Akzeptanz!) bachab geschickt wurden – sie alle werden mit den üblichen stundenlangen Monologen nochmals ausgebreitet. Das weckt Unmut bei den Angegriffenen: Früher hätten die Kinder auch gehustet, man lasse sich deswegen doch den Wohlstand nicht vermiesen. Also Rückzug ins Café, um nicht mehr zuhören zu müssen, und zurück in den Saal erst wieder zwecks Abstimmung über die Vorstösse.

Sie werden alle versenkt. Bis auf einen. Er kommt von der «Partei zur Verteidigung der Menschenrechte» (früher Auto-Partei genannt) und verlangt einen obligatorischen Mund- und Nasenschutz für alle Fussgänger wie in Japan. Ein solcher schütze die Lunge vor Verschmutzung wie der Gurt den Autofahrer vor Verletzung und sei also zuzumuten, denn jeder müsse im Dienst am Ganzen sein Kreuz an Unbequemlichkeit tragen, vom Helmobligatorium für Zweiradfahrer ganz zu schweigen. Dennoch kommt der Antrag so nicht durch: Die «Maske für alle» wird als zu radikal empfunden. Ein Kompromissvorschlag hingegen findet nach wiederum langer Diskussion eine Mehrheit: Künftig müssen nur Fussgänger bis 16 Jahre, AHV-Rentner und «zu Krankheiten der Atemwege neigende Personen» den Lungenschutz tragen.

Wie soll diese Maske aussehen? In der Wandelhalle ist zu hören, dass die Farbe Grün (wie aus den Operationssälen bekannt) aus politischen Gründen nicht in Frage komme. Auch grau – obwohl umweltschonend, da die Masken nicht so oft gewaschen werden müssten wie bei andern Farben – verbiete sich; es entbehre der Lebensfreude. Hingegen habe die Menschenrechts-Partei ein reizvolles Modell parat, aus echtem Leinen, rein himmelblau und quer über den Mund in sonnigem Gelb das Credo, das man von ihren Plakaten her kennt: Freiheit!

Zurück ins Jahr 1990

Halt, halt! Das ist ja alles masslos übertrieben, und in Tat und Wahrheit hat sich's anders abgespielt! Also blättern wir im Drehbuch zurück ins Jahr 1990 und schreiben die Geschichte neu:

Als Bundesrat Ogi im Oktober 90 seinen Versuchsballon der höheren Benzinpreise steigen liess und Bundesrat Cotti kurz darauf die Idee der CO2-Steuer unters Volk warf, um die Klima-Katastrophe abzuwenden, da merkten die beiden rasch, dass diese Schritte vom breiten Publikum nicht nachvollzogen werden konnten auf der Akzep-Tanzfläche. Beifall klatschte die

Hustende Kinder, um Atem ringende Alte: Stickoxyde und Kohlenwasserstoffe aus Industrieschloten und Auto-Auspuffen führen alle Sommer wieder zu gesundheitsschädigenden Ozonkonzentrationen.

Opposition, ausgerechnet, und das ist ja die Crux: dass Parlamentarier, sobald sie Bundesräte werden, die Wolken der Mutmassungen verlassen und in die Niederungen des Wissens hinabsteigen müssen, wenn sie die Probleme lösen wollen. Und da finden sie sich unversehens einig mit den kleineren oppositionellen Gruppen und werden von den eigenen Parteigängern im sauren Regen stehen gelassen.

Magistrat Ogi, um die Scharte in seiner Popularität wieder auszuwetzen, bestieg mit Hilfe des Fernsehens noch einmal das Matterhorn, während Umweltminister Cotti sich bodenständig der dicken Luft stellte und auf die Suche nach Sukkurs ging, vorerst in der eigenen Partei. Denn die hatte sich seit jeher der Förderung der Familie verschrieben, und wie soll die Familie gefördert werden mit ständig hustenden Kindern, einem kranken Grossvater und einer durchdrehenden Mutter.

Und Hilfe hat die leidende Umwelt tatsächlich dringend nötig. Denn normalerweise braucht eine Veränderung zugunsten von Natur und Umwelt mindestens ein Dutzend Jahre. Das war mit dem Umweltschutzgesetz so, und auch mit dem Landschaftsrappen. Nicht zu reden vom Fall der Fluorchlorkohlenwasserstoffe...

Doch, reden wir davon. Denn am Beispiel der Sprays mit den FCKW-Treibmitteln lässt sich eindrücklich demonstrieren, was aus dem frommen Wunsch vom «Regieren als Vorausschauen» geworden ist: ängstliches Taktieren um kleine Schritte. Die im Endeffekt zum Treten an Ort verkommen. Also: 1974 weisen zwei US-Wissenschaftler im Labor nach, dass FCKW die Ozonschicht schädigen. Der WWF Schweiz verbreitete die Information in unserem Land und fragte Spray-Hersteller und Behörden, was sie zu tun gedächten. Die Industrie schlug nicht nur die Warnung in den Wind, sie schlug auch gleich die Warner: Dem WWF gehe es doch nicht um die Umwelt, sondern um den «Angriff auf unser freiheitliches Gesellschaftssystem». Und noch 1979, als die Sprayhersteller unter dem Druck der Konsumenten schon mit Ersatz-Treibmitteln pröbelten, hielt unsere oberste Landesbehörde fest: «Aufgrund der gegenwärtigen wissenschaftlichen Kenntnisse kann der Bundesrat ein absolutes Verbot des Verkaufs von Spraydosen, die Treibgase in der Art der FCKW enthalten, nicht befürworten.»

Ab 1991 – 17 Jahre nach der ersten Warnung – sind diese Spraygase auch in der Schweiz total verboten.

Aber der Beitrag unseres Landes zur Zerstörung der Ozonschicht ist damit noch lange nicht unterbunden: Erstens entfalten die heute freiwerdenden Gase ihre verheerende Wirkung erst in 10 bis 20 Jahren – solange brauchen sie, bis sie auf 30 bis 50 Kilometer Höhe aufgestiegen sind –, und zweitens haben die anderweitig freigesetzten FCKW die Spraygase längst überrundet: FCKW entströmen ausrangierten Kühlschränken, entweichen aus Schaum- und Füllstoffen, entfliehen aus Reinigungsmitteln. Und das Halon in den Feuerlöschern greift die Ozonschicht sogar zehnmal stärker an als die gewöhnlichen FCKW.

Mit der Festlegung von Toleranzgrenzen und Auflagen versucht das Bundesamt für Umwelt, Wald und Landschaft BUWAL, die Dinge in den Griff zu bekommen. Das wird ihm nie gelingen. Solange unsere Gesellschaft nicht loskommt vom Immer-noch-mehr-haben-Wollen, werden die guten Leute in den Umweltämtern aller Länder laufend von der Entwicklung überrollt. Sie kommen sich vor wie Assistenzärzte, die ihren Chefs begreiflich zu machen versuchen, dass der prominente Patient schon längst halbtot ist. Worauf die Chefärzte eine langjährige Untersuchung des Sterbenden anberaumen und im übrigen darum gebeten haben möchten, die Lage nicht zu dramatisieren.

Erfolg, der zum Selbstmord wird

Die Chefärzte sind unsere regierenden Politiker, der Patient heisst Planet Erde. Die Krankheit ist Krebs: ständiges, unkontrolliertes Wachstum. Es verschmutzt, vergiftet, zerstört Haut und Hülle des Patienten. Es verzehrt Ressourcen und Energien, die für eine Heilung, fürs Überleben nötig wären. Die Mächtigen dieser Welt wollen oder können nicht wahrhaben, dass es Krebs ist. Sie verordnen darum keine einschneidenden Massnahmen, sondern das Gegenteil: Weiterwachsen. Wie bringt man Tumoren bei, dass das, was sie für Erfolg halten, in Wirklichkeit Selbstmord ist?

Nehmen wir ein anderes Beispiel: 1988 präsentierte der Bundesrat einen Vorschlag, der zur allgemeinen Überraschung nicht nur ein Pfand auf Einweg-Verpackkungen vorsah, sondern ein Verbot für energiefressende Alu- und Weissblechdosen, PVC-Flaschen und Einwegverpackungen ab vier Dezilitern Inhalt. Das Verbot hätte 1990 in Kraft gesetzt werden sollen, ein «durchaus plausibler Verordnungsentwurf», wie die NZZ befand. Die Alu- und Getränkeindustrie fand das gar nicht. Sie lief Sturm. Und erfand flugs eine Gegenstrategie: Druck aufsetzen auf die Kantone, indem man den Gemeinden die Glassammlungen nicht mehr abnimmt. Und beweisen, dass Alu-Recycling (damals kam nur jede fünfte Dose zurück) funktioniert.

Im Frühling 89 startete eine neugegründete «Interessengemeinschaft für die Optimierung des Recyclings von Aluminiumgetränkedosen» (Igora) eine Aktion und stellte an Tankstellen Dosenschluck-Glücksspielautomaten auf: für jede eingeworfene Büchse ein Spiel. Der Versuch hatte Erfolg; ab Januar 90 versprach die Igora in einer PR-Kampagne, das Aludosenrecycling innert zwei Jahren auf 50 Prozent zu erhöhen. Finanziert werden sollten die Sammelstellen mit 5 Rappen Entsorgungszuschlag auf jeder verkauften Dose. Eine geniale Idee: steigendes Recycling-Bewusstsein der Konsumenten als Alibi für die Ausweitung des eigenen Geschäfts zu gebrauchen und ihnen erst noch die Kosten dafür anzuhängen. Wird der Bundesrat dem Druck der Industrie standhalten und sich zugunsten neuer Erkenntnisse entscheiden? Oder wird er sich vor dem goldenen Kalb der alten Verhinderer einmal mehr verneigen? Und was sind die Folgen? Ab hier kann unsere Geschichte also zwei verschiedene Fortsetzungen haben.

Zuerst zum Zukunftsszenario 1: Die Grossverteiler Migros und Coop haben schon freiwillig auf den Verkauf von Aludosen verzichtet. Das erleichtert dem Bundesrat, hart zu bleiben und PVC-, Alu- und Weissblechdosen und Wegwerfflaschen ab vier Dezilitern Inhalt zu verbieten. Auch Milch und Säfte können bald nur noch in superleichten Plastikbeuteln oder in Mehrwegflaschen angeboten werden. Überhaupt beginnt der Bundesrat, Recycling konsequent durchzusetzen. Das Geschrei der Hopp- und Ex-Hersteller, solches sei nicht europakompatibel, kontert er mit dem Verweis auf den Artikel 130T der Europäischen Verfassung. Dieser sichert den Mitgliedsländern zu, im Umweltschutz höhere Standards ergreifen zu können. Ein erstes wegweisendes Urteil dazu hat der Europäische Gerichtshof gefällt: Ein Land kann den Import von Wegwerfverpackungen über ein bestimmtes Quorum hinaus verbieten.

Der Bundesrat erhebt auf jedem neuen Kühlschrank eine happige «vorgezogene Entsorgungsabgabe». Neun Zehntel erhält der Konsument zurück, falls der ausgediente Frigo umweltgerecht entsorgt wird. Auch bei den Autos erreicht man übers Portemonnaie von Importeur und Käufer, dass nur noch solche mit leicht wiederverwertbaren Teilen importiert werden: mit einem kräftigen Zuschlag auf den Verkaufspreis, rückzahlbar beim Nachweis des Recyclings.

... und die Schweiz wird Vorbild

Ermutigt durch seine Erfolge beschliesst der Bundesrat, zur Bekämpfung der Luftverschmutzung und des Treibhauseffekts

> **Recyclen, statt ersetzen:** Die Alu- und Getränkeindustrie stellte sich gegen das Aludosen-Verbot des Bundesrates und versprach, mit Glücksspielautomaten das Dosen-Recycling auf 50 Prozent zu steigern (links). Die zweite Hälfte landet so oder so im Abfall.

Ökobonus, Wiederverwertung und Belohnung des Vermeidens – nur so sind Luftverschmutzung und Abfallberge in den Griff zu bekommen.

zusätzlich zur CO2-Steuer den 1990 in den Schubladen versenkten Ökobonus wieder hervorzukramen. Denn er ist die einzige Massnahme, die nicht nur das Wiederverwerten oder das Entsorgen belohnt, sondern auch das Vermeiden. Und die einzige Massnahme (mit Ausnahme der Treibstoff-Rationierung oder der Fahrverbote), welche die Zahl der Motorfahrzeug-Kilometer drastisch verringert. Die einfachste Version des Ökobonus funktioniert so: Der Liter Treibstoff kostet beispielsweise vier Franken. Die Fr. 2.50 über dem derzeitigen Literpreis von etwa Fr. 1.50 kommen in eine spezielle Kasse. Einmal jährlich werden die sich darin ansammelnden Milliarden an die Bevölkerung zurückverteilt. Jede und jeder erhält dieselbe Summe. Wer kein Auto fährt, macht einen schönen Gewinn – eine Belohnung dafür, dass er Luft und Klima nicht belastet. Wer eine durchschnittliche Menge Treibstoff verbraucht, erhält mit der einheitlichen Rückerstattung gerade soviel zurück, dass ihn der Liter nicht mehr als die Fr. 1.50 kostet. Je mehr Treibstoff jemand über die durchschnittliche Literzahl hinaus verbraucht, desto tiefer muss er dafür in den Sack langen.

Dieses Modell des Ökobonus funktioniert auch, wenn der Treibstoff ennet der Grenze billiger ist als in unserm Land: Nur wer mit vollem Tank aus der Schweiz ausreist, darf auch wieder mit vollem Tank einreisen. Stichproben an der Grenze passen aber schlecht zum neuen freien Europa. Deshalb sucht der Bundesrat den Kontakt mit Brüssel. Und weil die EG Mitte der 90er Jahre auch nicht mehr weiss, wie sie den Problemen beikommen soll – die grösste Nutzungsgemeinschaft wird mehr und mehr zur grössten Verschmutzungsgemeinschaft –, springt der Funke nach Brüssel über, und siehe da: innert weniger Jahre ist der Ökobonus gesamteuropäisch eingeführt.

Jetzt ist der Schweizer Bundesrat nicht mehr zu halten, und das Parlament ist stolz: Man schickt die Diplomaten hinaus in die Welt, um – in Fortsetzung der humanitären Tradition des Roten Kreuzes – die Not auf den ökologischen Schlachtplätzen mit den vorbildlichen Schweizer Umweltstrategien zu lindern und so ganz nebenbei auch noch die neuen Schweizer Spitzenprodukte der Ökotechnik zu verkaufen. Die Missionen haben Erfolg. Die EG zum Beispiel richtet ihre Umweltmassnahmen konsequent nach den nun vorbildlichen Schweizer Gesetzen aus. Die Luft wird sauber und die Abfälle vermindern sich, dank der Strategie der Belohnung des Vermeidens.

Die grossen Banken Europas (ja sogar der Welt) schliessen sich dem Ehrenkodex der Schweizer Banken an, keine Kredite mehr zu vergeben für nicht umwelt- oder sozialverträgliche Projekte. Die EG übernimmt von unserem Land – wir mit unserer reichen Erfahrung im Zusammenleben mit Minderheiten, mit vier verschiedenen Kulturen – sogar die Idee, eine generelle Kulturverträglichkeitsprüfung für alle Europa-Projekte einzuführen. Alles also eine Folge des mutigen Entscheids von 1990, als der Bundesrat der Getränkeindustrie die Stirn bot.

Die Weichen sind gestellt

Aber sehen wir uns jetzt auch das Zukunftsszenario 2 an. Mit der Annahme, dass der Bundesrat dem Druck der Getränkeindustrie weicht: Weder Pfand noch Rücknahmepflicht für Glas, kein Verbot der Alu-Dosen, dafür freiwilliges Recycling. Tatsächlich bringen die Konsumenten bald einmal jede zweite Alu-Dose zurück; genug Legitimation für die Dosenfreunde, den

Absatz mit aggressiver Werbung anzukurbeln. Bald hat die doppelte Produktion die Wirkung der Recycling-Quote zunichte gemacht. Migros und Coop fallen um: Der Kunde sei König, man könne nicht länger auf dieses Geschäft verzichten. Fortan ist es dem Bundesrat beinahe nicht mehr möglich, noch irgendeine Umweltmassnahme durchzusetzen, schon gar nicht auf dem Gebiet der Konsumgüter. Mit dem Hinweis auf Rechtsungleichheit blockt die einschlägige Industrie alles ab. Und wo dies nicht genügt, wird im Volk mit grossem Finanz- und Propaganda-Aufwand «fehlende Akzeptanz» geschaffen. Die CO2-Lenkungsabgabe erweist sich als Flop: Niemand fährt weniger Auto, bloss weil der Liter Benzin 20 Rappen mehr kostet. Ökobonus und Rationierungsmassnahmen bleiben in den Schubladen.

Der Umwelt geht's schlecht und schlechter. Im Volk kommt so etwas wie Endzeitstimmung auf. Soll die Titanic doch untergehen; Hauptsache, die Kapelle spielt bis zum Schluss.

Der Treibhauseffekt ist nicht mehr aufzuhalten. Die Klimaveränderungen lassen die Pole schmelzen; die Wasser der Meere steigen. Alle Inseln der Malediven, so zeigt das Fernsehen, sind jetzt unter Wasser; gespenstisch die Bäume und Hütten, die noch darüber ragen, die überfluteten weissen Strände wie Leichentücher.

Überall müssen die Landkarten neu gezeichnet werden. Auch Bangladesch hat sich dem Meer ergeben, Millionen Menschen sind auf der Flucht. Die Uno hat die Schweiz gebeten, mindestens 60'000 Flüchtlinge aufzunehmen.

Doch mittlerweile ist auch Europa von den Fluten bedroht. Die Räumung der Po-Ebene ist im Gang, und auch der Exodus der Holländer hat begonnen – die Fernsehbilder zeigen vollbepackte Blech-Archen auf den verstopften Autobahnen Richtung Süden. Hunderttausende verlassen ihr Land. Die häufigste Antwort auf die Frage des Reporters nach dem Ziel: die Schweiz. Man hofft, Asyl zu finden im Land der Berge, auf deren Höhen – so der Glaube – man sicher ist vor den steigenden Wassern.

Der Bundesrat verfügt eine Teilmobilmachung. Das Boot sei zwar noch nicht voll, doch gelte es, frühzeitig einer Überbelastung zu wehren, das Rettungsschiff Schweiz vor dem Kentern zu bewahren. Jetzt zeigt das Fernsehen den Bezug der Stellungen entlang der Schweizer Grenze. Im nachfolgenden Kommentar hält ein bekannter Schriftsteller den Einsatz von Soldaten gegen Flüchtlinge für bedenklich und einen Einsatz gegen Völkerwanderungen für sinnlos: Die Schweiz sei daran, einen Krieg zu verlieren – den Krieg gegen die Umwelt. Und dem sei nicht mit Militär beizukommen. Man hätte eben damals ums Jahr 1990, als der Ostblock sich auflöste, die Chancen nutzen sollen: anfangen, die Armeen aufzulösen, und die freiwerdenden Milliarden mit aller Energie einsetzen zur Verhinderung des Treibhauseffektes...

Jetzt, liebe Leserinnen und Leser, möchten Sie wohl endlich wissen, was der Bundesrat denn beschlossen hat betreffend dieser Getränkeverpackungsverordnung, gültig ab 1. November 1990.

Der Bundesrat hat dem Druck der Getränke- und Alu-Industrie nachgegeben.

Zukunftsszenario 2: So sehen die Landschaften einer hemmungslosen Konsum-, Verbrauchs- und Wegwerfgesellschaft aus.

89

Europa steht vor einer Bewährungsprobe

Jean-Rudolf von Salis

Deutschland ist wieder vereinigt. Die dunklen Wolken des Kalten Krieges, der über vier Jahrzehnte lang das Schicksal Europas bestimmt hat, lösen sich auf. Im Osten erleben wir eine Renaissance der Nation als staatsbildende Kraft, im Westen den hektisch betriebenen Aufbau einer supranationalen Wirtschaftsmacht: Der alte Kontinent in einem neuen Frühling. Jean-Rudolf von Salis, Historiker, Schriftsteller, Journalist, Schweizer von Geburt und Europäer in seiner Gesinnung, spürt in diesem Essay der «Idee Europa» nach: aus souveräner Kenntnis schöpfend, in grossen Räumen denkend, kritisch. «Meines Erachtens», so von Salis, «krankt die politische Zielsetzung der Brüsseler Funktionäre an ihrer ahistorischen Denkart».

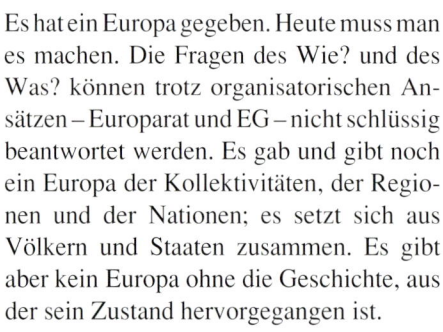

Es hat ein Europa gegeben. Heute muss man es machen. Die Fragen des Wie? und des Was? können trotz organisatorischen Ansätzen – Europarat und EG – nicht schlüssig beantwortet werden. Es gab und gibt noch ein Europa der Kollektivitäten, der Regionen und der Nationen; es setzt sich aus Völkern und Staaten zusammen. Es gibt aber kein Europa ohne die Geschichte, aus der sein Zustand hervorgegangen ist.

Drei seiner ehemaligen Besonderheiten sind verschwunden: Einmal die «romanisch-germanische Staatenwelt»; denn ohne die slawischen und einige kleinere, ethnisch andersgeartete Nationen ist Europa nicht mehr vorstellbar. Der zweite Unterschied besteht darin, dass sich die politische Gegenwart nicht mehr, wie zur Zeit des Wiener Kongresses und noch des Bismarckschen Systems, als Zweckgemeinschaft eines europäischen Gleichgewichtes versteht. Als ein dritter Unterschied zu einer Epoche, welcher der Zweite Weltkrieg ein Ende bereitet hat, muss der Verlust der Kolonialreiche genannt werden.

Europa, das lange Zeit die Welt beherrschte, ist schmal geworden. Nach dem Ersten Weltkrieg bezeichnete Paul Valéry Europa als ein «kleines Vorgebirge des asiatischen Kontinentes». Was ein Bonmot war zu einer Zeit, da sich Europa bis zu den Grenzen des revolutionären Russland erstreckte und über immense Territorien in Afrika und Asien verfügte, wäre heute eine zutreffende Definition. Es sei denn, dass die Vision eines «Europa vom Atlantik bis zum Ural» (richtiger: bis Wladiwostok) zukunftsträchtig sein sollte.

Es hat aber ein Europa gegeben. Ein vielgestaltiges, nicht eben harmonisches. Es besass eine von keinen Grenzen behinderte gesellschaftliche Elite. Gemeinsame religiöse und kulturelle Traditionen, feudal-agrarische Strukturen, eine bürgerliche Wirtschaft, die Handel trieb und Kreditgeschäfte machte, Wissenschaft und Philosophie, lateinische oder französische Sprache als Verständigungsmittel verbanden die Menschen von London, Rom und Paris bis St. Petersburg. Im Aufklärungszeitalter erging zum erstenmal der Ruf nach einem friedenserhaltenden, auf verbindlichem Recht beruhenden Bund der Staaten in den Schriften des Abbé de Saint-Pierre und Immanuel Kants.

Das 19. Jahrhundert hatte dafür taube Ohren. Es hat im Gegenteil die unantastbare Souveränität der Nationalstaaten als Grundlage eines politischen Nebeneinanders postuliert. Trotz regionaler Kriege von kurzer Dauer brach in Europa ein Zeitalter des technischen Fortschritts, der Kolonialnahme und der wirtschaftlichen Expansion an. Die Pax britannica sorgte mit ihrer Flotte für freie Fahrt über die Weltmeere und für einen nahezu uneingeschränkten Freihandel. Die Europäer fanden Zugang zu allen Kontinenten. Der Soziologe André Siegfried berichtet von einer Weltreise, die er an der vorigen Jahrhundertwende unternom-

men hat: «Aus der Nähe betrachtet, bot der alte Erdteil im Innern keineswegs das Bild besonderer Einheit, aber wenn man ihn verliess und sich besonders weit weg begab, offenbarten sich die Einheitlichkeit und Kraft seiner Kultur ganz deutlich. In Afrika, Asien, Australien, ja sogar in Amerika waren ein Engländer, ein Deutscher, ein Franzose – bei einem Russen wage ich es nicht ganz zu bejahen – sich ihres gemeinsamen Charakters als Europäer trotz allen Unterschieden und scharfen Gegensätzen klar bewusst.» Es gab eine Art britisch-europäische Handelsrepublik, in der ein Kreditbrief und eine Visitenkarte genügten, um überall Durchlass zu erhalten und Aufnahme zu finden. Mit Ausnahme von Russland war in keinem europäischen Land ein Pass vonnöten. Die Währungen waren stabil und frei wechselbar; sie beruhten auf dem Goldstandard.

Die innere Einheit Europas ist an dem Mangel von rechtsverbindlichen Vorschriften für den Verkehr zwischen den Staaten gescheitert. Es gab keinen Schutz vor gewalttätigen Handlungen aggressiver Mächte. Kriegführung war ein ungeschriebenes Recht souveräner Staaten. Der Erste Weltkrieg setzte der Weltgeltung Europas ein Ende und zerstörte seine wirtschaftliche Stabilität. Aus Gläubigernationen sind die europäischen Staaten Schuldnernationen geworden. Amerika, das die Entscheidung in diesem Krieg herbeigeführt hatte, ging als Gläubigernation daraus hervor, nachdem es bis 1914 Kreditnehmer auf den europäischen Finanzmärkten gewesen war. Amerikas Schuldeneintreibung im Westen, die Folgen der Russischen Revolution im Osten, die Auflösung Österreich-Ungarns und die Entstehung von Nationalstaaten im Moldau-Donau-Raum führten nach dem Ersten Weltkrieg zu einer unsicheren Lage in Europa.

Trotzdem: Fern von Europa erschien dieser Erdteil wie eine Art Einheit. Der indische Diplomat und Historiker K. M. Panikkar schildert in seinem Buch «Asien und die Herrschaft des Westens» (Zürich 1955) ein «Europa im Rückzug 1918 bis 1939». Das erste Kapitel trägt den Titel: «Der europäische Bürgerkrieg und seine Wirkungen» (auf Asien). Es beginnt mit dem Satz: «Der Weltkrieg von 1914-1918 war, von Asien aus gesehen, ein Bürgerkrieg innerhalb der europäischen Völkergemeinschaft.»

Die Europäer sahen es anders. Ihre Aussenpolitik nach dem Krieg war nationalistisch und emotional. Die Weltwirtschaftskrise verursachte eine soziale Katastrophe. In den frühen zwanziger Jahren gründete Richard Coudenhove Kalergi eine «Paneuropa»-Gesellschaft – mit wenig Erfolg. Der Vorschlag des französischen Aussenministers Briand, zur Sicherung des Friedens in Europa eine rechtsverbindliche Organisation zu schaffen, scheiterte am Widerstand der anderen Mächte. Was nach 1933 zum Zweiten Weltkrieg führte, bedarf keines Kommentars mehr. Sein Ergebnis war die Erschöpfung Europas und seine Abhängigkeit von den Siegermächten Amerika und Sowjetunion.

II

Trotz der Teilung Europas erwachte in seinem westlichen Teil das Bewusstsein, dass es Europa gebe oder ein solches mit seinen traditionellen Vorzügen und Freiheiten wieder entstehen sollte. Mit amerikanischer Finanzhilfe (Marshall-Plan 1947) begann sich Europa vom Zweiten Weltkrieg zu erholen. In den fünfziger Jahren wurde der Europarat mit Sitz in Strassburg gegründet; nur demokratisch regierte Länder durften ihm angehören. Aus dem Vertrag von Rom ging die Europäische Wirtschaftsgemeinschaft (EWG) hervor, die ihren Sitz in Brüssel aufschlug. In Europa wurden auch in Kriegszeiten Wirtschaftsbeziehungen zwischen kriegführenden Mächten nie ganz abgebrochen. Die von Robert Schuman ins Leben gerufene Montan-Union hatte faktisch schon während der deutschen Besetzung Frankreichs ähnlich funktioniert.

Symptomatisch für die nationalen Besonderheiten in Europa war die Ablehnung Grossbritanniens, diesen Gemeinschaften beizutreten (was es später nachholte). Selbst die Rede Churchills in Zürich 1946 und zwei Jahre danach seine Beteiligung an der Gründung der «Europa-Bewegung» in Den Haag blieb rhetorisch – Churchill lehnte eine Beteiligung Englands an den europäischen Gemeinschaften ab. Vorteilhaft und von langfristiger Bedeutung waren de Gaulles und Adenauers Initiativen, die Organisation Westeuropas auf der Grundlage einer Versöhnung und vertraglich geregelten Zusammenarbeit zwischen Frankreich und der Bundesrepublik Deutschland aufzubauen. In der gleichen Zeitspanne errichtete die Sowjetunion ihre harte Herrschaft in Osteuropa.

> **Die innere Einheit Europas ist an dem Mangel von rechtsverbindlichen Vorschriften für den Verkehr zwischen den Staaten gescheitert. Es gab keinen Schutz vor gewalttätigen Handlungen aggressiver Mächte. Kriegführung war ein ungeschriebenes Recht souveräner Staaten. Der Erste Weltkrieg setzte der Weltgeltung Europas ein Ende und zerstörte seine wirtschaftliche Stabilität.**

Es war von Nachteil für die Europa-Ideologie, dass Europa kein «Vaterland» war und es überdies nicht wünschenswert erschien, dass ein europäischer Nationalismus in die Fussstapfen des staatlichen Nationalismus treten würde.

Indessen besassen die Westeuropäer ein Feindbild: den von Russland bei sich und in seinen Satellitenstaaten praktizierten absolutistischen Kommunismus. Die Crux für ein in neuer Gestalt auferstehendes Europa war zunächst, dass Westeuropa ein Anhängsel der USA im Atlantischen Bündnis war; es war überdies nicht «Europa», weil ihm die östliche Hälfte des Kontinentes nicht angehörte.

Die Teilung Europas und die Rivalität der beiden Siegermächte, ferner der erbitterte ideologische Streit zwischen West und Ost führten dazu, dass in der Aussenpolitik militärisches Denken überhand nahm; diese geriet überall in die Abhängigkeit der Generäle und der Rüstungsindustrie. Im Hintergrund bemühten sich die amerikanische und die sowjetische Diplomatie, trotz des Kalten Krieges die Fäden nicht reissen zu lassen; die stillschweigende Abrede zwischen Washington und Moskau bestand darin, dass keiner von beiden im Jagdrevier des anderen einen Hasen schiessen durfte. «Die Russen werden nicht militärisch vorgehen», erklärte mir in einem Gespräch Bundeskanzler Adenauer (10.8.1966). Das wussten im Grunde alle Regierungen – es wäre auch aus der Sicht des russischen Oberkommandos eine unmögliche militärische Operation gewesen. Dennoch nahmen der Kalte Krieg und der Rüstungswettlauf ihren propagandistisch lautstark begleiteten Fortgang. Unter solchen Voraussetzungen konnte kein wie immer gestaltetes freies, ganzes und neues Europa entstehen.

III

Wie kann Europa «gemacht» werden? Der Vertrag von Rom verfolgt den Zweck, auf dem Weg der Wirtschaftsintegration die ihm angehörigen Staaten zum Abbau ihrer Souveränitätsrechte zu bewegen. Nachdem sich diese Organisation zur EG (Europäischen Gemeinschaft) gewandelt hat, macht sich die Behörde in Brüssel anheischig, als «Schrittmacher» europäischer Politik zu wirken. Auf dem Gebiet der Wirtschaftspolitik haben tatsächlich Abtretungen von Souveränitätsrechten der Mitgliedstaaten an die EG stattgefunden. Ihr Aufbau ist undemokratisch, indem auf Grund von Vorschlägen der Europa-Kommission die Staatschefs verbindliche Beschlüsse fassen; die Befugnisse des Europa-Parlamentes sind gering.

Ein einheitlicher Wirtschaftsraum soll auf den 1. Januar 1993 in Kraft treten. Die Gründung einer Europäischen Zentralbank mit Sitz in London ist geplant. Eine Währungsgemeinsamkeit mit einem «harten» Ecu soll ohne Abschaffung der nationalen Währungen verwirklicht werden. Bislang sind in Brüssel rund 1200 Verträge, Abkommen usw. registriert. Diese Vorkehrungen haben jedoch nicht zu einem im politischen Sinn supranationalen Gebilde geführt.

Die Kardinalfrage lautet, ob eine Wirtschaftsgemeinschaft geeignet ist, einen politisch strukturierten Staatenbund herbeizuführen. Adenauer und de Gaulle zweifelten an dieser Möglichkeit. Anfang der sechziger Jahre versuchten sie, auf der Grundlage des «Fouchet-Plans II» eine politische Einigung der damals sechs Staaten zählenden Gemeinschaft zu gründen. Sie hätte durch ein Referendum der beteiligten Völker sanktioniert werden sollen. Dieser Plan scheiterte am Veto des holländischen Ministers Luns – ein eindrückliches Beispiel dafür, dass ohne Einstimmigkeit nichts geändert werden kann. Adenauer hatte sich von diesem Projekt viel versprochen. «Alles übrige, auch das Verhältnis zur Gemeinschaft (EWG) hätte sich gegeben, wobei es mir vollkommen gleichgültig ist, ob das Gebilde sich eine Föderation, eine Konföderation oder sonstwie nennt.» Die Hauptsache sei, «Europa zu machen» (Adenauer zum Verfasser 10.8.1966).

Der Ökonom Wilhelm Röpke hatte in einem Artikel (NZZ 15.7.1964), nach meiner Ansicht zu Recht, erklärt, dass eines der «Hauptziele der EWG, nämlich die politische Einigung mittels der wirtschaftlichen Integration, auf einer typisch ideologischen Spekulation beruht». Es gebe «in der Geschichte kein Beispiel dafür, dass souveräne Staaten sich auf dem Wege einer wirtschaftlichen Integration zu einem Superstaat entwickelt hätten». Nicht der deutsche Zollverein, sondern preussische Politik habe zur Reichsgründung von 1871 geführt. Die Schweiz als «Paradebeispiel eines staatlichen Zusammenschlusses multinationaler Gruppen» habe nach einem Bürgerkrieg einen Bundesstaat gegründet, der

---

Auf dem Gebiet der Wirtschaftspolitik haben tatsächlich Abtretungen von Souveränitätsrechten der Mitgliedstaaten an die EG stattgefunden. Ihr Aufbau ist undemokratisch, die Befugnisse des Europa-Parlamentes sind gering.

dann in diesem Land die wirtschaftliche, monetäre usw. Einheit herstellen konnte. Zwar habe der Kommunismus als Drohung Westeuropa einige Dienste geleistet, meinte Röpke, was dennoch den Eindruck verstärkt habe, «dass nebst den subalternen Hoffnungen rein materieller Art» der letzte Zweck des Brüsseler Unternehmens unklar bleibe.

Ähnliches hatte ich damals in einem Vortrag geäussert: «Die supranationale Ideologie übersieht die eigentlichen Kraftquellen des europäischen Lebens, die im Zusammengehörigkeitsgefühl und Patriotismus seiner Völker, im Beharrungsvermögen seiner Staaten, in deren nationaler Lebensform, Sitte und Sprache und in ihrer Fähigkeit und ihrem Recht, zum Nutzen des Landes ihre Hilfsquellen und Machtmittel einzusetzen, zu suchen sind.»

Meines Erachtens krankt die politische Zielsetzung der Brüsseler Funktionäre an ihrer ahistorischen Denkart. Die Verkettung der Vergangenheit mit der Gegenwart ist evident. Eine «innovative Zukunftsorientierung» beruht, wie Jürgen Habermas nachweist, auf einem «wirkungsgeschichtlichen Zusammenhang». Herbert Marcuse hat in seinen Veröffentlichungen aus dem Jahre 1968 auf die Gefahr aufmerksam gemacht, dass heutzutage «die geschichtliche Dimension ... durch ein funktionalistisches Denken ersetzt» werde. «Die Unterbrechung dieser Dimension im gesellschaftlichen Universum operationeller Rationalität», sagt Marcuse, «ist eine Unterdrückung der Geschichte, und das ist keine akademische, sondern eine politische Angelegenheit. Die funktionale Sprache ist eine radikal antihistorische Sprache: die operationelle Rationalität hat für historische Vernunft wenig Raum und Verwendung.»

Diese Analyse trifft auf das operationelle Vorgehen der Brüsseler Organisaon weitgehend zu. Was der Präsident der Europa-Kommission, Herr Delors, unter einer «vernünftigen Politik» versteht, ist die Vision eines durch das Mittel der Wirtschaftsintegration zu gründenden zentralisierten Superstaates. Ein solcher würde keine Rücksicht auf nationale Besonderheiten und regionale Gegebenheiten nehmen. Ihm fehlte das Gefühl für die Menschen, die in verschiedenartigen Kollektivitäten zusammenleben.

Nach meiner Meinung kann in der Menschheitsgeschichte kein Endzweck erkannt werden. Nur auf Teilgebieten kann zweckgerichtetes Denken und Handeln erstrebt und verwirklicht werden. Gemäss den Verhältnissen, unter denen Europa heute lebt, befürworte natürlich auch ich die Schaffung einer politisch lebens- und funktionsfähigen Organisation. Dazu gehört selbstverständlich auch die Kraft der Wirtschaft. Ein solches Europa müsste auf einer, seine historischen Verhältnisse berücksichtigenden, rechtsverbindlichen Grundlage beruhen; wozu innovative Kräfte, kurz der politische Wille vonnöten wären. Nach der Befreiung der Oststaaten von der kommunistischen Diktatur müsste ein derartiges europäisches «Commonwealth» oder föderales Gebilde den Rahmen der zwölf Mitgliedstaaten der EG überschreiten und in irgendeiner Form auch Russland miteinbeziehen. Dieses hat einen von dem römisch-humanistisch geprägten Okzident verschiedenen, byzantinisch-orthodoxen Charakter, was eine politische Zusammenarbeit nicht hindern darf.

Es dürfte aber Zeit kosten, das «gemeinsame Haus» samt seinem Dach und seiner Einrichtung zu vollenden. Dass bei einem so ehrgeizigen europäischen Projekt auch die Wirtschaft im weitesten Sinn, das heisst die Technologie, die Industrieproduktion, die Landwirtschaft, die Dienstleistungen, der Konsum samt einem unerlässlichen sozialen Sicherheitsnetz und der Bekämpfung von ökologischen Schäden, eine zentrale Rolle spielen müsste, liegt auf der Hand. Der Vorteil des Westens an einer geographisch weitgespannten Organisation ist evident, bietet doch der osteuropäische oder eurasische Raum ein riesiges Absatzgebiet für den Handel; zumal jener Raum über fast alle Rohstoffe und Naturprodukte verfügt. Die «utopischen Energien», meint Habermas, seien erschöpft. An ihre Stelle sollte zweckhafte, innovative Planung treten. Selbstverständlich ist bei ihrer Durchführung auch «funktionales Handeln» unerlässlich; aber es müsste auf Realitäten, geradezu auf eine historische Standortbestimmung Bezug nehmen. Auf einem solchen Weg wäre Fortschritt möglich. Gewiss ist diese Realität anders als zur Zeit der weltweiten Handelsrepublik des 19. Jahrhunderts mit ihrem «laisser faire, laisser passer». Diese hatte mit ihrem freien Wettbewerb den bürgerlichen Wohlstand herbeigeführt. Gegenwärtig ist das wirtschaftliche Handeln weitgehend von gesetzlichen

> Was der Präsident der Europa-Kommission, Herr Delors, unter einer «vernünftigen Politik» versteht, ist die Vision eines durch das Mittel der Wirtschaftsintegration zu gründenden zentralisierten Superstaates. Ein solcher würde keine Rücksicht auf nationale Besonderheiten und regionale Gegebenheiten nehmen. Ihm fehlte das Gefühl für die Menschen, die in verschiedenartigen Kollektivitäten zusammenleben.

Bestimmungen und durch internationale Verträge und Organisationen geregelt. Der Klassenkampf des 19. Jahrhunderts ist in Europa von einer Gesellschaft ohne Proletariat abgelöst worden; sie praktiziert die Partnerschaft von Arbeitgebern und Arbeitnehmern.

Die politische Gesellschaft erscheint ihrerseits eigentümlich entideologisiert. Jede Regierung, ob rechts oder links, muss die Probleme übernehmen, welche die vorangegangene hinterlassen hat. Der politische Stil und die Verwaltungstätigkeit bleiben sich dabei fast gleich, wenngleich die Postulate von Mehrheit und Opposition in den Parlamenten verschieden sind.

IV

Die sensationellste Folge der Umwälzung von 1989 in Mittelosteuropa ist zweifellos der Zusammenschluss der beiden deutschen Staaten. Nachdem der Westen vierzig Jahre lang der Sowjetpolitik vorgeworfen hat, sie respektiere das Selbstbestimmungsrecht der Völker nicht, hätte er sich selbst verleugnet, wenn er an der deutschen Wiedervereinigung Kritik geübt hätte. Gleichzeitig begrüsste man es im Westen, dass die von Moskau satellisierten Staaten ihre Unabhängigkeit wieder erlangen konnten. Die deutsche Einigung wird in Europa einen relativen Gewichtsverlust für Frankreich, England und Italien zur Folge haben. Die machtpolitischen Verhältnisse auf unserem Kontinent werden sich ändern.

Für die kommende Zeit darf man füglich annehmen, dass das neu erwachte Nationalbewusstsein der Deutschen nicht in aggressiv-militaristischen Bahnen verlaufen wird. Die Demokratie und das Freiheitsbedürfnis haben nach den Erfahrungen mit dem Dritten Reich in Deutschland Wurzeln geschlagen. Die Sieger-Freunde der Bundesrepublik haben dazu einen Beitrag geleistet. Der «Ugly German» gehört auf den Müll alter Querelen. Das neue Deutschland präsentiert sich vor allem als eine Wirtschaftsmacht; ein französischer Minister hat es zutreffend als das «europäische Japan» bezeichnet. Der von der Bonner Regierung gelenkte Einigungsprozess hat mögliche Widerstände in der DDR oder Bedenken in der Bundesrepublik rasch aufgefangen. Öffentliche Auflehnung gegen die Staatsmacht war in der deutschen Vergangenheit selten. Das deutsche Volk zog nationales Zusammenstehen, auch unter Kaiser Wilhelm und Hitler, einem Umsturz im Inneren vor. Es fügt sich heute den verordneten Massnahmen zum Zusammenschluss. Das ist ein neuer Beweis für die Kraft der Tradition.

Traditionen haben auch in Polen, in der Tschechoslowakei und in Ungarn – in Rumänien und Bulgarien ist die Entwicklung weniger klar – über die bisherigen politisch-ideologischen Mächte triumphiert. In Reden haben einsichtige Politiker vor den Gefahren eines neuen Nationalismus gewarnt – ein Hinweis, dass es ihn gibt; nicht nur im staatlichen Rahmen, sondern auch in allenthalben auftretenden separatistischen Tendenzen. Der Ablauf der Ereignisse, so eindeutig er sein mag, kann über die vorhandenen Schwierigkeiten nicht täuschen. Vierzig Jahre Diktatur und staatlich verordnete Wirtschaft können nicht schleunigst in eine ebenfalls verordnete soziale Marktwirtschaft umgekrempelt werden. Solche Umstellung ist krisenhaft und verlangt von den Menschen ein anderes Denken und Handeln. Das Ideal von freiheitlicher Demokratie reicht für die Realisierung von anderen Sozial- und Wirtschaftsstrukturen nicht aus. Es wird Zeit vergehen, ehe diese neu begründeten Länder mit Westeuropa werden gleichziehen können. Die neue Ostbank ist unerlässlich, reicht dazu aber nicht aus. Die Kraft muss aus dem Inneren der Staatsvölker kommen.

Die Wende in Europa wäre nicht möglich, wenn die beiden Supermächte nicht auf ihre Machtprivilegien zu verzichten bereit wären. Der Anstoss kam aus der Sowjetunion. Er hat mit den Reformen Gorbatschows und mit seiner neuen Politik eingesetzt. Die Turbulenzen in Russland und in den ihm angeschlossenen Völkerschaften dürfen nicht darüber täuschen, dass es als eine europäische Grossmacht bestehen bleiben wird; selbst wenn baltische oder andere Provinzen nach Selbständigkeit verlangen. Die Umgestaltung in diesem Reich, das unter der mangelnden Effizienz seiner zentralisierten Kommandowirtschaft leidet, braucht ebenfalls Anstrengung und Zeit, um sich unbrauchbar gewordener Strukturen zu entledigen und nach neuen zu suchen. Gorbatschow und seine Mit-, auch seine Gegenstreiter gehören einer Generation von kommunistischen Funktionären an, die infolge ihrer Bildung, ihres kritischen Verstandes und ihrer Erfahrungen für ihr politisch erstarrtes und wirtschaftlich ruiniertes

---

Der «Ugly German» gehört auf den Müll alter Querelen. Das neue Deutschland präsentiert sich vor allem als eine Wirtschaftsmacht; ein französischer Minister hat es zutreffend als das «europäische Japan» bezeichnet.

System neue Lösungen anstreben. Bereits ist in Russland die Trennung zwischen Partei- und Staatsmacht vollzogen, desgleichen die Einführung eines Mehrparteiensystems. Diese Wendung war nicht möglich ohne eine Umkehrung des aussenpolitischen Verhaltens. Die Ablösung der Satellitenstaaten von der Moskauer Zentrale war überfällig, desgleichen eine gutwillige Dialogfähigkeit im Verkehr mit der Aussenwelt.

Das «neue Denken» in Russland hätte nicht genügt, wenn nicht auch die Vereinigten Staaten von Amerika sich gezwungen gesehen hätten, den Kalten Krieg zu beenden und auf das Friedensangebot der Russen einzugehen. Das weltwirtschaftliche Gewicht der USA ist vermindert. In den achtziger Jahren ist Amerika von neuem aus einer Gläubiger- zu einer Schuldnernation geworden: es braucht die japanischen und europäischen Investoren. Die Verschuldung des Staates hat einen bedrohlichen Umfang angenommen. Der Verzicht auf die Rolle des Weltpolizisten drängte sich auf. Amerikanische Aussenpolitik ist nicht einseitig auf Europa gerichtet; sie hat Lateinamerika vor ihrer Tür und den Pazifischen Ozean vor ihrer Küste. Die neue Ära in Russland war in der Folge auch ein Geschenk an Amerika. Dieses braucht fortan nicht mehr im gleichen Umfang seinen Verpflichtungen in Europa nachzukommen. Die veränderte Lage führt dazu, dass Russland und Amerika ihre Militärapparate abbauen können.

Wenn der Pakt von Warschau faktisch aufgehört hat zu existieren, besteht kein Grund mehr, das Atlantische Bündnis in der Form einer militärische Zwangsstruktur beizubehalten. In einer Übergangszeit mögen noch amerikanische und russische Truppen in Mitteleuropa stationiert bleiben; ihr Sicherheitswert würde geringfügig. Ungleich bedeutungsvoller sind die massiven Verminderungen der Militärausgaben in West und Ost, die Verschrottung von Kriegsmaterial aller Art, der Verzicht auf neue Waffensysteme, Kampfflugzeuge und Kriegsschiffe. Neue Verträge über Abrüstungsmassnahmen, ferner Regelungen im Rahmen der Helsinki-Organisation für Frieden und Sicherheit in Europa, stehen in Aussicht.

Man sollte die Qualität der russisch-amerikanischen Zusammenarbeit nicht unterschätzen. Derartige Vorgänge sind nicht an einzelne Staatsmänner, Bush oder Gorbatschow, gebunden. Jeder Staatsmann verlässt eines Tages die politische Bühne. Gemeinsame Interessen bleiben. Hier handelt es sich darum, dass die grossen Siegermächte des Zweiten Weltkrieges sich gezwungen sehen und bereit sind, ein gemeinsames Programm durchzuziehen. Sein Ergebnis bedeutet das Ende der Beherrschung unseres Kontinentes durch diese Staaten. Das ist für Europa eine historische Bewährungsprobe. Die Zukunft wird zeigen, ob es sich als eine versöhnliche und friedfertige «Völkergemeinschaft» verstehen und dementsprechend verhalten wird.

Am Schluss dieser Ausführungen, die mit den Realia der Politik und der Wirtschaft zu tun haben, möchte ich an eine Utopie erinnern, weil sie vielleicht einen Denkanstoss liefert. Victor Hugo hat 1878 in einer Rede vor einer Arbeiterversammlung gesagt: «Sprechen wir es aus, was Frankreich, was Europa, was die zivilisierte Welt braucht, was heute realisierbar ist und was wir wollen: Die Religion ohne Intoleranz, das heisst Vernunft anstelle des Dogmatismus; das Strafrecht ohne den Tod, das heisst die Wiedergutmachung anstelle der Rache; die Arbeit ohne Ausbeutung, das heisst Wohlbefinden anstelle des Unbehagens; Verkehr ohne Grenzen, das heisst Frieden anstelle der Schranken; die Nationalitäten ohne Feindseligkeit, das heisst Schiedsgerichtsbarkeit anstelle des Krieges; mit einem Wort: Abrüstung jeder Art, mit Ausnahme der Abrüstung des Gewissens.»

> Die grossen Siegermächte des Zweiten Weltkrieges sehen sich gezwungen und sind bereit, ein gemeinsames Programm durchzuziehen. Sein Ergebnis bedeutet das Ende der Beherrschung unseres Kontinentes durch diese Staaten. Das ist für Europa eine historische Bewährungsprobe.

Dieser Essay ist erstmals in der Zeitschrift «DU», Ausgabe September 1990, publiziert worden.

Das verarmte Haus DDR weicht einem Neubau: Bange, begehrliche Blicke gegen Westen

Die neue Mauer geht quer durch die Köpfe

Seit dem 3. Oktober 1990 sind die beiden Teile Deutschlands nach 40jähriger politischer, wirtschaftlicher und ideologischer Trennung wieder vereint. Doch die Freude über die Einheit hält sich dies- und jenseits der Elbe in Grenzen: Je besser sich die Deutschen aus Ost und West kennenlernen, desto mehr wird ihnen bewusst, wie fremd sie sich in den Jahrzehnten der Teilung geworden sind.

Herbert Schirmer, der erste und letzte demokratisch legitimierte DDR-Kulturminister, boykottierte am Abend des 2. Oktober das Einheitsspektakel rund um den Berliner Reichstag. Die letzten Stunden der untergehenden Republik verbrachte der CDU-Politiker in seinem Amtssitz am Ost-Berliner Molkemarkt. Und dort schraubte er sechzig Sekunden vor Mitternacht eigenhändig das Amtsschild ab, während gleichzeitig vor dem Reichstag zu den Klängen der Freiheitsglocke Jugendliche aus Ost und West feierlich die schwarz-rot-goldene Fahne hissten.

Zuvor hatte der Minister Mitarbeiter und Künstler zu einer «Untergangsparty» eingeladen, die von einer hauseigenen «Arbeitsgruppe Titanic» wochenlang vorbereitet worden war. Doch anstatt wie geplant zu einem ironisch-heiteren Abschiedsfest geriet der Abend zu einem eher zynischen Prolog auf das vereinte Deutschland. In seiner letzten Rede als Kulturminister nahm Herbert Schirmer keine Rücksicht mehr auf den grossen Bruder. Bitter qualifizierte er den Einigungsvertrag als «deutsch/deutschen Handelsvertrag», anstatt vom Zusammenwachsen redete er vom «Zusammenkneten» der beiden deutschen Staaten. Und am Ende seiner Rede griff der Kulturpolitiker auch noch aufs anarchistische Vokabular zurück und forderte die zahlreich anwesenden Künstler auf, den Kopf nicht hängen zu lassen, sich weiter für ihre humanistischen Ideale einzusetzen, die gesamtdeutsche Gesellschaft notfalls «mit Dynamit zu dynamisieren». Mit diesem starken Abgang dürfte die CDU-Karriere Herbert Schirmers vorerst beendet sein. Das gilt auch für alle anderen ostdeutschen Politiker, die sich bis zum letzten Tag ihres Staates gegen bundesdeutsche Besserwisserei und Bevormundung wehrten.

Die Politiker und die Medien der Bundesrepublik konnten es sich leisten, den Protest Herbert Schirmers zu ignorieren. Denn Bildung und Kultur gelten als ideologische Widerstandsnester, die ausgeräuchert werden müssen. Dabei übersehen die selbstgerechten Rächer aus dem Westen geflissentlich, dass es gerade die Kulturschaffenden gewesen waren, die schon Wochen vor dem Sturz Erich Honeckers grundlegende Reformen verlangt hatten. Doch ihr Widerstand wird genau so wenig gewürdigt wie der Beitrag unzähliger anderer Intellektueller, die sich mit den Forderungen des Neuen Forums als erste identifizierten und sich auf die Strassen trauten, als die Mehrheit der DDR-Bürger die Ereignisse noch ängstlich bloss am Fernsehen verfolgte.

Atemberaubender Opportunismus

Obwohl sich die meisten ostdeutschen Politiker im privaten Kreis über das kolonialistische Gebaren der Bundesrepublik ähnlich bitter äussern wie der Kultur- und Bildungsminister, wagen die wenigsten öffentlichen Widerstand. So beklagte sich beispielsweise der ostdeutsche FDP-Chef Rainer Ortleb noch zehn Tage vor dem Vereinigungsparteitag über die andauernde Gängelung durch die West-FDP, aber am Parteitag selber blieb Ortleb stumm. Die Ost-Liberalen akzeptierten sogar den diskriminierenden Delegierten-Schlüssel, der ihnen nur ein gutes Drittel der Stimmen einräumte, obwohl sie mehr als doppelt so viele Mitglieder in die gesamtdeutsche FDP einbrachten als die West-Liberalen. Der Lohn für dieses Wohlverhalten liess nicht lange auf sich warten: Einen Tag nach der deutschen Einheit zog Rainer Ortleb als

Von Fred Müller, Berlin-Korrespondent des «Tages-Anzeigers»

einer von fünf neuen Ministern ohne Geschäftsbereich ins gesamtdeutsche Bundeskabinett ein. Auf der Liste dieser fünf Aufsteiger stand zunächst auch der Name Kurt Reichenbachs, der im Rang eines Ministers einer der engsten Berater von DDR-Ministerpräsident Lothar de Maizière war. Reichenbach verschwand kommentarlos von dieser Liste, anstatt ins Bundeskabinett durfte er bloss ins Präsidium der vereinten CDU einziehen. Obwohl die West-CDU gegenüber den Wendehälsen der Ost-CDU in der Regel wenig Berührungsängste hat, schien ihr wahrscheinlich der Gesinnungswandel Reichenbachs doch ein bisschen zu krass. Der hatte nämlich noch drei Wochen vor dem Sturz Erich Honeckers in seiner damaligen Eigenschaft als CDU-Vorsitzender des Bezirks Karl-Marx-Stadt zu einem wüsten Rundumschlag gegen die Bundesrepublik ausgeholt. Darin beschimpfte er insbesondere Bundeskanzler Helmut Kohl, der «uns zum Kapitalismus zurückdrängen» wolle, und hob die enge Partnerschaft der CDU mit der SED hervor: «Wir und die SED haben stets das Gemeinsame gesucht.» Nicht anders sehen die Biographien der drei neuen CDU-Ministerpräsidenten in Mecklenburg-Vorpommern, Thüringen und Sachsen-Anhalt aus, die als Kreisvorsitzende der Ost-CDU oder als hauptamtliche Stadträte jahrelang die Politik der SED durchgesetzt hatten.

Kapitalisten der ersten Stunde
Aus allen gesellschaftlichen Bereichen gibt es Hunderte derartiger Geschichten. Sie dokumentieren jenen atemberaubenden Opportunismus, zu dem die Menschen in Zeiten erdrutschartiger Umbrüche offenbar fähig sind. Als Hort der grössten geistigen Akrobaten erwies sich dabei die rechtskonservative Deutsche Soziale Union (DSU), die bei den ersten freien Wahlen am 18. März 1990 in den südlichen Bezirken des Landes zweistellige Ergebnisse holte. In der DSU sitzen Lehrer, die zu den gefürchtetsten Ideologie-Einpaukern gehörten, und Pfarrer, die sich vor der Wende stets weigerten, ihre Kirchen für die oppositionellen Basisgruppen zu öffnen.
Zur gleichen Kategorie zählen all die Direktoren volkseigener Betriebe und Kombinate, die sofort ihre SED-Parteibücher in den Papierkorb warfen und über Nacht zu brutalen Frühkapitalisten mutierten. Sie setzten im Zeichen der Marktwirtschaft umgehend Behinderte und andere leistungsschwache Arbeitnehmer auf die Strasse oder strichen die Subventionen für betriebliche Kinderkrippen, die sie noch wenige Monate vorher westlichen Besuchern stolz als «soziale Errungenschaften» vorgeführt hatten.
Nur wer das Ausmass dieses Opportunismus kennt, kann die Entwicklung zwischen dem Sturz Erich Honeckers und dem Vollzug der deutschen Einheit verstehen. Deshalb lohnt sich ein Blick zurück auf den 6. Mai 1989, als die SED ihre letzten Kommunalwahlen veranstaltete. Schon damals forderten die Bürgerrechtler die Menschen auf, die Pseudowahl zu boykottieren oder wenigstens die Wahlkabinen zu benützen und dort alle Namen auf der vorgedruckten Einheitsliste zu streichen. Anschliessend musste zwar die SED tatsächlich das Wahlergebnis fälschen, um dem Politbüro die gewünschte rituelle Zustimmungsquote von 98,9 Prozent melden zu können, doch auch eine korrekte Auszählung hätte am Ergebnis grundsätzlich nichts geändert: Bloss 15 Prozent der Wähler lehnten die Einheitsliste ab, 85 Prozent hingegen warfen wie eh und je brav den vorgedruckten Zettel unverändert in die Urnen.
Es gibt in der ehemaligen DDR Menschen, die sich gut an das Ende des Faschismus und an den Anfang des Sozialismus erinnern. Die Parallelen zum heutigen Übergang vom Sozialismus zur Marktwirtschaft sind frappant. Als ob sie Hellseherin wäre, sah die 65jährige Lisbeth H. aus Fürstenwalde in einem Gespräch mit Bärbel Bohley, Mitgründerin des Neuen Forums, bereits im Sommer 1989 den Gang der Dinge voraus. Aufgrund ihrer Lebenserfahrung wusste sie, was die Bürgerrechtler und alle anderen Oppositionellen der ersten Stunde nach einem erfolgreichen Kampf gegen die Herrschenden zu erwarten hatten: «Oppositionelle», sagte die Traktoristin, «sind die reinen Toren. Denn selbst wenn sie etwas erreichen, werden sie danach überschwemmt und verdrängt von den anderen. Die kommen dann hoch und sind schon immer dabeigewesen.» So geschehen nach dem Untergang des Dritten Reichs – und 45 Jahre später nach dem Zusammenbruch des Sozialismus. Denn das SED-Regime ist wie die Nazi-Diktatur keineswegs unter dem Druck revoltierender Volksmassen zusammengebrochen, wie die deutschen Historiker wahrscheinlich dereinst behaupten

> Es gibt in der ehemaligen DDR Menschen, die sich gut an das Ende des Faschismus und an den Anfang des Sozialismus erinnern. Die Parallelen zum heutigen Übergang vom Sozialismus zur Marktwirtschaft sind frappant.

Adieu, Sozialismus: Die DDR-Flagge geht in Flammen auf.

Bonjour, Coca Cola: Gratis-Taufe mit dem süssen Saft der Marktwirtschaft

werden. In Wirklichkeit verharrten die meisten Ostdeutschen in den entscheidenden ersten Wochen des Umbruchs in der Rolle der passiven Zuschauer. Sie wechselten die Seite erst in dem Zeitpunkt massenhaft, als die Niederlage der Kommunisten irreversibel und die Austrittswelle der 2,3 Millionen SED-Mitglieder in vollem Gange war.

Verdächtige Wissenschaft

Die Wissenschaftler der SED-Denkfabriken hatten das Ausmass der politischen und ökonomischen Krise der DDR frühzeitig erkannt. Bereits im September 1989, zwei Wochen vor dem letzten öffentlichen Auftritt Erich Honeckers am 40. Jahrestag der DDR-Gründung, erläuterte mir Manfred Zinsler, ein führender Gesellschaftswissenschaftler, unter dem Siegel der Verschwiegenheit die zwei Alternativen des unmittelbar bevorstehenden Szenarios: Der Sturz der gesamten Führung sei nach dem 40. Jahrestag beschlossene Sache, anschliessend werde sich das Schicksal des Landes innert zwei Monaten entscheiden. Entweder gelinge eine radikale Reform, oder es komme zwangsläufig zum Zusammenbruch der DDR und damit zur Wiedervereinigung.

Was aus Manfred Zinsler geworden ist, weiss ich nicht. Aber ich kenne Dutzende von anderen ehemaligen SED-Mitgliedern, die seit Mitte der 80er Jahre auf Gorbatschow hofften, die den November nach dem Sturz Honeckers und nach der Maueröffnung als Befreiung erlebten und sich engagiert für eine bessere DDR einsetzten. Sie stehen heute in der Regel als Parias des vereinten Deutschland im gesellschaftlichen Abseits. So wie die Diplomaten, von denen viele seit 1985 ebenfalls heimlich mit Gorbatschow sympathisiert hatten. Über sie hat das vereinte Deutschland ein faktisches Berufsverbot verhängt, das nicht nur für den diplomatischen, sondern für den gesamten öffentlichen Dienst gilt. Nicht anders ergeht es vielen Bürgerrechtlern, deren Träume von einer besseren Gesellschaft wie Seifenblasen zerplatzt sind. Auch ihnen begegnet der grosse bundesdeutsche Bruder mit Misstrauen, weil sie sich im Gegensatz zur Mehrheit hartnäckig weigern, ihre DDR-Vergangenheit auf den Müllhaufen der Geschichte zu werfen, und weil sie auch an der bundesdeutschen Gesellschaft Kritik üben.

Diese Tragik illustriert geradezu klassisch die Geschichte der Ostberliner Humboldt-Universität, die nach der Wende den zuvor marginalisierten Theologen Heinrich Fink zu ihrem neuen Rektor wählte. Fink steht den Bürgerrechtlern nahe, er engagierte sich im Herbst 1989 monatelang leidenschaftlich in einer Kommission, die Übergriffe der Ostberliner Volkspolizei auf Demonstranten untersuchte, die am 7. Oktober gegen die Jubelfeiern zum 40. Jahrestag der DDR protestiert hatten. Als neuer Uni-Rektor sorgte Fink umgehend für eine umfassende Demokratisierung der traditionsreichen Hochschule. Seit der Vereinigung Berlins steht Heinrich Fink bereits wieder im Abseits: Den Westberliner Hochschulpolitikern sind nicht nur die neuen Rechte der Ostberliner Studenten ein Dorn im Auge, sie fürchten insgesamt auch die Konkurrenz aus dem Osten und möchten deshalb die Humboldt-Uni am liebsten zu einer Filiale der Westberliner Freien Universität degradieren.

Mit der Vereinigung ist die ehemalige DDR zu einem besetzten Land geworden. In den Schlüsselposition der Wirtschaft und des Staats sitzen überall westliche Experten und Berater, die ausserdem mindestens dreimal mehr verdienen als ihre ostdeutschen Kollegen, denen sie das Einmaleins der bundesdeutschen Wirtschafts- und Gesellschaftsordnung beibringen sollen. Und selbst die frisch gewählten ostdeutschen Landespolitiker müssen nach der Pfeife ihrer westdeutschen Aufpasser tanzen. So entschied die Bonner FDP-Zentrale, ob die Liberalen im neuen Bundesland Brandenburg in die Opposition zu gehen oder aber einer rot-gelb-grünen «Ampelkoalition» mit der SPD und dem Bündnis '90 zuzustimmen hatten.

Vor allem die Intelligenz der ehemaligen DDR reagiert mittlerweile allergisch auf diese bundesdeutsche Bevormundung. Auch und gerade weil ihr klar ist, dass es die Westdeutschen in der Regel tatsächlich besser wissen, weil ja das bundesdeutsche Modell einen triumphalen Sieg über den gescheiterten realsozialistischen Versuch errungen hat. Dieses Unbehagen analysierte der prominente Bürgerrechtler Jens Reich am Vorabend der deutschen Einheit in einer Zeitungsglosse: «Der Umschlag von der gönnerhaften Achtung für die tolle Leistung, die Politbürokratie abgeschafft zu haben, in die Bevormundung, nun aber

> **Mit der Vereinigung ist die ehemalige DDR zu einem besetzten Land geworden.**

gefälligst das Steuer abzugeben, wo der Könner an Bord gekommen ist, erzeugt in den meisten von uns ein Gefühl, das aus ohnmächtiger Resignation und störrischem Neinsagen gemischt ist.»

Kaufrausch im Warenhaus

In dieser «Trotzidentität», die Reich mit dem «bockigen Selbstbewusstsein der Iren gegenüber den Engländern» vergleicht, erkennt sich freilich nur eine Minderheit. Die Mehrheit hat gegen den bundesdeutschen Einmarsch nichts einzuwenden. Da mit dem Staat auch das Selbstbewusstsein der meisten DDR-Deutschen zusammengebrochen ist, sehen sie in der möglichst perfekten Kopie des bundesdeutschen Vorbilds den einzigen Weg zu einem neuen Selbstwertgefühl. Daran ändert die Tatsache nichts, dass die DDR vor der Wende immerhin zu den zwölf leistungsfähigsten Industrienationen der Welt gehörte und dass sie nach dem Zweiten Weltkrieg unter den realsozialistischen Bedingungen vergleichsweise genau so erfolgreich gewesen war wie die BRD im westlichen Lager. In einem deutsch/deutschen Vergleich schneidet die DDR trotzdem jämmerlich ab. Und diese negative Bilanz trifft eben nicht nur den ehemaligen Staat, sondern auch jeden ehemaligen Bürger dieses Staates. Denn alles, worauf der durchschnittliche DDR-Deutsche stolz sein konnte, wirkt jetzt, gemessen am bundesdeutschen Standard, lächerlich. Das fängt bei der beruflichen Qualifikation an und hört beim Trabbi auf. So müssen sich nach der Meinung von Experten bis zu 70 Prozent der ostdeutschen Arbeitnehmer weiterbilden oder umschulen. Wer also früher in der betrieblichen Hierarchie oben stand, wird jetzt arbeitslos oder muss ganz unten wieder anfangen. Und der Trabbi, früher eines der teuersten und begehrtesten Wohlstandssymbole, gilt heute nur noch als stinkender Museumswagen, der den Besitzer ausserdem zum bedauernswerten «Ossi» stempelt.

Fast alles, was früher in der DDR begehrt und teuer war, symbolisiert heute nur noch die Zweitklassigkeit der Ostdeutschen, die deshalb mit allen Mitteln versuchen, diese demütigende Situation zu überwinden und sich wenigstens äusserlich so rasch als möglich dem westdeutschen Durchschnitt anzupassen. Deshalb boykottieren sie unbesehen viele DDR-Produkte, kaufen beispielsweise lieber die faden holländischen Treibhaus-Tomaten als die schmackhaften einheimischen Früchte. Und deshalb findet die Mehrheit grundsätzlich alles gut, was aus dem Westen kommt, und lehnt alles ab, was an den Osten und damit die eigene Niederlage erinnert. Diese Haltung ist am ehesten vergleichbar mit jener kritiklosen Begeisterung, die der Lebensstil der ameri-

100 Mark: ein Muster ohne Wert

Vollmundig: das grosse Versprechen

Speisung der Wähler: Des Kanzlers beste Argumente sind die Kalorien.

Speisung der Sparer: zum Tag der Währungsunion ein Gratis-Kuli von der Bank

kanischen Sieger nach dem Zweiten Weltkrieg bei den Westdeutschen auslöste.
Die naive Bewunderung des Westens haben bundesdeutsche Geschäftemacher im Jahr eins nach der Maueröffnung sofort in bares Geld umgesetzt. Sie fielen massenhaft in den goldenen Osten ein, wo sie den leichtgläubigen «Ossis» ohne nennenswerte Anstrengung das Geld aus der Tasche zogen, indem sie die ganze Palette billigster Verkaufstricks einsetzten, auf die im Westen schon seit zwanzig Jahren nur noch die Allerdümmsten hereinfallen. Das fing schon vor der Währungsunion an, als die Westberliner Kaufhäuser die DDR-Bürger dazu überreden konnten, 50 D-Mark für die Reservation eines Fernsehapparates zu bezahlen: Die an die Mangelwirtschaft gewöhnten Menschen glaubten im Ernst, dass die begehrten Flimmerkisten nach der D-Mark-Einführung knapp werden könnten. Das Geschäft des Jahrzehnts machten dann aber nach der Währungsunion die westdeutschen Gebrauchtwagenhändler, die innert vier Monaten im Gebiet der ehemaligen DDR rund 500'000 Autos verkauften. Die Preise stiegen dabei im Durchschnitt um 50 Prozent, selbst für notdürftig übermalte Rostlauben zahlten die Ostdeutschen Phantasiepreise – die Autos mussten nur schnittig genug aussehen und schnell genug fahren. Und kaum sassen die ehemaligen Trabbi-Fahrer in ihren neuen Karossen, setzte auf den ostdeutschen Strassen das grosse Sterben ein. Die Polizei berichtete von immer neuen Unfallrekorden. Nachdem an einem Oktober-Wochenende allein auf den Strassen des kleinen Bundeslandes Brandenburg wieder 16 Menschen ums Leben gekommen waren, schloss die Pressestelle ihren Unfallbericht mit einem hilflosen Aufruf: «Die Tragik nimmt Ausmasse an, dass man als Polizei kaum noch weiss, was man machen soll.»

Wie funktioniert ein freier Markt?
Wie der Geschwindigkeits-, kennt auch der Konsumrausch keine Grenzen. Im Zeitraffer versuchen die Ostdeutschen, den 40jährigen Vorsprung der Westdeutschen aufzuholen. Dabei wollen sie alles, sofort und um fast jeden Preis. Diesem grenzenlosen Anspruch steht allerdings kein Bewusstsein für die Anforderungen und Spielregeln der westlichen Leistungsgesellschaft gegenüber. Die ehemaligen DDR-Bürger klopfen

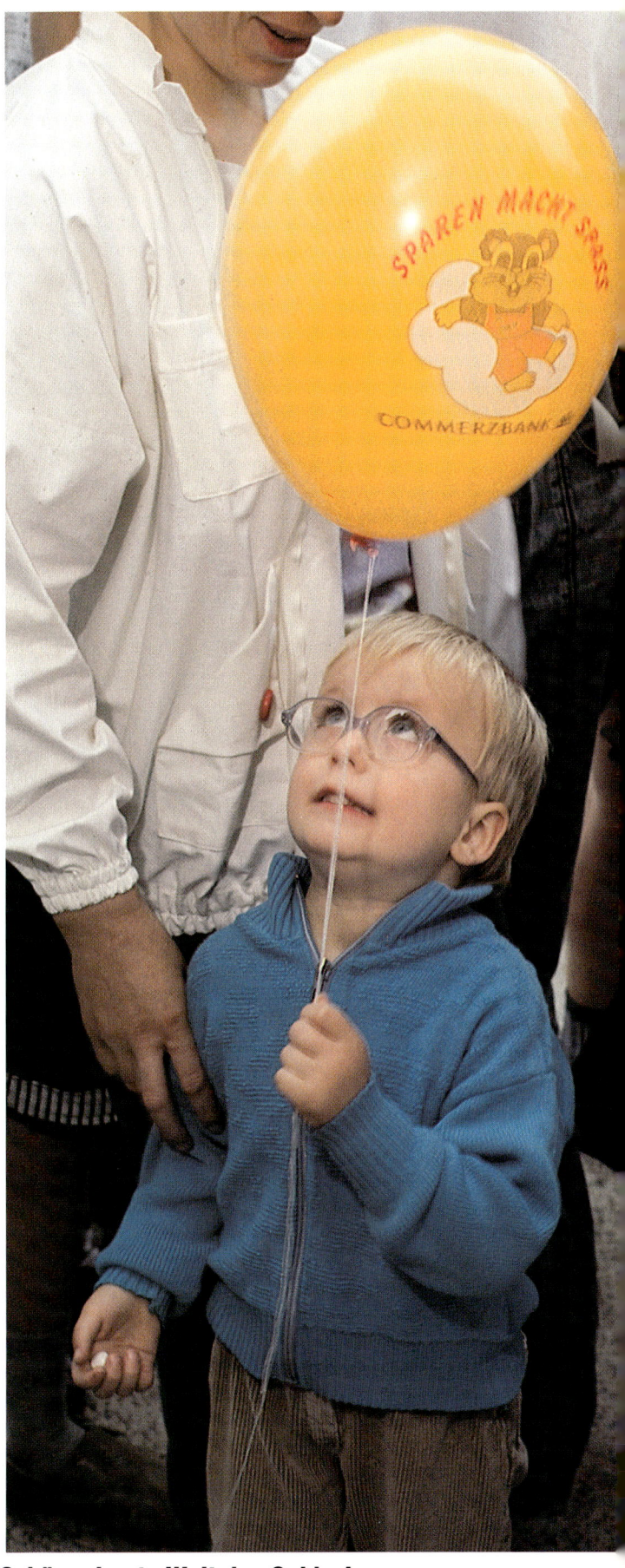

Schöne, bunte Welt des Geldes!

Denkmalpflege? Lohnt sich nicht!

zwar am Stammtisch flotte antikommunistische Sprüche oder werfen mit Versatzstücken des marktwirtschaftlichen Vokabulars um sich, doch im Alltag fällt es ihnen schwer, sich von ihren 40jährigen Gewohnheiten und Sicherheiten zu verabschieden. Westliche Wirtschaftsexperten kehren deshalb regelmässig schockiert von ihren Ausflügen in den Osten zurück. Und ihre Berichte lassen in der Regel jedem westlichen Gesprächspartner die Haare zu Berge stehen. Umgeben von allen modernen technischen Hilfsmitteln, ist es der Westler gewohnt, seine Arbeitszeit so effizient als möglich in Leistung umzusetzen. Im Osten freilich kommt er mit diesem Anspruch nicht weit: Er scheitert schon am maroden Kommunikationsnetz. Telefonanschlüsse sind in Ostdeutschland Mangelware, und selbst da, wo Leitungen vorhanden sind, kommen Verbindungen in den Westen Deutschlands nur selten zustande, weil die veralteten Verteilzentralen schon vor der Wende die Grenze ihrer Kapazität erreicht hatten. Noch unerträglicher als die fehlende Technik empfinden die auf Effizienz getrimmten Westler allerdings die Arbeitsmoral, die trotz Marktwirtschaft realsozialistisch geblieben ist. Ostdeutsche Arbeitnehmer sind es nicht gewohnt, selbständige Entscheidungen zu treffen oder kreativ mitzudenken. Vor allem aber ist ihnen jede Hetze fremd: Experten schätzen, dass von acht Arbeitsstunden im Durchschnitt höchstens sechs, manchmal auch nur vier dem Betrieb zugut kommen. Die restliche Zeit vergeht mit Warten auf Entscheidungen oder auf Material, mit privaten Besorgungen und Pausen.

Auch ausserhalb der Arbeitswelt fehlen den Ostdeutschen die elementarsten Kenntnisse der Marktwirtschaft. Wer einem ehemaligen DDR-Bürger erzählt, dass er durch das Einholen von Konkurrenzofferten für die Renovation seiner Küche 200 Mark gespart hat, darf sich nicht wundern, wenn sich sein Gesprächspartner wundert. Andere Ostdeutsche stellen sich den Kapitalismus mitunter als zentral gesteuerte Maschinerie vor, in der nichts zufällig passiert. Als beispielsweise während der ostdeutschen Landwirtschaftskrise auf Westberliner Plakatwänden für französische Äpfel geworben wurde, stand für Ostberliner Passanten fest, dass es sich dabei nur um einen weiteren gezielten Anschlag auf ihre landwirtschaftlichen Produktionsgenossenschaften handeln könne.

Nur: woher sollen die ehemaligen DDR-Bürger wissen, wie die Marktwirtschaft im Alltag funktioniert? Sie sind aufgewachsen mit der Planwirtschaft und mit der umfassenden beruflichen Fürsorge, die zwar einerseits die Menschen entmündigte, ihnen aber anderseits von der Wiege bis zur Bahre soziale Sicherheit garantierte. Als gelernten DDR-Bürgern sind ihnen zwar alle Tricks und Schliche der Mangelwirtschaft vertraut, aber sie haben keine Ahnung, wie sie sich im verwirrenden Konsumangebot der Überflussgesellschaft zurechtfinden sollen. Noch dramatischer erleben sie die Anforderungen freier Wohnungs- und Arbeitsmärkte. Die DDR-Bürger kannten nur faktisch unkündbare Wohnungen und Arbeitsplätze, sie müssen jetzt über Nacht lernen, wie die Gesetze von Angebot und Nachfrage funktionieren und wie man sich in Konkurrenzsituationen auf freien Märkten verkauft und behauptet.

«Ossis» und «Wessis»

Das rasende Tempo der Veränderungen hat die Menschen in einen Schockzustand versetzt, den DDR-Ministerpräsident Lothar de Maizière kurz vor dem Vollzug der deutschen Einheit mit den «animalischen Existenzängsten nach einem schweren Erdbeben» verglich. Und deshalb, meinte damals der letzte DDR-Premier, «sitzen viele Bürger wie das Kaninchen vor der Schlange gelähmt vor der deutschen Einheit.»

In solchen Ausnahmesituationen verhalten sich die Menschen irrational. Typisch dafür war die Gleichgültigkeit, mit der die meisten das monatelange Gezerre um den deutsch/deutschen Einigungsvertrag verfolgten, obwohl die darin vereinbarten Modalitäten der Einheit für jeden Ostdeutschen von existentieller Bedeutung sind. Trotzdem forderte die Mehrheit den sofortigen Anschluss an die Bundesrepublik – mit oder ohne Einigungsvertrag. Darunter auch jene, die heute fassungslos den Forderungen von westdeutschen Grundbesitzern gegenüberstehen, die zu Hunderttausenden ihre Liegenschaften zurückhaben wollen oder mit exorbitanten Mietpreisforderungen drohen. Wären im Einigungsvertrag nicht wenigstens minimale Grundsätze für die Regelung dieses Konflikts vereinbart worden, die Deutschen würden sich im Streit um Grund und Boden heute bereits die Köpfe einschlagen.

Je besser die Westdeutschen die ehemalige DDR kennenlernen, desto fremder erscheinen ihnen die Menschen in den fünf neuen Bundesländern. Sie können sich zwar mit ihnen in der gleichen Sprache unterhalten, doch der neue Teil Deutschlands kommt ihnen trotzdem mitunter exotischer vor als die vertrauten Urlaubsziele in Mallorca oder an der Adria. Viele machen es sich dabei einfach und führen die Andersartigkeit der Ostdeutschen nicht auf den radikalen Systemwechsel zurück, sondern ausschliesslich auf die autoritäre SED-Herrschaft. Als Kronzeugen zitieren sie dabei gerne den ostdeutschen Psychologen Hans-Joachim Maaz, der das merkwürdige Verhalten seiner Landsleute in den westdeutschen Massenmedien mit einem 40jährigen «Gefühlsstau» erklärt: Der Stalinismus habe den Charakter der DDR-Deutschen deformiert, jedem sei bereits in der Schule das Rückgrat gebrochen worden, weshalb alle «autoritätsgläubig, gefühlsblockiert und aggressiv gehemmt» seien. Zwar existieren alle diese beschriebenen Symptome tatsächlich, aber die Ostdeutschen sind deshalb psychisch nicht kaputter als ihre westdeutschen Landsleute – nur anders.

Trotzdem haben derartige Pauschalurteile im Westen Deutschlands Konjunktur. Vor allem in den ehemaligen Zonenrandgebieten und in Westberlin, wo die deutsch/deutsche Konfrontation täglich stattfindet, ist

Alle steigen um: Der Trabbi ist out.

die Euphorie über die Maueröffnung schon lange Geschichte. Stattdessen fallen die «Wessis» mit Hohn und Spott über die «Ossis» her, die man nach der Meinung bierseliger Stammtische am besten wieder einmauern sollte. In der Westberliner Tageszeitung «taz» fand diese Auseinandersetzung öffentlich statt; West- und Ostdeutsche durften in einer Serie beschreiben, was sie aneinander auszusetzen haben. Am härtesten urteilte dabei eine Westberliner Journalistin, die zu einem vernichtenden Rundumschlag gegen die ostdeutschen Männer ausholte: Sie seien alle hässlich, geschmacklos gekleidet und psychisch verkrüppelt: «Sie können nicht schlendern, nicht schlappen, nicht lümmeln oder locker vom Hocker labern. Ihr Rücken ist immer gerade, ihre Gliedmassen geordnet, alle ihre

105

Bewegungen klemmen und quietschen – der Kasernensozialismus hat seine Wirkung getan.»

Welten liegen zwischen den beiden Teilen Deutschlands. Bislang ist nur die äussere Mauer gefallen, die innere scheint stabiler denn je. Nach einer Umfrage des renommierten Leipziger Zentralinstituts für Jugendforschung gehen 53 Prozent der Befragten davon aus, dass sie auch wirtschaftlich und politisch noch auf Jahre hinaus Deutsche zweiter Klasse bleiben werden. An dieser deutsch/deutschen Kluft ändern auch all die verzweifelten Anpassungsbemühungen der Ostdeutschen nichts. Selbst wenn sie sich äusserlich von den «Wessis» nicht mehr unterscheiden, verraten sie sich trotzdem durch ihre Sprache und ihr Verhalten.

Wahlkampf mit Frohbotschaften

Die unsichtbare Mauer zwischen den beiden Teilen Deutschlands prägt auch die Politik. Wie die im Westen erprobten Werbestrategien versagen im Osten auch die westlichen Wahlkampfmethoden. Dies bekommt in der ehemaligen DDR vor allem die SPD zu spüren, die mit ihrem Kanzlerkandidaten die Menschen nicht erreicht. «Oskar Lafontaine», so heisst es in einer selbstkritischen SPD-Analyse, «ist ein im Osten unverständlicher Repräsentant des unbekannten Westens, eines Lebensgefühls und Lebensstils mit der zugehörigen Wertehierarchie, die im Osten noch nicht einmal die regelmässig West-TV konsumierenden Menschen nachvollziehen können.» Denn, so heisst es in dem SPD-Papier weiter, «die sogenannte Bedürfnispyramide im Osten entspricht weitgehend der westlichen zu Beginn der sechziger Jahre. Was heute im Westen als modern und ansprechend gilt, geht im Osten an den Gefühlen der Menschen vorbei.»

So ist es. Und deshalb hilft es dem glücklosen SPD-Kandidaten auch nichts, wenn die Entwicklung seine Kritik an der Politik der amtierenden Bundesregierung bestätigt. Enttäuschende Wahrheiten wollen die verunsicherten Menschen nicht hören, sie klammern sich in ihrer Angst lieber an Helmut Kohl, der ihnen die D-Mark und das einig Vaterland gebracht hat. Der «Kanzler aller Deutschen» eilt im Osten von einem Triumph zum anderen, seine Auftritte erinnern dabei mit umgekehrten Vorzeichen fatal an frühere Zeiten, als die Menschen Erich Honecker zujubelten. Wenn der Kanzler-Konvoi anrollt, sind die Ordner wie früher in ihrem Element. Sie verteilen schwarz-rot-goldene Wimpel, mit denen die Menschen samt enthusiastischen «Helmut, Helmut»-Rufen ihr neues Idol empfangen.

Die Reden des Bundeskanzlers sind im Osten stets nach dem selben Muster gestrickt. Auf die konkreten Probleme seiner Zuhörer geht er in der Regel nicht ein, stattdessen verbreitet er generellen Optimismus und baut vor allem das verletzte Selbstwertgefühl seiner lieben Landsleute auf. Das war im Landtagswahlkampf auch in Greifswald so, obwohl Mecklenburg-Vorpommern als strukturschwächstes der neuen Bundesländer die schlechtesten Perspektiven hat und gerade die Stadt Greifswald vor dem Kollaps steht. Das Umweltministerium will dort das technisch veraltete sowjetische Kernkraftwerk mit 10'000 Arbeitsplätzen schliessen. Zu den Arbeitsplätzen sagte der Bundeskanzler in Greifswald nichts, dafür lobte er den Fleiss und die Tüchtigkeit der Ostdeutschen, denen es heute nur deshalb schlechter gehe als den Westdeutschen, weil sie «von einer kleinen Clique verführt worden sind». Nichs bringt Helmut Kohl mehr Beifall als dieser Freispruch von individueller Schuld, der auf die gequälten Seelen wie Balsam wirkt.

Allerdings: Beim Jubel für den Bundeskanzler und für die CDU handelt es sich um einen Wechsel auf die Zukunft. Falls sich herausstellt, dass er nicht gedeckt ist, werden sich die Menschen von der CDU genauso betrogen fühlen wie von der SED. Und dann droht eine Radikalisierung, deren Folgen niemand abschätzen kann. Viel Zeit bleibt dabei dem Einheitskanzler nicht. Umfragen zeigen, dass 80 Prozent der Menschen Angst vor Arbeitslosigkeit haben und nur deshalb CDU wählen, weil gleichzeitig zwei Drittel Helmut Kohl vertrauen und davon überzeugt sind, dass er innert zwölf Monaten für einen spürbaren wirtschaftlichen Aufschwung sorgen wird.

> **Allerdings: Beim Jubel für den Bundeskanzler und für die CDU handelt es sich um einen Wechsel auf die Zukunft. Falls sich herausstellt, dass er nicht gedeckt ist, werden sich die Menschen von der CDU genauso betrogen fühlen wie von der SED.**

Veraltete, umweltschädigende Technologien, riesiger Investitionsbedarf...

...und gefährdete Arbeitsplätze: Jetzt wird mit westlicher Effizienz rationalisiert.

Rede wider den Hass

Mit Perestroika und politischer Liberalisierung ist im Osten Europas ein neues Gespenst am Horizont aufgetaucht: ein aggressiver Nationalismus. Neu gewonnene Freiheit schlägt in Hass gegen Nachbarvölker und ethnische Minderheiten um - vehement und zu blutigen Auseinandersetzungen führend vor allem in Jugoslawien und Rumänien, die politische Athmosphäre vergiftend aber auch in den anderen Staaten des Ostens. Im August 1990 trafen sich in Oslo Politiker und Poeten zu einer Aussprache über die "Anatomie des Hasses". Der tschechische Staatspräsident Václav Havel - Poet und Politiker in einer Person - legte mit einer subtilen Analyse die Wurzeln des kollektiven Hasses bloss. Die Rede geht unter die Haut.

Václav Havel

Wenn ich an die Menschen denke, die mich persönlich gehasst haben oder noch immer hassen, so stelle ich fest, dass sie verschiedene Eigenschaften teilen, die - nimmt man sie zusammen und analysiert sie - eine allgemeine Deutung der Ursachen des Hasses nahelegen.

Diese Menschen sind nie hohl, leer, passiv, gleichgültig oder teilnahmslos. Ihr Hass kommt mir vor wie der Ausdruck eines tiefen und unstillbaren Verlangens, wie eine ständig unerfüllte und unerfüllbare Sehnsucht, wie eine Art verzweifelten Strebens. Hass ist, mit anderen Worten, eine aktive innere Kraft, die den Menschen unablässig an etwas Bestimmtes bindet und ihn in eine bestimmte Richtung stösst, die gewissermassen stärker ist als er selbst. Ich denke nicht, dass Hass einfach Mangel an Liebe oder an Menschlichkeit bedeutet, einfach wie ein Vakuum im menschlichen Geist. Im Gegenteil, Hass hat mit der Liebe vieles gemeinsam: das Selbstübersteigende vor allem, die Fixierung auf andere Menschen und die Abhängigkeit von ihnen, schliesslich die Abtretung eines Teils der eigenen Identität an diese Menschen.

So wie ein Liebender oder eine Liebende sich nach dem geliebten Menschen sehnen und ohne diesen nicht weiterkommen können, so erfüllt der Hass mit Sehnsucht nach dem Objekt des Hasses. Wie die Liebe ist der Hass letztlich ein Ausdruck des Strebens nach dem Absoluten, jedoch ein auf tragische Weise verkehrter Ausdruck.

Menschen, die hassen (wenigstens diejenigen, die ich gekannt habe), hegen ein ständiges und untilgbares Gefühl der Verletztheit. Es ist, als ob sie unendlich geachtet, geliebt und respektiert sein wollten und unter der andauernden schmerzlichen Erkenntnis litten, dass die anderen Menschen undankbar und auf unverzeihliche Weise ungerecht ihnen gegenüber sind, nicht nur, weil diese sie nicht schrankenlos achten und lieben, sondern weil sie sie (wie es scheint) nicht einmal wahrnehmen.

Ich habe festgestellt, dass für diejenigen, die hassen, der Hass selbst noch wichtiger ist als das Objekt des Hasses, denn schnell lassen sich die Objekte wechseln, ohne dass Wesentliches in der Hassbeziehung verändert würde. Das ist verständlich; denn der Hass, der empfunden wird, hat nicht mit einer bestimmten Person zu tun, sondern mit dem, was diese Person darstellt: ein Gefüge von Hindernissen vor dem Absoluten, vor der absoluten Anerkennung, vor der absoluten Macht, der absoluten Gottgleichheit, der Wahrheit und Ordnung der Welt. Der Hass dem Nächsten gegenüber scheint daher nur eine physiologische Verkörperung des Hasses dem Ganzen gegenüber zu sein, das als Ursache des eigenen totalen Versagens verstanden wird. Man sagt, dass diejenigen, die hassen, an einem Minderwertigkeitskomplex leiden. Das ist bestimmt nicht die beste Erklärung. Ich würde eher sagen, dass deren Komplex auf der verhängnisvollen Empfindung beruht, von der Welt im eigenen Wert nicht anerkannt zu werden.

Wer hasst, ist unglücklich. Was immer er tut, um volle Anerkennung zu erlangen und um diejenigen zu vernichten, von denen er annimmt, dass sie schuld an der ihm vorenthaltenen Anerkennung sind, nie erreicht er den angestrebten Erfolg, nie das Absolute. Immer steigt aus einer Ecke das Entsetzen über seine Ohnmacht ihm entgegen und legt sich auf ihn - vielleicht aus dem heiteren, duldsamen und verzeihenden Lächeln im Gesicht seines Opfers -, eigentlich das Entsetzen darüber, nicht gottgleich zu sein.

Hass ist unteilbar. Das heisst, es gibt keinen Unterschied zwischen dem individuellen Hass und dem Gruppenhass. Wer einen einzelnen hasst, ist fast immer fähig, dem Gruppenhass zu erliegen oder diesen weiterzuverbreiten. Ich würde sogar sagen, dass Gruppenhass - ob aus religiösen, ideologischen, doktrinären, sozialen, nationalen oder anderen Gründen - eine Art Trichter ist, in dessen Sog alle gezogen werden, die zu individuellem Hass neigen. Mit anderen Worten: Der eigentliche Hintergrund und das menschliche Spannungsfeld für Gruppenhass ist eine Ansammlung vieler einzelner, die fähig sind, andere einzelne zu hassen. Kollektiver Hass hat auch die Macht, Menschen in seinen Sog zu ziehen, die scheinbar kein Talent zum Hassen haben, die jedoch innerlich schwach sind, egoistisch, denkfaul und unfähig, ein eigenes Urteil zu bilden, so dass sie dem suggestiven Einfluss derer, die hassen, erliegen. Die Anziehungskraft des kollektiven Hasses, der unendlich verhängnisvoller ist als der Hass zwischen einzelnen Menschen, erklärt sich aus verschiedenen offensichtlichen Vorteilen:

● Der kollektive Hass hebt Einsamkeit, Schwachheit, Ohnmacht und das Gefühl, übergangen und verlassen zu sein, auf. Das wiederum hilft, mit mangelnder Anerkennung und mit der Empfindung des Versagens zurechtzukommen. Er schafft ein Gefühl der Zusammengehörigkeit, eine merkwürdige Verbrüderung, die auf einer unkomplizierten Form des gegenseitigen Verständnisses beruht, das keine Anforderungen stellt. Die Aufnahmebedingungen sind schnell erfüllt, und niemand muss fürchten, ihnen nicht zu genügen. Was könnte einfacher sein, als ein gemeinsames Objekt der Ablehnung zu haben und sich auf eine gemeinsame «Unrechtsideologie» zu einigen, die die Ablehnung rechtfertigt? Etwa zu sagen, die Juden, Zigeuner, Deutschen, Araber, Schwarzen, Vietnamer, Ungarn oder Tschechen seien an allem Elend der Welt schuld und obendrein an der Verzweiflung jeder einzelnen gekränkten Seele, ist ja so einfach und verständlich. Und es wird immer genug Vietnamer, Ungarn, Tschechen, Zigeuner oder Juden geben, deren Verhalten geeignet ist, die Behauptung zu illustrieren, sie seien für alles verantwortlich.

● Ein anderer grosser Vorteil ist, dass diejenigen, die dem Kollektiv des Hasses angehören, sich einander endlos des eigenen Werts versichern können, sei es durch gesteigerten Ausdruck des Hasses dem gewählten Objekt - den Beleidigern - gegenüber, sei es durch einen Kult der Symbole und Rituale, die den Wert der Hassenden als Gruppe bekräftigen. Uniformen, gleiche Bekleidung, Abzeichen, Flaggen und geeignete Lieder bringen die Mitglieder einander näher, bestätigen sie in ihrer Identität und vertiefen, verstärken und vervielfachen in ihren Augen die eigene Geltung.

● Während individuelle Aggressivität immer ein Wagnis bedeutet, weil sie den ganzen Fächer individueller Verantwortung öffnet, legalisiert eine Gesellschaft hassender Individuen gewissermassen die Aggressivität. Gibt eine ganze Gruppe der Aggressivität Ausdruck, entsteht die Illusion der Rechtmässigkeit oder wenigstens das Gefühl, unter einer Decke zu stecken. Jeder potentiell gewalttätige Mensch kann sich mehr erlauben, wenn er sich in einer Gruppe, Bande oder im Mob versteckt. Jeder stachelt den anderen an, und jeder rechtfertigt den anderen, gerade weil viele von der gleichen Sorte beisammen sind.

● Letztlich erleichtert das Prinzip des Gruppenhasses das Leben derjenigen, die hassen und die unfähig sind, allein zu denken, sehr, indem es ihnen ein einfaches und - auf den ersten Blick oder den ersten Ton - erkennbares Objekt des Hasses anbietet. Die Methode, den Grund für das allgemeine Unrecht in der Welt in einer einzelnen Person aufzuzeigen, die daher zu hassen ist, ist um so bequemer, wenn diese an ihrer Hautfarbe, an ihrem Namen, an ihrer Sprache, an ihrer Religion oder an ihrem Wohnort erkannt werden kann.

Kollektiver Hass hat noch einen anderen hinterlistigen Vorteil: Es braucht nur we-

> **Was könnte einfacher sein, als ein gemeinsames Objekt der Ablehnung zu haben und sich auf eine gemeinsame "Unrechtsideologie" zu einigen, die die Ablehnung rechtfertigt?**

nig, damit er entsteht. Ich möchte drei Beispiele erwähnen:

Wo kann dieses spezifische Gefühl allgemeinen Unrechts besser gedeihen, als wo wirkliches Unrecht begangen wurde? Das Gefühl, missachtet zu sein, wächst - das ist logisch - am stärksten da, wo jemand gedemütigt, beleidigt oder betrogen wurde. Kurz, kollektiver Hass gewinnt am ehesten an Glaubwürdigkeit und an Anreiz, wo Menschen in echter Not leben, in einem Umfeld des Elends.

Ein anderes Beispiel: Das Wunder des menschlichen Denkens und der menschlichen Vernunft ist mit der Fähigkeit zu verallgemeinern verbunden. Die menschliche Geistesgeschichte wäre ohne diese Fähigkeit kaum vorstellbar. Unempfindliche Seelen jedoch übersehen leicht die Samen des Unrechts, die in jeder Verallgemeinerung liegen. Wir alle machten schon Betrachtungen oder gaben Meinungen über dieses oder jenes Volk zum besten. So sagen wir etwa, dass die Franzosen, Engländer oder Russen eine bestimmte Art haben. Wir meinen damit nichts Böses, sondern versuchen nur zu verallgemeinern, um die Realität klarer zu sehen. Doch gerade hier liegt die grosse Gefahr: dass eine Gruppe von Menschen in einer bestimmten Weise - hier allein nach ihrer Herkunft - definiert werden, dass sie damit ihre Individualität und ihre eigene Verantwortung verlieren und eine abstrakte Kollektivverantwortung übergestülpt bekommen. Das ist ein idealer Ansatzpunkt für kollektiven Hass: Die einzelnen Menschen sind zum vornherein, allein wegen ihrer Herkunft, bös oder schlecht. Das Unglück des Rassismus, eines der grössten Unglücke in der heutigen Welt, hängt nicht zuletzt von dieser gedankenlosen Art der Verallgemeinerung ab.

Der dritte Grund für kollektiven Hass, den ich erwähnen möchte, ist, was man kollektive «Andersheit» nennen könnte. Ein Aspekt der unermesslichen Farbigkeit und Geheimnishaftigkeit des Lebens ist, dass nicht nur jeder Mensch vom anderen verschieden ist und keiner einen anderen vollkommen verstehen kann, sondern dass auch Gruppen von Menschen sich von anderen Gruppen unterscheiden: durch ihre Bräuche, ihre Traditionen, ihr Temperament, ihre Lebens- und Denkweise, ihre Wertehierarchie und natürlich ihren Glauben, ihre Hautfarbe und ihre Art, sich zu kleiden. Diese «Andersheit» kennzeichnet wirklich die Gruppe, und es ist verständlich, dass sie deswegen in den Augen einer anderen Gruppe als merkwürdig, fremd oder sogar als lächerlich erscheinen mag. «Andersheit» kann eine Quelle von Missverständnissen und Ablehnung und einen fruchtbaren Nährboden späteren Hasses darstellen.

Gewisse Beobachter schildern Zentral- und Osteuropa als ein Pulverfass, als ein Gebiet, in dem Nationalismus, ethnische Unduldsamkeit und Ausbrüche kollektiven Hasses wachsen, als eine Quelle künftiger europäischer Instabilität und als echte Friedensbedrohung. Zwischen den Zeilen dieser pessimistischen Überlegungen lässt sich eine Art Sehnsucht nach den guten alten Tagen des kalten Kriegs heraushören, als die beiden Hälften Europas einander unter Kontrolle hielten und dank dieser Kontrolle «im Frieden» lebten. Ich teile zwar den Pessimismus dieser Beobachter nicht, gebe aber zu, dass die Ecke der Welt, aus der ich stamme, zu einem günstigen Nährboden für kollektiven Hass werden könnte, wenn wir nicht wachsam und vernünftig sind - aus vielen, mehr oder weniger verständlichen Gründen.

In erster Linie muss man sich vergegenwärtigen, dass in Zentral- und Osteuropa viele Nationen und ethnische Gruppen leben, die sich auf verschiedenste Weise vermischt haben. Es ist fast unmöglich, sich ideale Grenzen vorzustellen, die diesen Nationen und ethnischen Gruppen erlauben würden, in eigenen Territorien zu leben. Es gibt folglich ungezählte Minoritäten, und Minoritäten innerhalb der Minoritäten, und da die bestehenden Grenzen mehr als künstlich sind, hat sich in Zentral- und Osteuropa eine Art internationalen Schmelztiegels gebildet. Gleichzeitig hatten diese Nationen in der Geschichte wenig Gelegenheit, eine eigene Identität oder eine eigene Staatlichkeit zu finden. Während Jahrhunderten lebten sie unter der Vormundschaft der österreichisch-ungarischen Monarchie, dann, nach einer kurzen Pause zwischen den beiden Weltkriegen, wurden sie auf die eine oder andere Weise von Hitler unterjocht und unmittelbar nachher von Stalin.

Es ist verständlich, dass ihr kollektives Unbewusstes das Gefühl nährt, die Geschichte habe ihnen unrecht getan. Und es ist logisch, dass unter diesen Bedingungen ein übertriebenes Gefühl erlebten Unrechts,

> **In erster Linie muss man sich vergegenwärtigen, dass in Zentral- und Osteuropa viele Nationen und ethnische Gruppen leben, die sich auf verschiedenste Weise vermischt haben. Es ist fast unmöglich, sich ideale Grenzen vorzustellen, die diesen Nationen und ethnischen Gruppen erlauben würden, in eigenen Territorien zu leben.**

das charakteristisch ist für den Hass, entstehen und anwachsen könnte.

Das totalitäre System, das sich in den meisten dieser Länder so lange halten konnte, zeichnete sich unter anderem durch seinen Drang nach Gleichschaltung, nach Kontrolle, Übereinstimmung und Uniformierung aus. Während Jahrzehnten unterdrückte es mit Härte alles, was die unterworfenen Nationen auf eigene Weise auszeichnete: ihre «Andersheit».

Ist es überraschend, dass diese Länder im Augenblick, als sie sich des totalitären Systems entledigten, unvermittelt und mit ungewohnter Klarheit ihre gegenseitige, plötzlich befreite «Andersheit» wahrnahmen? Ohne die Uniformen und Masken, die uns auferlegt waren, sahen wir einander das erste Mal wirklich ins Gesicht. Etwas, das man den «Andersheit-Schock» nennen könnte, kam über uns. Und das wiederum schuf eine weitere günstige Bedingung für kollektive Ablehnung, die unter geeigneten Umständen zu kollektivem Hass auswachsen könnte. Tatsache ist, dass die Nationen in diesem Teil der Welt nicht nur zu wenig Zeit hatten, um zu selbständigen Staaten heranzureifen; sie hatten auch zu wenig Zeit, um sich an die politisch bestimmte gegenseitige «Andersheit» zu gewöhnen.

Während Jahren hatte das totalitäre System in diesem Teil Europas politische Selbstbestimmung und Menschenrechte unterdrückt. Die Menschen sollten lediglich gefügige Rädchen in seiner Maschine sein. Der Mangel an politischer Kultur und der über so viele Jahre vom System ausgeübte demoralisierende Druck mochten schliesslich die Bedingungen für gedankenlose Verallgemeinerungen schaffen, die immer mit nationalistischer Unduldsamkeit einhergehen. Dazu kommt noch ein wichtiger Faktor: Auf die erste Freude über unsere Befreiung folgt nun unausweichlich eine Phase der Ernüchterung und der Niedergeschlagenheit. Erst jetzt, wo wir in der Lage sind, alles zu beschreiben und beim Namen zu nennen, erkennen wir das ganze Ausmass des grauenhaften Erbes, das uns das totalitäre System hinterliess, und wir werden gewahr, wie langwierig und schwer die Aufgabe sein wird, all diesen Schaden gutzumachen.

Der Zustand allgemeiner Frustration mag Zorn erwachen lassen, der sich an Ersatzopfern auslässt, die für den grossen, nun liquidierten «Beleidiger» - das totalitäre System - herhalten müssen. Hilflose Wut sucht nach einem Blitzableiter. Ich wiederhole, dass ich, wenn ich von nationalistischem Hass in Zentral- und Osteuropa spreche, von einer möglichen Bedrohung spreche, die sich nicht unbedingt realisieren muss. Wir müssen jedoch diese Bedrohung verstehen, damit wir ihr wirksam die Stirn bieten können. Das ist die Aufgabe, die uns allen, die im ehemaligen Sowjetblock leben, gestellt ist. Energisch müssen wir gegen alle Anfangsformen kollektiven Hasses ankämpfen, nicht allein aus Prinzip und weil Böses immer zu bekämpfen ist, sondern in unserem eigenen Interesse.

Die Hindus haben eine Legende, die vom mythischen Vogel Bherunda handelt. Der Vogel hat nur einen Körper, aber zwei Hälse, zwei Köpfe und zwei getrennte Bewusstsein. Nachdem die Köpfe eine Ewigkeit zusammen auskamen, beginnen sie plötzlich, einander zu hassen und sich gegenseitig Schaden zuzufügen. Beide schlucken Kieselsteine und Gift, und es kommt, wie es vorherzusehen war: Der Vogel Bherunda windet sich unter Krämpfen und stirbt mit lauten Schmerzensschreien. Durch die unendliche Güte Krishnas wird er wieder ins Leben zurückgeholt, damit die Menschen daran denken, dass Hass nicht nur dem Objekt des Hasses Schaden zufügt, sondern gleichzeitig - und vielleicht vor allem - dem Hassenden selbst.

Wir, die wir in den neugeschaffenen europäischen Demokratien leben, sollten uns jeden Tag diese Legende in Erinnerung rufen. Sobald einer von uns der Versuchung erliegt, den anderen zu hassen, enden wir alle wie der Vogel Bherunda. Mit dem Unterschied, dass kein irdischer Krishna da sein wird, um uns aus unserem Unglück zu befreien.

> Tatsache ist, dass die Nationen in diesem Teil der Welt nicht nur zu wenig Zeit hatten, um zu selbständigen Staaten heranzureifen, sie hatten auch zu wenig Zeit, um sich an die politisch bestimmte gegenseitige "Andersheit" zu gewöhnen.

Die Übersetzung der Rede Havels besorgte Maja Wicki. Der Text, erstmals publiziert im "Tages-Anzeiger", Zürich, ist leicht gekürzt.

Zynischer Taktiker, Heiliger Krieger: Iraks Staatschef Saddam Hussein

Klares Verdikt: Der UNO-Sicherheitsrat beschloss den wirtschaftlichen Boykott Iraks.

Unheiliger Krieg im Nahen Osten

Mit der Entspannung zwischen den beiden Supermächten wurden auch im Nahen Osten die Karten neu verteilt. Über Nacht fehlte den arabischen Staaten das Gegengewicht gegenüber Israel und seinen amerikanischen und westlichen Verbündeten. Saddam Husseins Einfall ins benachbarte Kuwait erhielt vor diesem Hintergrund für viele Araber den Glorienschein des Heiligen Kriegs gegen die alten westlichen Kolonisatoren.

Wer hoffte, das abrupte Ende des kalten Kriegs und die neue Ära der Zusammenarbeit der beiden Supermächte würden 1990 auch im Nahen Osten Ruhe und Frieden bringen, der wurde mehrfach kräftig enttäuscht. Als der Überbau des amerikanisch-sowjetischen Ringens abmontiert war, fielen die Regionalkonflikte nicht etwa in sich zusammen. Vielmehr suchten die zwei Parteien Israel und Irak, die sich in der Position der Stärke glaubten, den anderen ihren Willen aufzudrängen. Darüber hinaus entstand unter dem Banner des Islams und des arabischen Nationalismus ein Ringen darum, ob sich die ganze Region der vom Westen dominierten Welt mit ihren Richtgrössen der freiheitlichen parlamentarischen Demokratie und der Marktwirtschaft einordnen könne. Das Resultat war einerseits die verschärfte Spannung in den israelisch besetzten Gebieten, andrerseits der westliche und arabische Truppenaufmarsch am Persischen Golf in einem seit dem Zweiten Weltkrieg nicht mehr dagewesenen Umfang. Es zeigte sich, dass entgegen allen Behauptungen die Konflikte in der Levante, besonders der rund um die Palästinenser, nicht von den anderen Problemen der Region abgetrennt werden können.

In der ersten Hälfte des Jahres waren die Anzeichen eines rauheren Nahostklimas in und um Israel zu beobachten. Die arabischen Staaten und die Palästinensische Befreiungsorganisation PLO mussten erfahren, dass ihre Positionen über Nacht schwach geworden waren. Präsident Gorbatschow hatte durch mehrere Gesten klargemacht, dass die Sowjetunion im Zeichen des «Neuen Denkens» nicht mehr ein Gegengewicht gegen Amerika und dessen Vorzugsverbündeten Israel spielen werde. Die PLO hielt er zu Verhandlungen mit Israel an, und dem syrischen Verbündeten kürzte er die Rüstungshilfe. Damit machte er Präsident Assads Langzeitkonzept eines strategischen Gleichgewichts mit dem jüdischen Staat zunichte.

Israel selbst erwachte unter der neuen rechts-nationalistischen Regierung von Itzchak Schamir aus einer langen Phase regionalpolitischer Lähmung. Sein Kurs trug nicht die geringsten Akzente eines Geistes der Versöhnung; auf dem rechten israelischen Flügel und vor allem auch in den Augen fast aller Araber erschien dies als Anlauf zu einer neuen Expansion Israels.

Wird Israel zu eng?

1990 gab Moskau dem langjährigen Druck Israels und des westlichen Lagers nach und erfüllte endlich den Wunsch sowjetischer Juden nach Auswanderung. Eine massive Immigration nach Israel in den ersten Monaten des Jahres war die Folge. Unter diesem Eindruck umging die Regierung Schamir das alte Patt in den Friedensverhandlungen mit der PLO und setzte völlig auf einen der zentralen Werte des Zionismus: Die bedrohten Juden in aller Welt müssen nach Israel kommen können. Es fiel im Westen so schwer wie in Israel selbst, die jüngste spektakuläre Erfüllung des jüdischen Traums von den Menschenrechten in Frage zu stellen oder gar zu bekämpfen.

Auf arabischer Seite herrschte zunächst betretenes Schweigen, gelegentlich unterbrochen von Zähnefletschen aus Bagdad oder Warnungen aus Amman. Eine neue arabische nationale Katastrophe drohte am Horizont: der endgültige Verlust des besetzten Cisjordanien und Gaza an Israel. Das bedeutete das Ende einer ganzen

Von Victor Kocher,
Redaktor der Neuen
Zürcher Zeitung für
mittelöstliche Fragen

Im Krisengebiet naher Osten der Kontrapunkt zum Irak-Kuwait-Konflikt: die ungelöste Palästina-Frage. Der «Krieg der Steine» zwischen Israelis und Palästinensern flammte 1990 mit neuer Heftigkeit auf. Verhaftung eines Palästinenser-Buben durch einen israelischen Soldaten

Epoche, die vom politischen Ringen um eine Nahostregelung auf dem Grundsatz «Territorien gegen Frieden» geprägt war; sie hatte 1967 mit dem Zusammenbruch des arabischen Traums von einem militärischen Sieg gegen Israel begonnen.

Offensichtlich schätzten die Regierung Schamir und die Araber die Situation in der Levante ähnlich ein: Was geschieht mit einem kleinen Staat von 4 Millionen Einwohnern wie Israel, der über die nächsten drei bis fünf Jahre einen Bevölkerungszuwachs um einen Viertel erwartet? Drei Viertel seiner Landreserven liegen in der Halbwüste des Südens, wo ohne künstliche Wasserzufuhr kein Leben und keine Produktion denkbar ist; zudem spricht man seit langem davon, dass dieses Land seine Wasserressourcen innerhalb des Staatsgebiets von 1948 übernutzt und intensiv die Vorräte von Cisjordanien, Gaza sowie der südlibanesischen «Sicherheitszone» anzapft. Die Antwort ist einfach: Der grosse Schub jüdischer Einwanderer aus der Sowjetunion kann langfristig nur auf Kosten der palästinensischen Bevölkerung in Cisjordanien und Gaza bewältigt werden. Auch wenn 1990 offiziell keine Pläne für neue Siedlungen in den besetzten Gebieten, weder für Immigranten noch Alteingesessene, bestanden, werden doch Cisjordanien und Gaza in Schamirs Regierungsprogramm unter «Entwicklungsgebiete» geführt, als gehörten sie längst zum legitimen Territorium Israels.

Waren damit nicht nur die israelischen Andeutungen von Kompromissbereitschaft hinfällig, sondern auch die der Araber? Zu Beginn der achtziger Jahre erst hatten sich alle bestimmenden arabischen Staaten für eine Nahostlösung gemäss der Uno-Resolution 242 ausgesprochen; sie anerkannten damit implizit Israels Präsenz und Lebensrecht. Im Sommer 1988 gab König Hussein von Jordanien seinen Anspruch auf Cisjordanien auf. Der PLO-Chef Arafat schliesslich anerkannte Ende 1988 in Genf explizit Israels Existenzrecht und entsagte dem jahrelang benutzten Kampfmittel, den Terrorangriffen auf Zivilpersonen. Mit dieser Wende von historischer Bedeutung war die zentrale arabische Konfliktpartei, vierzig Jahre nach der Gründung des Staates Israel, endlich klar auf den Weg der Uno-Diplomatie von 1947 eingeschwenkt. Die Araber, die ihre eigene Stärke realistisch zu beurteilen gelernt hatten, befürworteten alle die Existenz zweier Staaten im ehemaligen Mandatsgebiet Palästina: Israel und «Palästina». Doch nun, nur anderthalb Jahre später, belohnte Israel Schamir mit einem neuen Regierungsmandat dafür, dass er die einzige diplomatische Schiene in Richtung auf einen Territorialkompromiss, den Baker Plan, unterbrochen hatte.

Würden die Araber sich nun zu den alten Ideen von militärischem Sieg und Abschaffung des jüdischen Staates zurückwenden? In der Weltmeinung hatten sie zwar dank wachsendem Realismus und der meinungsbildenden Wirkung des Palästinenseraufstands in den besetzten Gebieten an

Das Blutbad auf dem Tempelberg in Jerusalem führte zur Verurteilung Israels durch den Uno-Sicherheitsrat. Israelische Polizei überwacht Muslime während einer Demonstration (oben). Der Kampf um eine eigene Heimat politisiert auch die Palästinenserkinder (links).

Prestige gewonnen, waren von bedrohlichen, kooperationsunfähigen und terrorverdächtigen Wortheldenzu respektablen Verhandlungspartnern geworden. Doch mittlerweile hatte sich das Problem verschoben. Denn dieselben Grossmächte, die 1947 den Teilungsplan für Palästina durch die Uno-Generalversammlung gepeitscht hatten, leiteten nun einen Strom von jüdischen Einwanderern nach Israel. Wie brachte man die Amerikaner, ihre westlichen Verbündeten und die Sowjetunion dazu, mit ebensoviel Energie wie ehedem den zweiten damals konzipierten Staat, «Palästina», durchzusetzen?

Eine knappe halbe Million Soldaten in Saudiarabien stationiert: der grösste US-Truppenaufmarsch seit dem Vietnamkrieg

Saddams Überfall auf Kuwait

In diese Phase arabischer Verunsicherung fiel am 2. August die irakische Invasion in Kuwait wie ein Donnerschlag. Für die Arabische Liga war dieser Überfall auf einen Bruderstaat eine fundamentale Herausforderung: der irakische Präsident Saddam Hussein trat damit die Liga-Prinzipien der gegenseitigen Respektierung und gemeinsamen Verteidigung mit Füssen. Während die Einzelstaaten Ägypten und Syrien sowie der um Saudiarabien gruppierte Golf-Kooperationsrat die irakische Aggression verurteilten, schwieg die Liga jedoch lange, weil sich eine Gruppe irakfreundlicher und neutraler Parteien rund um Jordanien und die PLO gegen eine Verurteilung Bagdads sperrte. Im Uno-Sicherheitsrat in New York bahnte sich indessen schon ein Lösungsansatz von überregionalem Charakter an: er basierte auf der Forderung nach dem unbedingten irakischen Rückzug aus Kuwait und der Wiederherstellung der legitimen Herrschaft der Emire.

Als die USA sechs Tage nach der irakischen Invasion mit der Entsendung von Truppen nach Saudiarabien die Führung einer internationalen Militärintervention übernahmen, entglitt die Krise endgültig arabischen Händen. Sie änderte auch gänzlich ihren Charakter: Von Stund an konnte Saddam Hussein mit einem gewissen Erfolg eine Front der arabischen Massen gegen die äussere Einmischung mobilisieren. Er wies darauf hin, dass die westlichen Alliierten nicht aus Altruismus handelten, sondern mit militärischem Druck den Arabern eine Regelung nach eigenem Geschmack aufzwingen würden. Die Sicherung amerikanischer Interessen in der Schatzkammer der Welt-Erdölreserven sei Hauptziel der Aktion. Damit stellte sich eine Parallele zum Palästinenserproblem fast von selber her: auch dieses war durch wesentliches Verschulden der Westmächte jahrzehntelang nicht gelöst worden.

In überraschender Schärfe tat sich die alte Kluft zwischen Morgen- und Abendland wieder auf. Und mit sicherem Gespür für Demagogie überhöhte Saddam seinen Konflikt mit der nahezu vollständigen Staatengemeinschaft der Welt durch gemeinschaftliche arabische Werte. Er stellte sich dar als ein Streiter im Kampf «der Araber schlechthin» um Freiheit und Unabhängigkeit von Kolonialismus, Imperialismus und Zionismus; ein Streiter im «heiligen Krieg der Muslime» (Jihad) gegen die neuen Kreuzritterheere im saudischen Land der heiligen Stätten; ein Streiter gegen die wirtschaftliche Ausnützung des Südens durch den Norden.

Exempel einer neuen Weltordnung

Amerika, die Sowjetunion und die anderen ständigen Mitglieder des Sicherheitsrates suchten am Golf – in der ersten Krise nach Ende des kalten Kriegs – ein wegweisendes Exempel für eine neue Weltordnung zu statuieren. Es galt, die Respektierung sämtlicher bestehender souveräner Staaten durchzusetzen und Gewaltpolitik zu brandmarken. Überdies sollte – eine Quintessenz der europäischen Erfahrungen des Zweiten

In die Wüste geschickt: amerikanischer GI in Saudiarabien

Aufgeboten gegen die Glaubensbrüder im Irak: ägyptische Soldaten

Vertriebene: Pakistanische Familien, die in Kuwait ein Auskommen als Gastarbeiter gefunden hatten, flohen nach dem Einmarsch der Irakis. Diese Kinder warten an der Grenze Iraks zur Türkei auf Einlass.

Weltkriegs – ein skrupelloser Diktator in die Schranken gewiesen werden, der seinen Vormachtanspruch in der Region mit einer Reihe inakzeptabler Instrumente durchzusetzen trachtete: mit überdimensionierten, während des Krieges gegen Iran dank westlicher und sowjetischer Hilfe hochgerüsteten Streitkräften, mit chemischen Waffen und mit der Aussicht auf die eigene Atombombe binnen vier bis fünf Jahren. Die strategische Position des Irak und des annektierten Kuwait ermöglichte Saddam dank der Kontrolle über einen Zehntel der Welt-Erdölproduktion Erpressungsmanöver gegen Saudiarabien und die anderen Ölproduzenten am Golf, und damit auch gegen alle vom Erdöl abhängigen Industriestaaten. Diese Aussichten auf globale Instabilität, ausgehend von der Region mit zwei Dritteln aller bekannten Erdölreserven, konnten die Super- und Grossmächte nicht tatenlos hinnehmen.

Auf der anderen Seite erinnerte Saddam Hussein die arabischen Massen daran, dass ihre ganze Region durch massive Eingriffe der britischen und französischen Kolonialmächte sowie der Amerikaner am Ende des Ersten und nach dem Zweiten Weltkrieg weitgehend willkürlich in Staaten unterteilt worden ist. In dieser Aufsplitterung ihrer Welt sehen die meisten arabischen Ideologien einen Hauptgrund der Unterlegenheit gegenüber dem Westen und Israel. Saddam leitete aus der historischen Zugehörigkeit Kuwaits zur osmanischen Provinz Basra ein Recht her, das Emirat seinem Land ohne Umstände einzuverleiben. Dieses Argument traf bei vielen Arabern auf offene Ohren; das westliche Engagement für die Souveränität eines als künstlich betrachteten Staats wie Kuwait erschien ihnen nicht glaubwürdig. Umso willkommener waren Saddams Warnungen, die Amerikaner hätten bloss nach einem Vorwand gesucht, um mit roher Gewalt ihre Kontrolle über die ganze Arabische Halbinsel abzusichern und die prowestlichen Regimes der wichtigsten Erdölstaaten militärisch zu unterstützen. In dieser Sicht wurde Saddam zum Erlöser der jahrzehntelang unterdrückten arabischen Massen, der versprach, den Erdölreichtum gerecht unter allen Arabern zu verteilen, Israel und seine westlichen Schutzherren in die Schranken zu weisen und den Palästinensern zu ihrem Recht zu verhelfen. Weil damit im Sinne der nationalistischen arabischen Rhetorik der fünfziger und sechziger Jahre die Entscheidungsschlacht gegen einen neuen kolonialistischen Übergriff auf Arabien bevorstand, konnte Saddam Hussein einen guten Teil der Massen für sich mobilisieren, ganz besonders in Jordanien mit seinem grossen palästinensischen Bevölkerungsanteil und in den israelisch besetzten Gebieten.

Die Mehrheit der arabischen Regierungen liess sich von Saddam Husseins Ideologie nicht anstecken. Sie fühlten sich von der Aussicht auf eine regionale Führungsrolle des Irak bedroht und setzten sich zur Wehr. So ersuchte König Fahd von Saudiarabien um die Stationierung amerikanischer Truppen in seinem Land, nachdem ihm das Pentagon mit Satellitenaufnahmen der irakischen Truppen im besetzten Kuwait die Invasionsgefahr dramatisch vor Augen geführt hatte. Fahd und Präsident Bush ermunterten andere arabische und muslimische Staaten, Truppen in die bedrohte Region zu entsenden. Ägypten, Syrien und Marokko kamen dem Aufruf nach, später auch Pakistan, Bangladesh, Niger und Senegal mit symbolischen Kontingenten. Auch die Vereinigten Arabischen Emirate, Bahrain und Katar riefen alliierte Truppen ins Land.

In der Arabischen Liga setzte Fahd, unterstützt von den Mitgliedern des Golf-Kooperationsrats, Ägypten, Syrien, Marokko, Libanon, Somalia und Djibouti eine Resolution im Sinne seines Vorgehens durch; er errang eine knappe Mehrheit von zwölf gegen zehn teils negative, teils neutrale Stimmen, womit die Organisation faktisch gespalten war. Die unterlegenen Parteien, nebst dem Irak Jordanien, Jemen, der

Die meisten Kuwait-Flüchtlinge reisten über Jordanien aus. Viele Kuwait-Gastarbeiter aus arabischen und asiatischen Ländern werden in ihrer Heimat keine Arbeit finden. Die Flucht ist eine Rückkehr in die Armut.

Sudan, die restlichen Maghreb-Länder und die PLO, stützten in unterschiedlichem Grad Saddam Hussein, formulierten jedoch angesichts der internationalen Allianz gegen den Irak eine formal neutrale Position im Rahmen der Uno-Resolutionen.

Je länger diese innerarabische Konfrontation anhielt, desto stärker ähnelte sie den alten Auseinandersetzungen zwischen den verschiedenen Ideologien. Hitzige Propagandakampagnen setzten ein, die Profit aus der Tatsache zu ziehen suchten, dass kein Regime über eine solide parlamentarische Legitimation verfügte. Auch die in beschränktem Mass demokratische Regierung Ägyptens blieb nicht verschont von Zweifeln im Volk, dass sie die Interessen der Bürger nicht nur zu deren Vorteil verteidige. In der ganzen Region drohte zudem eine Destabilisierung durch Terrorakte.

Österreichs Präsident Kurt Waldheim schrieb sich als erster in die Bittstellerliste von Saddam Hussein ein und erreichte die Freilassung der österreichischen Geiseln.

Kein Platz für Pragmatismus

Drei Monate nach Beginn der Kuwait-Krise schien sich noch immer kein günstiger Ausweg anzubieten. Im Westen wuchs die Erkenntnis, dass kein «chirurgisch genauer» militärischer Schlag gegen Saddam Hussein möglich sei, bei dem dieser selbst umkäme oder wenigstens seiner bedrohlichen Militär- und Rüstungsmaschinerie beraubt würde. Andererseits konnte man den Aggressor nicht ungestraft davonkommen lassen. Im Hintergrund jedoch stand die schicksalhafte Tatsache, dass sich trotz der Entspannungen von 1990 eine friedliche Eingliederung der arabischen Länder in eine von Amerika und westlichen Werten dominierte Welt nicht vorstellen liess.

Mit dem historischen Beispiel der kometenhaften Entwicklung Westeuropas, insbesondere der Bundesrepublik Deutschland, im amerikanischen Dunstkreis nach dem Zweiten Weltkrieg liess sich im Orient niemand überzeugen. Dem stand schon die Konfrontation mit Israel im Weg, dessen Erfolg in arabischen Augen sehr viel mit der Vorzugsunterstützung aus Amerika und dem Westen zu tun hat. Und die Chancen, dass Amerika und der Westen Israel jemals ernstlich unter Druck setzen würden, um Konzessionen gegenüber den Palästinensern zu erzwingen, blieben auch weiterhin sehr unsicher.

Der Sieg westlicher Konzeptionen über die Lehren des Ostblocks beim Ende des kalten Kriegs gewann deshalb in vielen arabischen Augen einen bedrohlichen Charakter. Die Völker des Nahen Ostens schienen auch nicht das Stadium politischer Reife erreicht zu haben, in dem sich eine Stabilisierung ihrer Staaten mit den Mitteln der Demokratisierung und Marktwirtschaft hätte ansteuern lassen. Die von Saddam heraufbeschworene Konfrontation mit der westlich dominierten Militärallianz im Golf unterstrich die erdrückende Übermacht Amerikas noch zusätzlich. Umso mehr suchten die orientalischen Propagandisten und Kritiker vordergründige Motive für die prowestliche Haltung einzelner arabischer Führer: nackte Überlebensangst bei König Fahd und beim kuwaitischen Emir, totale Abhängigkeit von amerikanischer und saudischer Finanzhilfe bei Präsident Mubarak in Ägypten, Hoffnung auf einen amerikanisch finanzierten Wirtschaftsboom beim syrischen Präsidenten Assad. Die Chance auf eine Aussöhnung des Orients mit dem Okzident, auf einen Sieg des Pragmatismus über die alte arabische Ideologie und Rhetorik, schien durch all diese Gegensätze auf weitere Jahrzehnte hinaus verbaut.

Husseins «Plauderstunde» mit Geisel: missbrauchte Medien, missbrauchte Menschen

Husseins Schachzug: Frieden mit dem Iran, Freilassung der Kriegsgefangenen

Spot(t)lichter auf das Weltgeschehen

CARTOONS

Fichenskandal

Auch 1990 sorgten die Spitzelkarteien der Bundesanwaltschaft weiter für Aufregung. Neue Karteien wurden entdeckt, der Fall Jeanmaire wieder aufgerollt, und viele Künstler riefen zum Boykott der 700-Jahr-Feier auf. Am 3. März demonstrierten 30'000 in Bern gegen den Schnüffelstaat und Hunderttausende verlangten Einsicht in ihre Fichen.

Schweiz im Abseits

Die EG macht vorwärts mit der Wirtschafts- und Währungsunion in Europa. Die EFTA-Staaten sind untereinander uneins, einzelne, zum Beispiel Österreich und Schweden, liebäugeln mit einem EG-Beitritt. Die Schweiz mit ihren Sonderwünschen und Ausnahmeregelungen droht immer mehr ins Abseits zu geraten.

Asylanten raus!

Die Aggressionen gegen Fremde nahmen 1990 weiter zu. Willkommen waren uns Ausländerinnen und Ausländer dagegen als billige Arbeitskräfte, als pflegeleichte Ehefrauen mit dem Reiz des Exotischen und als Tänzerinnen und Bardamen in einschlägigen Lokalen.

Aus für F/A-18?

Angesichts der Entspannung zwischen Ost und West fand EMD-Chef Kaspar Villiger mit seinen Plänen für das neue Kampfflugzeug F/A-18 wenig Zustimmung. Im Juni vertagte der Bundesrat den Entscheid. Zuerst soll nun die neue sicherheitspolitische Konzeption verabschiedet und die Mirage 2000-5 nachevaluiert werden.

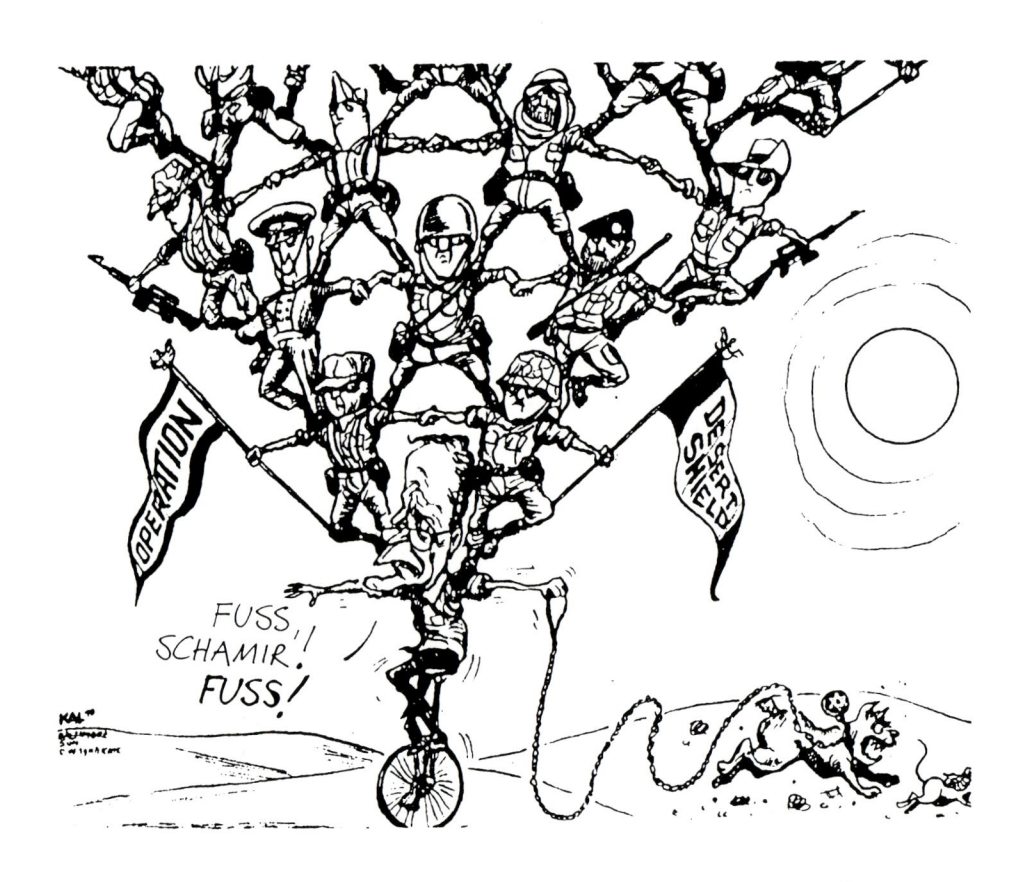

Bush in Schwierigkeiten

Am 8. Oktober erschoss die Polizei in Jerusalem 21 Palästinenser. Der Uno-Sicherheitsrat verurteilte die Gewaltakte, doch Israel blieb stur. Das brachte die antiirakische Koalition ins Schwanken; die arabischen Staaten sahen mit neu erwachtem Misstrauen auf die USA, den traditionellen Hauptverbündeten Israels, und ihren Truppenaufmarsch in Saudiarabien.

Düstere Aussichten

1990 hat Südafrika die ersten Schritte zur Gleichberechtigung der Schwarzen getan. Doch diese sind unter sich uneins. Die Angehörigen der verschiedenen Stämme – allen voran die Xhosa, die im African National Congress ANC die Mehrheit bilden, und die Zulus mit ihrer radikalen Organisation Inkatha – lieferten sich 1990 blutige Kämpfe.

Geschäft mit Geiseln

Geiseln eignen sich als politisches Druckmittel, vor allem im Kampf gegen die reichen westlichen Nationen und die USA. Im grossen Stil betrieb dies 1990 Saddam Hussein, der Hunderte von westlichen Ausländern festhielt und als lebendige Schutzschilder auf mögliche militärische Angriffsziele im Irak verteilte.

Golfkrise aus US-Sicht

Am 2. August marschierten Saddam Husseins Truppen in Kuwait ein und besetzten das Land. Der Uno-Sicherheitsrat verurteilte die irakische Invasion aufs schärfste und verhängte wirtschaftliche Sanktionen. Die USA reagierten mit einem massiven Truppenaufmarsch in Saudiarabien. Die Bedingung für ihren Abzug: Saddam muss Kuwait verlassen.

40-Tonnen-Korridor

Die Schweiz ist ein Transitland, vor allem auch für den Schwerverkehr zwischen Nord und Süd. Doch die ringsum üblichen 40-Tonnen-Brummis müssen an der Grenze umladen, in der Schweiz sind nur 28 Tonnen erlaubt. Das soll so bleiben; als Alternative bietet die Schweiz mehr Güter-Kapazität auf der «rollenden Strasse» der SBB an.

Gefährliches Ozon

Das strahlende Sommerwetter führte zu einer extremen Ozonbelastung für die Atemluft der ganzen Schweiz. Die zulässige Höchstmenge wurde massiv überschritten, im Tessin kam es zu gesundheitsgefährdenden Konzentrationen. Hauptverursacher des Sommersmogs sind die Abgase von Industrie und Autoverkehr.

Was kostet die DDR?

Hans Modrow, anfangs 1990 noch Ministerpräsident der DDR, versuchte, in den Verhandlungen mit der BRD möglichst viel für die dringend notwendige wirtschaftliche Sanierung seines Landes herauszuholen. Wie die folgenden Monate zeigten, hat auch er die Kosten der Wiedervereinigung unterschätzt.

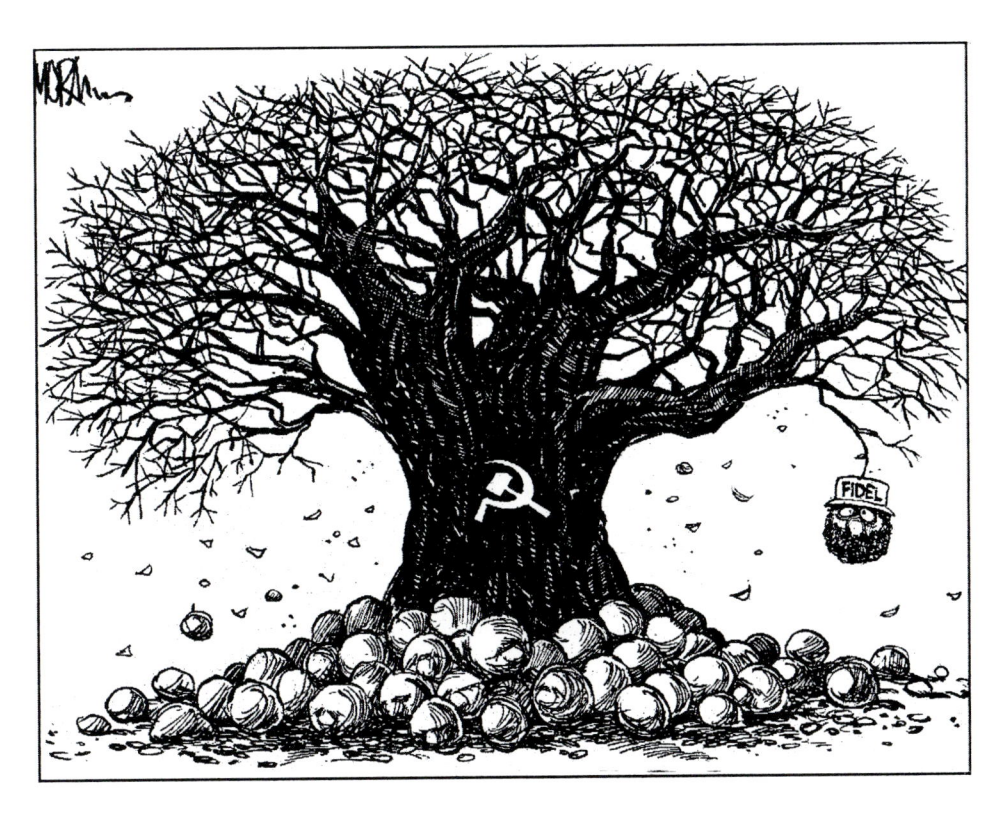

Fidel Castro bleibt fest

Trotz der «ständigen Bedrohung durch den Imperialismus» werde Kuba am Sozialismus festhalten. So sagte sein Staats- und Parteichef anlässlich des 37. Revolutionstages im Juli. Weder durch die Veränderungen in den osteuropäischen Staaten noch durch die kubanischen Botschafts-Flüchtlinge liess er sich von seinem Kurs abbringen.

Nobelpreisträger in Not

Michael (Mikhail) Gorbatschow erhielt 1990 den Friedensnobelpreis. Aber sein Versuch, den zentralistisch geführten, schwerfälligen Kloss Sowjetunion in einen modernen, demokratischen und marktwirtschaftlich orientierten Staat umzumodeln, droht an der Trägheit des alten Systems und an innenpolitischen Spannungen zu scheitern.

Zerfall einer Grossmacht

1939 hatte Hitler die drei baltischen Staaten an Stalin verschachert, im März 1990 sagte sich Litauen von der Sowjetunion los und proklamierte seine Unabhängigkeit. Trotz dem Öl-Embargo Moskaus gegen Litauen folgten im Mai auch Lettland und Estland dem Beispiel, waren aber bereit, erst über einen Übergangsmodus zu verhandeln.

Das Jahr in Kunst, Kultur, Konsum

KALEIDOSKOP

Nostalgiefieber

Ob in der Möbel- oder der Uhrenbranche: Auf der Suche nach kommerziellem Erfolg bedienen sich zusehends mehr Designer im Ideen-Supermarkt vergangener Stilepochen. Neuauflagen alter Markenartikel treiben diesen Trend auf die Spitze.

Von Roland Grüter, freischaffender Texter und Lifestyle-Experte

In den 80er Jahren wurde das Bedürfnis nach Individualität ausgelebt wie nie zuvor. Äusseres war Ausdruck innerer Werte. Design war und ist noch immer ein geschätztes Medium zur Selbstinszenierung. Diese Konsumgüter-Hörigkeit war für die internationale Designerschar Ansporn genug, keine Grenze unangetastet zu lassen. Endet der vor Jahren eingeläutete Design-Siegeszug 1990 in einer Sackgasse? Professor Dieter Rams, Chefdesigner des Haushaltgeräte-Multis Braun: «Man muss befürchten, dass dem Menschen im vorherrschenden Design-Chaos bald Hören und Sehen vergeht. Die Mehrzahl der Architekten, Modemacher, Grafiker und Designer – alle massgebend an der Gestaltung der menschlichen Umgebung beteiligt – versuchen einander durch immer neue Formensensationen zu übertreffen.»

Dieser harte Wettbewerb wird derzeit vorzugsweise mit Stilelementen aus der Vergangenheit bestritten. Die Suche nach dem kommerziellen Erfolg führt die Designer zurück in die 20er, 30er, 40er und 50er Jahre. Vergessene Altmeister kommen unerwartet zu neuen Ehren. Die Zeichen der Zeit stehen klar auf Nostalgie. «Dieser Retrotrend ist ein Zeichen für die Dummheit und Hilflosigkeit der Designer. Sie können sich mit der Gegenwart und ihren Ansprüchen nicht mehr ausreichend auseinandersetzen. Die meisten Designer sind Gestaltungshuren!» beurteilt der wortgewaltige Produktegestalter und selbsterklärte Zeiterneuerer Luigi Colani die momentane Ausrichtung der Design-Verantwortlichen.

Anders sehen es die Unternehmen, die vom Revival des guten alten Lebensgefühles unisono profitieren wollen. Sie orten darin eine Marktlücke und singen aus vollen Kehlen ihr gemeinsames Loblied auf die Vergangenheit. Neuauflagen altbewährter Markenprodukte, in Original- oder modernisierter Version, sind deutliche Zeichen dieses einträglichen Retrokultes. Die Edelmarke des amerikanischen Pioniers Saul Marantz, der bereits im Röhrenzeitalter Musikgeräte für höchste Ansprüche gefertigt hatte, profitiert ebenfalls von der Rückbesinnung auf die alten Werte und feiert im Look der 50er Jahre ein Comeback: Die Musikanlage unter dem Seriennamen Music Link umrahmt modernste Technik mit einem nostalgischen Gehäuse. Preis dieser formalen Zeitreise: rund 10'000 Franken.

Produkte zeigen wieder Seele

Dieselbe altertümliche Formensprache sprechen auch neue Fotokameras. Die Minolta Prod-20's, eine Kleinbild-Sucherkamera mit Autofocus, geht mit der Handwerkskunst der 20er Jahre in Tuchfühlung, in einer limitierten Auflage von weltweit exklusiven 20'000 Stück. Auch Olympus Optical AG reitet mit dem Kameratyp «O-Product» auf der Nostalgiewelle und argumentiert: «Von Bauhaus bis Memphis macht man kreative Anleihen. Vergangene Jahrzehnte dieses Jahrhunderts werden auf verwertbare Stilelemente durchgestöbert. Das kühne Experiment, angereichert mit historischen Formen- und Material-Zitaten steht hoch im Kurs». Im O-Product sind unterschiedlichste Stil-Elemente aus den Anfängen des Fotojournalismus, den 20er Jahren, vereint. Diese Kamera veranschaulicht, wovon sich die Konsumenten derart angesprochen fühlen: Das Produkt zeigt

Zwei Movado-Uhren der 40er Jahre, 1990 neu lanciert

wieder Seele. Die Technik wird sichtbar durch Hebel und Schalter. Frauen wie Männer, vom rasanten Fortschritt offensichtlich ermüdet, holen sich mit dem Kauf eines derartigen Oldies ein Stück Geschichte in den hektischen Alltag zurück.

Diese These wird aus dem Lager der Schweizer Uhrenindustrie bekräftigt. Thomas Renfer von Movado philosophiert: «Viele erleben Quarzuhren als leblos, als tot. In diesem Sinn steigt die Faszination an mechanischen Werken stetig. Und ein nostalgisches Gehäuse unterstützt die Aussagekraft des Werkes, stellt diese optisch dar». Die Nachfrage ist entsprechend gross. An Auktionen werden heute für alte Uhren Spitzenpreise bezahlt. Die Industrie versucht, diesen Wind mit speziell ausgerichteten Segeln aufzufangen. Von Patek Philippe bis Certina – sie alle legen alte Uhrenserien neu auf. Movado hat zur diesjährigen Europäischen Uhren- und Schmuckmesse in Basel zwei Modelle aus den 40er Jahren wieder lanciert, eine Strategie, die auch in Zukunft gepflegt werden soll.

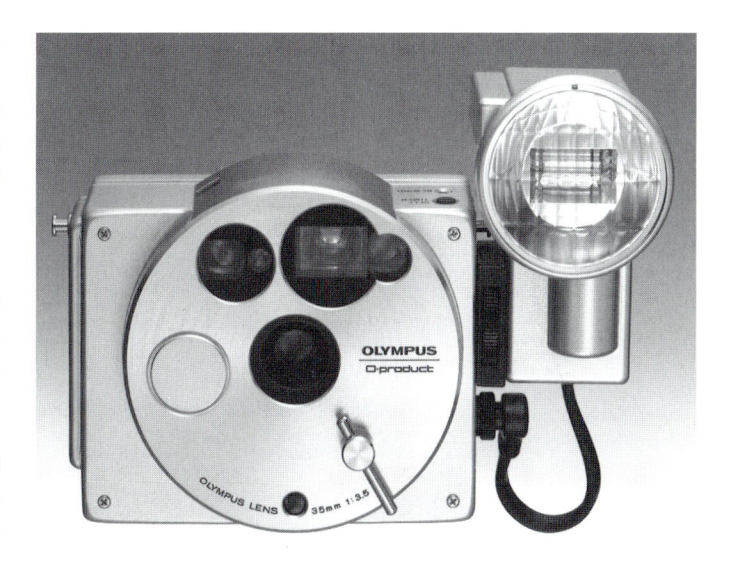

O-Product: Nostalgie für Hobby-Fotografen

Comeback der Gemütlichkeit

Auch die Möbelmacher schreiten mit festem Blick auf die Vergangenheit der Jahrtausendwende zu. Der Stahlrohrsessel von Marcel Breuer – obschon 1925 entworfen – ist aktuell wie anno dazumal. Dasselbe gilt für Stühle und Liegen des grossen Le Corbusier. Sie alle haben noch immer einen festen Platz in den Wohnstuben der auf Lifestyle bedachten Konsumenten.

Derselben Kategorie sind die Remakes traditioneller Shaker-Möbel zuzurechnen, welche einen Schichtwechsel im Möbelfach signalisieren. Gemütlichkeit, in diesem Fall verpackt in massivem Kirschenholz, erlebt ein unerwartetes Comeback. Die Möbel und Haushaltgeräte der Shaker, einer religiösen Gemeinschaft, die vor 200 Jahren von England in die USA ausgewandert war, zeichnen sich durch ihre einfachen, puristischen Formen aus. Originale sind heute begehrte Sammelobjekte; für weniger Betuchte gibt's Nachbildungen zuhauf. Wo liegen die Reize dieser etwas klobigen Holzwerke für avantgardistische Wohnungseinrichter? Colombo, Zürcher Trendmöbel-Ausstatter und Vorreiter des Shaker-Revivals: «Ein Extrem folgt dem anderen. Dass nunmehr Holz die Nachfolge von High-Tech antritt, ist nicht verwunder-

Einfach und schlicht: Revival der Shaker-Möbel

lich. Die Gründe für den Aufwind von Replikas? Ganz einfach. Im Möbelbereich gibt es nichts, was es nicht gegeben hatte. Die Besinnung auf alte Stilelemente ist nicht zuletzt kommerziell bedingt. Sie sind sichere Umsatzgaranten. Und das zählt!»

Fünf Milliarden für Käse u.a.

Für Werbung wurde soviel Geld ausgegeben wie nie zuvor: Fünf Milliarden Franken hat die Branche 1990 umgesetzt. Trotzdem war's ein Jahr mit viel Altbekanntem. Neu: Werber malten wieder mehr Schwarzweiss, und sie besannen sich auf die Macht der Emotionen.

Von Walter Bosch, Mitinhaber der Werbeagentur Bosch & Butz in Zollikon

Trost auf der Fahrt ins Grüne: Bald kommt die nächste Tankstelle.

Die klassischen Kampagnen kommen langsam in die Jahre (Toni, VW, Sonntagsblick, NZZ), und neue, überraschende Ansätze blieben in der Minderheit. Immerhin: Das Niveau ist im Durchschnitt deutlich besser geworden. Die Qualität der Werbung in der Schweiz kann sich sehen lassen.

Wenn auch das Werbejahr in den Medien keine allzu grossen Wellen schlug, so war doch hinter den Kulissen einiges los. Die neu fusionierten Werbegiganten ASGS & BBDO sowie Advico, Young and Rubicam (beide über 100 Millionen Werbe-Umsatz) waren damit beschäftigt, die Abstossungs-Erscheinungen der zwangsvereinten Unternehmenskulturen zu bewältigen. Und während – beschleunigt vom Tempo der europäischen Integration – die nächsten Mergers vorbereitet wurden, platzte die Bombe des Jahres: Das PR-Unternehmen Trimedia übernimmt die Werbeagentur GGK. Damit wurde nicht nur die wohl kreativste, renommierteste und erstaunlichste Agentur der Schweiz zum banalen Handelsobjekt. Die von den Werbern eher geringgeschätzte PR-Branche konnte aus ihrem Schatten treten und sich durch die Rettung eines Juwels der Kommunikationsbranche profilieren.

Psychomeister Hitchcock macht Stimmung für die Basler Zeitung.

Aufruhr um ec-Karte

Was dem werbeinteressierten Konsumenten an Neuem geboten wurde, ist schnell aufgezählt. Eine originelle und aggressive Kampagne für Ajax Express, die gekonnt mit Versatzstücken aus der Krimi-Szene spielte. Oder eine stimmungsvolle und eindrückliche Kampagne für den Verkehrsverein Graubünden mit überraschenden Doppelseiten. Oder der neue Auftritt der EPA, die nach einer Serie von argumentativen Image-Anzeigen ihre gesamte Werbung konsequent im Zeichenstil fortsetzte. Oder der neue, starke Auftritt von Kuoni im Zeichen der Halbkugel. Bei der Autowerbung konnten sich wenig Marken profilieren: Der Klassiker VW, der erneut mit hohem Anspruch auftrat, und Mazda, der mit frechen Sprüchen der Konkurrenz davongefahren ist. Auch zwei Neu-Einführungen sorgten für Furore: Der Hyundai mit grosszügigen Anzeigen und originellen TV-Spots und der Lexus von Toyota mit einer profilierten Doppelseiten-Kampagne, bei der erst in der letzten Anzeige das Auto gezeigt wurde. Eine Kampagne hat wohl mehr Aufsehen erregt, als es ihren Autoren lieb war: Die umstrittene Werbung der Kantonalbanken, die Jugendlichen ab 14 die ec-Karte schmackhaft machen wollte. Besorgte Eltern gingen sogar gerichtlich gegen die Banken vor.

Apell ans Konsumentenherz

Wenn es auch noch keine ausgeprägten Trends sind, so haben doch zwei Entwicklungen das Bild der Werbung in diesem Jahr geprägt. Die Tendenz weg von der Farbigkeit und hin zu schwarzweiss und die Wiederentdeckung der Emotionalität. So haben etwa Heineken, Arkina, Sbrinz oder Sinalco die Abwesenheit von Farbe bewusst als Stilmittel eingesetzt. Selbst im TV- und Kino-Werbefilm war das Comeback des Schwarzweiss zu erleben. Dabei stachen vor allem die starken, stimmungsvollen Commercials für Wella heraus.

Als schwieriger hat sich der Umgang mit der Emotionalität erwiesen. Dieser wohl direkteste Weg in die Herzen der Konsumenten wird oft gesucht und selten gefunden. Souverän war da die Porträt-Kampagne der Swissair, die auf Anzeigen und Plakaten herausragende, sympathische Bilder ihrer Kunden zeigte. Ganz ohne Menschen und doch hochemotional wurde auch für ein ganz profanes Produkt geworben: für Benzin. Der neue Auftritt von Shell mit expressiven Landschaftsbildern und lakonischem Text gehörte wohl zu den stärksten Kampagnen des Jahres.

So war im Werbejahr 1990 doch noch Neues zu sehen. Auf ein Phänomen warte-te man allerdings auch dieses Jahr in der Schweiz vergeblich: auf die Entdeckung des Humors.

14 Jahr, nix mehr bar: ec-Checkkarte für Jugendliche

Sbrinz contra Strandnixe: Der Käse gewinnt.

Mondrian auf der Strasse: Zürcher Sondertram, gestaltet von Nelly Rudin

Kunst-Waren

Von Künstlern veredelte Waren sind im Trend. Die Kunst steigt vom Olymp der exklusiven Galerien in die Niederungen des Alltags, wird erschwinglich für viele und fördert nebenbei den Absatz. Wo sind die Grenzen des fröhlichen Tuns?

Von Käthi Zeugin-Kobel, freischaffende Texterin und Büchermacherin

«Hau ruck, hau ruck, halt!» – und endlich steht sie, eine drei Stockwerke hohe Wand voll Bilder des Tessiner Malers Mario Comensoli. Das war 1975, und wir, ein paar Studentinnen und Studenten mit kulturpolitischen Ambitionen, schauten stolz auf unser Werk: Comensolis Arbeiter und protestierende 68er Studenten auffällig präsentiert im Lichthof der Zürcher Uni – Kunst unter die Leute gebracht.

Seit damals bin ich Comensoli-Fan, auch von seinen neuesten Bildern über die «No-future»-Generation. Da schauen einen Menschen vom Rand unserer Konsumgesellschaft direkt an, machen betroffen. Das ist keine Elfenbeinturm-Kunst, sondern eine lebendige Auseinandersetzung mit unserem Leben in der Grossstadt.

Kunst fürs Bad: fröhliches Badetuch von Jean Tinguely

Kunst auf Kreditkarten

Und dann, im August 1990, diese Pressemitteilung: Mario Comensoli gestaltet eine exklusive VISA-Kreditkarte. Ausgerechnet! Wie passt der Maler der Randgruppen zu diesem Symbol des Konsum- und Kaufrausches? Das bringt trotz aller verbalen Verrenkungen auch der Pressetext nicht richtig zusammen: Das Bild zeige einen Menschen, der den Erdball erwartungsvoll betrachtet, und spiegle damit auch «die weltweite Idee des bargeldlosen Zahlens». Im Ernst?

Natürlich haben die VISA-Verantwortlichen nicht als erste die absatzfördernde Wirkung der Kunst entdeckt. Ob Tasse, T-Shirt oder Guetzlibüchse, von Künstlerhand veredelte Waren finden reissenden Absatz. Wie sehr zum Beispiel die Farben- und Formensprache des holländischen Malers Piet Mondrian in unseren Konsum-Alltag eingegangen ist, belegte 1990 die Zürcher Ausstellung «Mondrian auf der Tube»: Von der Badezimmerwaage übers Saint-Laurent-Kleid bis zur Haarspraydose – überall die roten, blauen, gelben Quadrate und Rechtecke mit schwarzen Linien. Sogar ein Mondrian-Tram gibt's neuerdings.

Künstler, gestaltet die Welt!

Solche Farbtupfer im Alltag machen Spass. Fröhlich frech leuchtet das neue Badetuch von Jean Tinguely aus den Schaufenstern. Das T-Shirt «What's the matter?» von Daniel Spoerri – ein witziger Kommentar zum Rummel um das Matterhorn-Jubiläum. Und statt in langweiligen Reklame-Tüten kann ich meine Einkäufe in einem Kunstwerk zum Beispiel von Linda Graedel verstauen: Die Migros liessen auch 1990 sechs Tragtaschen von Schweizer Künstlern gestalten; Auflage eine Million, für 20 Rappen das Stück. Kunst mitten auf der Strasse, Kunst zum Brauchen und Verbrauchen.

Spiel mit Matterhorn: D. Spoerri

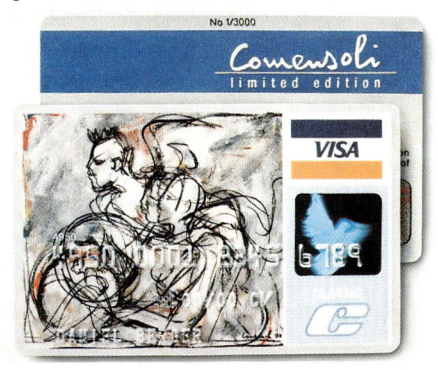

Wie die Faust aufs Auge: Mario Comensolis Punk auf Kreditkarte

Eine ganz spezielle Kunstverwertungs-Idee stammt vom Abfuhrwesen der Stadt Zürich: im Oktober 1990 lancierte es die erste Kunstabfuhr. Harry und Garçon, die Garbage Bodies von Alfred Hofkunst, standen anstelle der üblichen Kehrichtsäcke an den Strassenecken bereit. Kunst im Dienst der Abfallbeseitigung und – so hoffen natürlich die Verantwortlichen – auch der Abfallverminderung.

Der neue Trend, Waren von Künstlern gestalten zu lassen, macht den Alltag farbiger, witziger, ästhetischer. Und die Künstler haben zu unserer Welt mindestens so Interessantes zu sagen wie etwa Politiker oder Unternehmer. Lasst also Bernhard Luginbühl die nächste Tankstelle gestalten, Niki de Saint-Phalle müsste sich mal ums Rollmaterial der SBB kümmern. Nur, wo Kunst allzu ungeniert als Konsumförderer eingesetzt wird, wo zwischen Werk und Ware auch nicht der dünnste Zusammenhang besteht, da mach' ich nicht mehr mit. Statt auf Kreditkarten möchte ich Comensolis Punks grossformatig auf den Lärmschutzwänden der Schweizer Autobahnen sehen. Dort machen sie nämlich Sinn.

Die totale Kommunikation

Die 80er Jahre gingen als Dekade des Personalcomputers in die Geschichte ein, die 90er werden zum Jahrzehnt des Personal Communicating. Die Menschheit steht an der Schwelle eines neuen Kommunikations-Zeitalters: allzeit bereit und überall erreichbar.

Von Roland Grüter, freischaffender Texter und Lifestyle-Experte

Die Vorstellung ist grauenhaft! Egal, ob man im Büro arbeitet, in der Südsee Urlaub macht oder auf Expedition quer durch die Antarktis ist – per Fernmeldesatellit soll man in Bälde binnen Sekunden rund um die Uhr und bis in den letzten Erdenwinkel erreichbar sein. Ganz nach dem Motto: Sag's doch schnell per Telefon.

Das Schlagwort der Stunde heisst Personal Communicating. «Menschen rufen nicht mehr Telefonstationen an, sondern die gewünschten Personen direkt!» frohlocken stolz die Kommunikations-Befürworter. Ein Abonnent wäre nicht mehr nur dann erreichbar, wenn er sich in der Nähe seines Telefons befindet, sondern jederzeit und allerorts. Nach Wunschvorstellungen der verantwortlichen Industrie tragen wir in Zukunft allesamt ein Handtelefon auf uns, registriert unter einer persönlichen Nummer, die selbstverständlich zeitlebens gilt. Kommunikation total, Kommunikation katastrophal! Initiator dieses Projekts ist Motorola, der weltweit grösste Hersteller von

Fax erobert Kunst: Beispiel von der ersten internationalen Fax-Biennale

Mobiltelefonen. Es handelt sich dabei keineswegs um ferne Zukunftsmusik, sondern um handfeste Pläne: Bis ins Jahr 1996 sollen insgesamt 77 Fernmeldesatelliten selbst die abgelegensten Wüstenwinkel funktelefonisch erschliessen.

Die neuen Tyrannen

Das Kommunikations-Zeitalter beginnt, wir stecken schon mitten drin. Daten, Bilder und Briefe lassen sich innert Sekunden rund um den Erdball schicken. Fax und Telefon haben den Berufsalltag erobert. Ein Auskommen ohne sie? Undenkbar.

Nun machen sie sich daran, unseren Privatbereich zu erobern: Künstler entdecken Faxgeräte als Kunstmedium. David Hockney ist ein Vorreiter der sogenannten Fax-Art. In Liechtenstein feierte 1990 gar eine Biennale Premiere, an der gefaxte Kunstwerke gezeigt wurden. Und die Wirtschaftszeitung Cash lancierte die erste Fax-Zeitung der Schweiz. Fax as you can fax!

Auch das mobile Telefon hat enorm an Prestige gewonnen. Die «Handies» haben die Rolex als Statussymbol längst abgelöst. Telefonierende Autofahrer oder emsige Börsenhändler, die mitten auf der Zürcher Bahnhofstrasse geschäftliche Besprechungen führen, sind keine Seltenheit mehr. Hält der Siegeszug des Mobiltelefons weiter an, werden Restaurationsbetriebe neben Nichtraucher- demnächst auch Nichttelefonier-Ecken einrichten müssen.

Die Zahlen der PTT belegen den Boom des Mobiltelefons deutlich. In den ersten acht Monaten 1990 wurden über 31'000 neue Natel-Anschlüsse registriert; das Natel-C-Netz wurde bis an die Grenzen seiner Möglichkeiten ausgebaut: Über die 1200 Funkkanäle können sich künftig bis zu 450'000 Schweizerinnen und Schweizer gegenseitig in den Ohren liegen. Und das paneuropäische Mobiltelefonsystem GSM, das ab 1996 den gesamten europäischen Raum telefontechnisch verbinden soll, dürfte die Kommunikationsplage weiter fördern.

Doch alle, die sich ein Mobiltelefon allein aus Prestigegründen anschaffen, seien gewarnt: In Hongkong, einer der führenden Mobiltelefon-Metropolen, verschwinden die Kleinstgeräte bereits wieder. Nur unbedeutende Geschäftsherren tragen ihre Verbindung zur Welt im Aktenkoffer mit sich herum – diejenigen nämlich, die sich keine Sekretärin leisten können.

Allzeit bereit für Geschäfte und Besprechungen

Die grosse Pendlerpumpe

Der Bau des Jahres 1990 in der Schweiz ist zugleich auch der Bau des Jahrzehnts: die Zürcher S-Bahn. Doch drei neue Bahnhöfe zeigen drei Möglichkeiten ihrer Benutzung – gehobener Konsum, Erhabenheit des Bahnfahrens und Umwandlung vom Fahrgast zum Fussgänger. Entscheidend aber bleibt: ein Meilenstein am Wege zum noch grösseren Zürich.

Nach zwei gescheiterten Versuchen, der Tiefbahn 1962 und der U-Bahn 1973, war es am 29. November 1981 endlich soweit: Das Volk stimmte der S-Bahn-Vorlage des Kantons deutlich zu. Am 27. Mai 1990 wurde das Werk eingeweiht. Zürich ist damit noch einmal grösser geworden. Es beginnt nun in Brugg und reicht bis nach Wil und geht von Schaffhausen bis Zug.

Das Wichtigste ist unsichtbar, die beiden Tunnels. Der Hirschengrabentunnel verbindet den neuen Bahnhof Museumstrasse mit dem Bahnhof Stadelhofen, er unterquert damit die Limmat und die Altstadt. Der zweite bohrt sich durch den Zürichberg vom Bahnhof Stadelhofen bis nach Stettbach im Glattal, sein Name daher Zürichbergtunnel.

Sichtbar hingegen sind die neuen Bahnhöfe Museumstrasse, Stadelhofen und Stettbach. Sie heissen der Luxuskeller, die feierliche Kurve und der dekorierte Schacht.

Der Luxuskeller

Im Bahnhof hat sich die Finanzmetropole Zürich ein ihr entsprechendes Kleid angezogen. Sie trägt Streifen, schwarzweiss horizontal. Leicht unterkühlt im gleissenden Licht ist hier die Bühne für das immergleiche Erfolgsstück eingerichtet worden: «Unsere kleine Weltstadt». Dem Pendler und der Pendlerin wird etwas geboten. Sie kommen nicht in Zürich an, sondern direkt in der Einkaufwelt des gehobenen Konsums.

Was in Wirklichkeit der längst ersehnte Zürcher Durchgangsbahnhof ist, sieht wie

Bahnhof Museumstrasse: unterkühlte Eleganz des luxuriösen Konsums

ein Luxuskeller aus. Es ist der Luxus derer, die alles schon haben und nur noch durch Verwöhnung zum Umsteigen auf den öffentlichen Verkehr gebracht werden können. Architektur ist hier angewandtes Marketing. Daneben ist alles sehr elegant, perfekt gemacht und von der Tadellosigkeit eines unterirdischen Flughafens aus dem Hollywoodfilm.

Die feierliche Kurve

Hätte man die Ingenieure machen lassen, so wäre aus dem Bahnhof Stadelhofen eine U-Bahnstation geworden. Unten die Züge in Rohrverpackungen, darüber aufgeschichtete Nutzung. Verhindert haben das die Baum- und Bausubstanzverteidiger, allen voran der Heimatschutz. Sie erzwangen einen Architekturwettbewerb. Dessen Ergebnis steht nun, der einzige Neubau der SBB in den letzten Jahren mit grossstädtischer Allüre.
Bei Bahnhöfen ist alles eine Frage des Querschnitts. Quer zu den Schienen muss der Bahnhofbauer denken. In Stadelhofen heisst das, eine Stützmauer zu einem räumlichen Ereignis machen. Denn der Bahnhof liegt am Fuss eines Hangs, in den hinein er verbreitert wurde.
Entstanden ist unter anderem einer der schönsten neuen Innenräume der Schweiz. Das Einkaufsparadies unter den Schienen ist diesmal eine strenge Pfeilerhalle, ein leicht gekrümmtes Kirchenschiff. Die Betongotik der Neunzigerjahre nimmt hier ihren Anfang. Die feierliche Kurve der Geleise ist mit einer Betonrippe über die ganze Länge nachgezeichnet und vom exakten Schrittmass der Stützen begleitet. Dem Pendler und der Pendlerin wird nicht der Luxus, sondern die Erhabenheit des S-Bahnfahrens vorgeführt.

Der dekorierte Schacht

Je weiter vom Zentrum entfernt, desto bescheidener wird die gestalterische Anstrengung bei den Bahnhöfen. Stettbach liegt noch nahe, also wird hier der Schacht dekoriert. Aus der U-Bahnstation wird nun ein Farbkonzept. Grosse, sich wiederholende Blechtafeln spielen Farbwechsel durch. Ansonsten ist dieser Bahnhof eben ein Bahnhof. Dem Pendler und der Pendlerin wird hier nichts mehr vorgemacht. Einzu-

Von Benedikt Loderer, Chefredaktor der Zeitschrift «Hochparterre» und Stadtwanderer in Zürich

kaufen gibt es nichts, hier wird nur gewartet, an ein Verweilen denkt niemand im Ernst. Ein Bahnhof dieser Art ist nur noch ein Umwandler. Der Fahrgast wird zum Fussgänger und umgekehrt.

Die S-Bahn ist ein weiterer Schritt zur Verbesserung der Zentralität Zürichs. Als Zürichs Karriere im vorigen Jahrhundert begann, fuhr sie mit der Eisenbahn. Das tut sie heute noch. Die S-Bahn steigert einmal mehr das Gewicht Zürichs, der Wasserkopf wächst. Die S-Bahn ist die grosse Pendlerpumpe, mit der das Heer der Angestellten am Morgen zur Mitte und am Abend an den Rand verschoben wird. Das ist der Herzschlag der Finanzmetropole. Darum ist die S-Bahn das wichtigste Bauwerk des Jahres. Sie bestätigt und fördert den Trend. Mit ihrer Einweihung setzt sie eine Wegmarke auf dem Weg zum Viermillionen-Zürich genannt Deutschschweiz.

Bahnhof Stadelhofen: kühne Stützmauer als räumliches Ereignis

Erhabenheit des S-Bahn-fahrens: Betongotik im Bahnhof Stadelhofen (oben)

Farbenlehre für Wartende: Dekoration im Bahnhof Stettbach (links)

Milla, Toto und die Pantoffel-Kosmopoliten

Von Trudy Müller-Bosshard, Chefredaktorin der Zeitschrift AHA! und Anhängerin des FC Wettingen

Was bringt bodenständige Schweizer dazu, alle vier Jahre wieder die grün-weiss-rote Flagge zu hissen und sich als feurige Tifosi zu gebärden? Und wie kommt es, dass ausgerechnet ein 38jähriger Fussball-Rentner aus Kamerun in diesem unserem Land als grosser Held gefeiert wird? Erinnerungen an einen denkwürdigen italienischen WM-Sommer.

Ich habe einen Bekannten, der bei den ersten Anzeichen einer aufziehenden Fussball-WM die Flucht ergreift, sich absetzt auf die letzte ferne Insel, die noch nicht verkabelt ist, und erst wieder auftaucht, wenn der neue Weltmeister abgefeiert, der ganze Zauber vorüber ist. Ich versteh' ihn nicht. Denn erstens leide ich seit Jahren unter jenem Fussballfieber, das der sonst sehr geschätzte Dieter Hildebrandt als «weltumfassende Geisteskrankheit» bezeichnet. Und zweitens liebe ich die Schweiz nie so sehr wie gerade während einer Fussball-WM. Alle vier Jahre kommt hierzulande dieses herzerfrischende kosmopolitische Lüftchen auf, eine Lockerheit, die fast schon mit Übermut zu bezeichnen ist. Mit dem ersten Anpfiff mutieren wir auf wundersame Weise zu feurigen Tifosi, zu Samba tänzelnden Brasilianern. Viva Italia! Olé!

Noch eindrücklicher als die Begeisterung für die möglichen Weltmeister sind aber die unvermittelt auftretenden Sympathiekundgebungen für die Kleinen und die Schwachen, für die Aussenseiter und die Chancenlosen – dieses gewaltige Potential an Solidarität, das unterschwellig in unserem Land wohl irgendwo vorhanden sein muss und nur auf den richtigen Anlass wartet, um sich voll entfalten zu können.

Natürlich soll nicht verschwiegen werden, dass wir uns diese altruistischen Kapriolen, diese weltoffene Gesinnung letztlich auch nur leisten können, weil der Schweizer Fussball im internationalen Konzert keine Geige spielt. Während andere Länder mit eigenen Nationalmannschaften unmittelbar beteiligt sind und so um den patriotisch definierten Emotionentaumel nicht herumkommen, sind wir jeweils nur mit je einem Schiedsrichter und einem FIFA-Generalsekretär vor Ort dabei. Können's also gelassen angehen.

Feindbild Maradona

Ich will auch nicht verhehlen, dass die hiesige WM-Begeisterung nicht ohne stark besetzte Feindbilder auskommt. Als Fixstarter sind die Deutschen gegeben, immer wieder. Vor Glasnost waren's auch schon mal die Russen, und für Italia 90 boten sich neu die Argentinier an. Weil dieser Simpel Maradona nun wirklich geradezu unanständig viele Millionen sein eigen nennt. Und dann seine ganzen Vaterschaftsprozesse. Und überhaupt. Hui, was haben wir uns doch gefreut, als die «unzähmbaren Löwen» aus Kamerun dem damals noch amtierenden argentinischen Weltmeister schon im Eröffnungsspiel frech ans Bein pinkelten. 0:1 – oh Pumpido!

Und erinnern Sie sich noch an die Nobodies aus Ägypten, die den Holländern, gegen die wir ja sonst nichts haben, diese herrliche Unentschieden-Blamage besorgten. Da lag sich nicht nur die ägyptische Marine auf der Tribüne gerührt in den Armen, nein, auch wir schluchzten herzhaft mit.

Überhaupt war diese Vorrunde ganz nach unserem Geschmack. Die Kleinen triumphierten, schlugen kühne Pässe, buchten kecke Tore und leuchteten satten Profis und sicheren Favoriten so richtig schön heim.

Lieblinge der Schweizer Pantoffel-Kosmopoliten, die unzähmbaren Löwen aus Kamerun

Franz wusste tutto über Toto

Selbst Franz, mit dem ich im helvetischen Fussball-Alltag häufig den Stammplatz an der Bande teile und der mich auch schon mal zusammenzucken lässt, wenn sein herzhaftes «Scheissjugo», «Bimbo» oder «Sautschingg» über den grünen Rasen knattert, war hell begeistert, fand zu einem differenzierten Vokabular. Den Fussball-Methusalem Milla kannte er mit vollem Namen, Albert Roger Mooh Miller, und Franz weiss jetzt auch, dass die Hauptstadt von Kamerun Yaounde heisst. Vollends aus dem Häuschen geriet er aber über Toto Schillaci. Der Sizilianer war sein strahlender Held, das fleischgewordene Männermärchen. Namen der Eltern und der Ehefrau, Anzahl Kinder und Tore, die Jahre als Automech, der Wechsel zu Juve: Franz wusste tutto über Toto.

Aber nicht nur Franz lernte dazu. Omam-Biyik, Libiih, M'Fede, Makanaky – diese Namen waren uns plötzlich so geläufig wie Huber oder Hugentobler. La Olà, die Welle, wogte zwischen Gummibaum und Wohnwand. Unser Pantoffel-Kosmopolitismus war wirklich grenzenlos. Liebevoll nannten wir sie «Afris», die Spieler aus Kamerun. Und gibt es einen überzeugenderen Liebesbeweis als die Koseform?

Frustrierender Final

Es kam dann leider, wie es kommen musste. Die Kameruner scheiterten an Lineker, die Italiener im Elfmeterschiessen. Da konnte selbst der Jetsetter aus dem Vatikan nichts mehr ausrichten, der vor dem Spiel der Azzuri gegen die USA noch hoffnungsvoll die traditionelle Fronleichnamsprozession verschoben hatte. Der Final Argentinien – Deutschland wurde zum frustrierenden Anti-Klimax; wer gewann, war uns nun wirklich herzlich egal. Und so ging ein italienischer Sommer zu Ende.

Inzwischen hat uns der Alltag wieder. Italianità ist wieder eine Alessi-Kanne, und Samba wird in Tanzschulen gelehrt. In den hiesigen Stadien gibt's die übliche Hausmannskost. Und auch Franz ist wieder ganz der alte; erst kürzlich hat er dem farbigen Stürmer Mapuata lautstark die «Mikrowellenherd-Frage» gestellt.

Auch mein Bekannter hat von der einsamen Insel zu uns zurückgefunden. Triumphierend konfrontierte er mich unlängst mit einer aktuellen Umfrage, die besagt, dass

Toto Schillaci, der fleischgewordene Männer-Heldentraum (oben). Begeisterte Anhänger aus den Vereinigten Arabischen Emiraten (unten)

«neun von zehn Schweizern gegen mehr Ausländer sind».

In vier Jahren werde ich ihm fundiert zu widersprechen wissen. Denn USA 94 kommt bestimmt, hoffentlich ohne unsere Schweizer Nationalmannschaft, dafür vielleicht wieder mit Kamerun oder ein paar begabten Aussenseitern aus Sri Lanka oder der Türkei.

Farbenrausch und Mikro-Mini

Von Marlise Schori, Moderedaktorin der «Züri Woche»

Die modische Freiheit war 1990 grenzenlos und bestätigte damit, was sich schon seit einigen Jahren abzeichnet: den Trend, den einen Look gibt es nicht mehr. Die Zeiten des Modediktates sind endgültig vorbei, die heutige, selbstbewusste Frau trägt, was ihr steht und gefällt.

Die Frau der 90er Jahre kreiert ihre eigene Mode und wählt unter dem grossen Angebot an Stilrichtungen, Längen und Kürzen aus. Sie macht nicht mehr jeden Gag mit, sondern setzt auf «Investmentmode», die sie über mehrere Saisons trägt. Längst lassen sich die grossen internationalen Modeschöpfer von der Strasse inspirieren – und nicht umgekehrt, wie es früher der Fall war. Im Frühling trieb es die Mode bunt: mit satten Farben, grossen Dessins und dem Folklore-Look. Mexikanische, afrikanische und nordarabische Muster haben dabei Pate gestanden. 1990 wird aber auch als das Jahr der Bermudas in die Geschichte eingehen. Nach verschiedenen Anläufen in den letzten Jahren schaffte dieses bequeme Kleidungsstück den Durchbruch und bereitete damit den Weg für Superkurzes vor.

Unter dem Schlagwort «Natur pur» bescherten uns die Grünen den Öko-Look mit warmen Naturtönen wie Weizen, Stroh, Heu und Roggen. Er war so erfolgreich, dass er gleich über mehrere Saisons durchgezogen wurde.

Ausserdem sprach man von der Venus-Frau, die sich in weiche, fliessende Stoffe kleidet. Während durchsichtige Tops, die den Busen durchschimmern lassen, nur Mutigen vorbehalten waren, kam der lange, flatternde Chiffon-Jupe gut an.

Der Herbst kündete sich mit zwei total gegensätzlichen Trends an: Einerseits war es die «Neue Gemütlichkeit» mit dem Kuschel-Look. Die Frauen hüllten sich in warme, kuschelige Stoffe, dicke Mäntel und Parkas. Es scheint, als ob sie sich damit gegen eine zunehmend kältere Welt schützen möchten.

Lieblingsfarbe? Rot!

Andererseits begeisterte der reiche Byzanz-Stil die Frauen. Es glänzte und glitzerte, frau schwelgte in Samt und Seide und erlag dem Farbenrausch. Noch nie war die Vielzahl an Farben und Farbgruppen so gross: Satte, intensive Töne wie Knallrot, Pfauenblau, Smaragdgrün oder Violett machten die Runde. Warme Erd- und Naturnuancen gefielen. Absoluter Star unter den Farben war jedoch Rot.

Folklore war auch im Herbst mit dabei,

Gegensätzliche Trends: glänzender, glitzernder Byzanz-Stil; farbige Folklore von Nordafrika inspiriert; kuschelige Kapuze als Schutz vor einer kalten Welt (von links nach rechts)

diesmal allerdings inspiriert vom hohen Norden mit Fjordblau, Rot, Moosgrün und Ecru.

Das Mischen von Stilen und Materialien machte die Mode jünger als je. Nichts war mehr heilig: Tages- und Abendmode, Freizeit- und Citymode wurden bunt gemischt.

Kürzester Winter seit Mary Quant

Aprops jung: es war der kürzeste Winter, seit Mary Quant in den sechziger Jahren den Mini erfand. Zu den Mikro-Minis, die Mitte Oberschenkel enden, kam ein neues Kleidungsstück auf: die Leggings (hauteng Beinlinge), damit frau nicht friert und damit's nicht gar so aufreizend aussieht. Natürlich gab es auch die tragbareren Längen von knapp über dem Knie bis kniebedeckend. Und wie immer, wenn Mini angesagt ist, wichen viele Frauen aus auf die Hose. In war die schmale Zigarettenhose, während Hosenrock und Winterbermudas schon zu den Klassikern zählten. Neu, beziehungsweise wiederentdeckt (die Mode wiederholt sich selbst), wurden Kapuzen und Keilhosen.

Farbe auch für Männer

1990 wurde die Männermode farbig! Nicht nur in den Modeheften, auch in den Schweizer Strassen sah man plötzlich Männer in senfgelben, rostroten oder bordeaux-farbenen Vestons. «Zurück zur Natur» hiess ein weiterer Trend mit einem lässigen Country- und Freizeit-Stil. Ein Kleidungsstück wurde wiederentdeckt und spielte gleich die Favoritenrolle: der Herren-Lumber.

Frau trägt, was ihr steht: Mikro-Minis, grosszügig gemustert oder in sattleuchtenden Farben; Knallrot, Pfauenblau und Smaragdgrün auf warmem Parka (von links nach rechts). Auch Männer zeigen Mut zur Farbe (unten).

Ein Leben für die Küche

Von Michael Merz, Journalist für Küche und Kultur

Er galt als verschlossen, als schwierig. Aber er war vielleicht der beste Koch des 20. Jahrhunderts. Seine Küche der kulinarischen Ehrlichkeit wirkt auch über seinen Tod im Juli 1990 hinaus. Ein Nachruf auf Alain Chapel, Cuisinier aus Mionnay.

Jeden Morgen um halb sechs fuhr er zum Markt nach Lyon. Dort kaufte er nicht in den Grossmarkthallen ein, sondern auf den verschiedenen Quartiermärkten der Millionenstadt. Dort, wo die Bauern ihre Milchprodukte neben ihre Äpfel und Birnen in die Auslage legen, dort, wo sorgfältig gebündelte Gewürzsträusschen die Kisten mit den feinsten Gemüsen der Jahreszeit einrahmen. Dort, wo nicht irgendwelche perfekten Treibhausblumen stehen, sondern die bunt und wild gewachsenen Blütentriebe aus den Bauerngärten der Gegend. Alain Chapel suchte niemals das Alltägliche. Dieser ausserordentliche Koch – manche seiner Kollegen nannte ihn staunend den grössten Koch des 20. Jahrhunderts – suchte das Beste. So einfach ist das.

Die Form der Küchenmaterialien… sicher war sie ihm wichtig. Aber niemals war die kosmetische Schönheit einer dieser Grundzutaten wichtiger, als ihr Gehalt. Aroma und Geschmack hatten sie in die Gerichte seines Hauses einzubringen. Wenn der Meisterkoch sich ein Produkt in seinen markanten Schädel gesetzt hatte, dann suchte er es, und fand er das Gewünschte, so strahlte er über das ganze Gesicht – und bezahlte. Niemals interessierte ihn der Preis. Die Qualität allein bestimmte über den Kauf!

Ehrentitel: Cuisinier

Zwar galt Chapel zusammen mit Guérard, Bocuse und Troisgros als Begründer der «nouvelle cuisine», aber niemals kochte er einer blossen oberflächlichen Ästhetik nach. Als 34jähriger erhielt er die höchste gastronomische Auszeichnung, die Michelin-Sterne, zugesprochen. Sie schmückten sein Restaurant «Alain Chapel» in Mionnay ununterbrochen seit 1972.

«Cuisinier» war der einzige Ehrentitel, auf den er stolz war. Kochen zu können, dass es selbst dem wortgewaltigen Nachbarn Bocuse die Sprache verschlug, war seine Begabung und sein bewusster Stolz. Dem ordnete er fast alles unter. Nur seine Frau und seine beiden Söhne hatten das Recht, einige der Stunden eines Tages in Mionnay für sich zu beanspruchen. Sonst atmete Alain Chapel Küche. Ausschliesslich!

Er galt als verschlossen. Er galt als schwierig. Weil er sich nicht für Wurstreklame oder industrielle Nahrungsmittelproduktionen zur Verfügung stellen mochte. Dafür stand er tagtäglich in der Küche. Jenem Ort in Mionnay, den niemand betreten durfte, «ausser er sei Koch», und in dem selbst zu Zeiten der grössten Anstrengung eine kirchliche Stille herrschte.

Nach Mionnay kamen keine Jetsetter. Nach Mionnay kamen und kommen die wirklichen Kenner. Hier arbeiten fast 50 Angestellte für gut 50 Gäste. Hier wird getreu dem Grundsatz, dass nur kulinarische Ehrlichkeit das höchste gastronomische Lob verdiene, gearbeitet, wie nirgendwo auf der Welt. «Das Beste» ist in diesem Hause keine leere Floskel, die «kulinarische Perfektion» kein Werbespruch für japanische Gruppenreisende. Selbst als am 16. Juli Alain Chapel mit erst 52 Jahren starb, änderte dies nichts an der Tatsache, dass man in diesen Tagen kaum irgendwo auf der Welt besser isst. Die langjährigen Mitarbeiter und Partner, die Alain Chapel in seinem Leben heranbildete und formte, tragen den «Gral» der ökologischsten aller Küchen weiter: Getreu dem Grundsatz des Meisters, dass wir Menschen dieser letzten Jahre des 20. Jahrhunderts weniger, aber bewusster und vor allem «besser» essen müssten!

Qualität und kulinarische Ehrlichkeit: Meisterkoch Alain Chapel und ein Früchteragout aus seiner Küche

Öko-Tristik

Wer wollte, konnte sich in den letzten Jahren in Sach- und Fachbüchern über den zunehmend besorgniserregenden Zustand des Patienten Erde umfassend orientieren. 1990 fanden die Umweltkatastrophen auch in der Belletristik statt.

Von Käthi Zeugin-Kobel, freischaffende Texterin und Büchermacherin

In seinem neuesten Bestseller reitet Johannes Mario Simmel eine heftige Attacke gegen die Umweltverschmutzer: Eine kleine Gruppe engagierter Umweltschützer kämpft tapfer gegen die grosse Verschwörung von Politik, Justiz und Industrie um eine Chemiefabrik in Libyen. «Im Frühling singt zum letzten Mal die Lerche» ist ein Öko-Thriller, vollgestopft mit Informationen über sämtliche bekannten Umweltkatastrophen und garniert mit einer Liebesgeschichte. Auch in «Blood Shot», dem neuen Krimi von Sara Paretsky, sind Umweltsünder im grossen Stil die Bösewichte. Die Privatdetektivin Vic Warshawski legt sich mit dem Chemiegiganten Xerxes an, der jahrzehntelang Luft und Gewässer in South Chicago vergiftet hat. In der Umgebung von Xerxes hat man den Eindruck, «auf dem Mond gelandet oder nach einer nuklearen Katastrophe zur Erde zurückgekehrt zu sein.»

Unterhaltung im Regenwald

1990 wurde auch Simmels Bestseller-Kollege, Heinz G. Konsalik, zum Anwalt der geschundenen Umwelt. «Regenwald-Komplott» handelt vom Kahlschlag am Amazonas, von der Vernichtung der Indianer, vom internationalen Gerangel um die reichen Bodenschätze Brasiliens. Vor dieser Kulisse versammelt der Autor alles, was Spannung verspricht: exotische Indianerstämme und italienische Missionare, die sie medizinisch versorgen; ein deutsches Liebespaar, das nur kurz sein Glück geniessen darf; korrupte Politiker, brutale Polizisten, machtgierige Grossgrundbesitzer; rohe Goldsucher, wie man sie aus dem Wilden Westen kennt... Gekonnt unterhält Konsalik seine Leser mit einem Kaleidoskop an Gefühlen und Schicksalen. Der bedrohte Regenwald bildet dazu bloss die malerische, (noch) grüne Staffage.

Der Wortgewaltige verstummt

Ganz anders die Auseinandersetzung des Günter Grass mit dem Thema Umwelt. Er bemüht weder Regenwald noch Chemiefabriken, ihm genügt der Wald hinter seinem Haus. Anderthalb Jahre lang lebte Grass bei den sterbenden Bäumen. Ihm – der sonst so wortgewaltig, so saftig zu schreiben versteht – hat's dabei die Sprache verschlagen. Denn: «Über den Wald, wie er stirbt, steht alles geschrieben. Über Ursachen und Verursacher. Woran und wie schnell oder langsam er auf Kammlagen oder im Flachland krepiert.» Was Grass aus dem Wald mitgebracht hat, das ist ein schmaler Band mit Zeichnungen: «Totes Holz. Ein Nachruf». Schwarz sind die Skizzen, Stämme ohne Laub und Nadeln, Bruchholz, Bäume, die ihre Wurzeln gen Himmel recken. Grass betextete sie mit Zitaten aus dem Waldzustandsbericht des Landwirtschaftsministeriums und mit eigenen teils elegischen, teils bissigen Sprüchen: «Den Birkenpilzen nach Tschernobyl sieht man nichts an; und auch wir sehen uns unverändert.»

> «Im toten Wald 'Waldeslust! Waldeslust!' rufen.» Grimmige Skizzen des Günter Grass zum Thema Waldsterben

Günter Grass «Totes Holz», Steidl Verlag; Heinz G. Konsalik «Das Regenwald-Komplott», Hestia Verlag; Sara Paretsky «Blood Shot», Piper Verlag; Johannes M. Simmel «Im Frühling singt zum letzten Mal die Lerche», Droemer/Knaur Verlag

Schweiz sehen, schwarzsehen

Unser Land hat herrliche Berge, grüne Wiesen, tiefe Täler, glückliche Kühe und ein gut ausgebautes Nationalstrassennetz. Wenn man sich all das einmal dankbar vor Augen hält, so fragt man sich unwillkürlich: Braucht es zusätzlich ein Schweizer Fernsehen?

Von Peter Schneider, Psychoanalytiker und Radioredaktor in Zürich

Es braucht natürlich, denn manche Menschen (zum Beispiel die auf den herrlichen Bergen oder in den tiefen Tälern) können immer noch nicht ARD, ZDF, ORF, Bayern 3 und Sat 1 empfangen und sind darum auf das Schweizer Fernsehen angewiesen. Andere, die selber nicht jassen können, freuen sich, beim Samschtig-Jass wenigstens zusehen zu dürfen. Und so gibt es noch viele Menschen in unserem Land, die auf das Schweizer Fernsehen unter keinen Umständen verzichten können. Darum kann die 25prozentige Erhöhung der Konzessionsgebühren auch nicht dafür genutzt werden, die unter anderen Bedingungen längst fällige Umstellung des elektronischen Mediums Fernsehen in dezentrale Kleintheaterbetriebe voranzutreiben, sondern lediglich dazu, das vorhandene Programm gesundzuschrumpfen. 1990 war das Jahr, in dem die dafür notwendigen Weichen – mit allen damit verbundenen Härten – gestellt werden mussten. Es musste gespart werden, und zwar unerbittlich. Zum Beispiel am neuen Signet, respektive dessen definitiver Ausgestaltung. Das neue Signet ist nämlich noch gar nicht ausgereift, wie uns Peter Schellenberg an jenem sagenhaften Sonntagnachmittag, als er am Bildschirm sein Knie entblösste, offenherzig bekannte. Der See inmitten der Kristalle liegt so still und starr wie das gleichnamige Gewässer aus dem bekannten Weihnachtslied, und das soll geändert werden, und zwar im Sinne einer Dynamisierung durch kräuselnde Wellen. Seit man nun weiss, dass die blaue computeranimierte Plastikmasse im neuen Signet ein See sein soll, der eigentlich kräuselförmig dynamisiert wäre, starrt man umso gebannter auf das neue Seegnet und harrt der Wellen, die da nicht kommen.

«Limit» ist am Limit

Niemals mehr kommen wird auch Oberstudienrat Ammann, was an sich schade ist, da in seinem «Limit» ausschnittweise durchaus schärfere Streifen zu sehen waren als jemals im RTL-Plus. Dafür haben die Zuschauer des Luxemburger Senders seit jeher den Vorteil, nicht gleich zur Strafe unter der langen Leitung von Max Peter Ammann über Sexualität als Chance oder Risiko diskutieren zu müssen. Aber nicht deshalb, weil Ammann etwa mit der *Geschichte der O* eine allzu kesse Schamlippe riskiert hätte, ist er mit seinem «Limit» off limits geraten, auch Horror und Gewalt waren nicht schuld, sondern vielmehr das Projekt «Jesus am Bildschirm». Das erstaunt umso mehr, als Bonaventur Meyer, der wohl prominenteste «Limit»-Gegner, gerade daran ausnahmsweise einmal seine helle Freude gehabt hätte, fordert er doch seit Jahren nichts weiter vom Schweizer Fernsehen als eben das: Jesus am Bildschirm. Nun aber muss er, der vom blinden Schicksal mit erbarmungsloser Sehschärfe sowie einem Fernseher ohne Abschaltknopf Geschlagene, sich weiterhin pausenlos die öffentliche Darstellung ausserehelicher Sexualität zumuten, in Wort und Tat, Bild und Ton, Grell und Pastell.

Mit Jesus am Limit von «Limit» angelangt: Max Peter Amman

Symbolträchtigste Sendung: «Kassensturz» mit Urs P. Gasche

Die weiteren Aussichten: Es ist noch keineswegs fünf vor zwölf, sondern erst zehn vor zehn. Das aber bleibt. Wegfallen werden statt dessen unter anderem Silvias Reize. Nur verschoben – von Montag auf Dienstag – wurde bis jetzt eine der beliebtesten Sendungen, das Verbrauchermagazin «Kassensturz», schon vom Titel her das symbolträchtigste Sendegefäss des zukünftigen Schweizer Fernsehens. Wenn die Sparmassnahmen im selben Tempo weitergehen, dürfte es demnächst auch montags, mittwochs, donnerstags, freitags sowie an den Wochenenden über die Mattscheibe flimmern – als kostengünstige Wiederholung, versteht sich. Und das nicht nur abends, sondern auch morgens und mittags. Im Ernst, ganz so schlimm kommt es natürlich nicht: Morgens, mittags und spätabends wird in Zukunft nicht wiederholt, sondern versuchsweise das Testbild ausgestrahlt. Die Wiederholungen vom Vortag werden bereits am nächsten Nachmittag gezeigt, dafür fällt dann aber auch die Mittagstagesschau aus. Abends jedoch heisst es weiterhin: TV as usual, aber mit neuerdings noch stärkerer Betonung des spezifisch Helvetischen.

Das Aus für Paola und Kurt

Nur wird gerade das in Zukunft besonders schwierig werden, wenn auch nicht als Folge der Sparmassnahmen, sondern als Konsequenz des freiwilligen Rücktritts des Showpaares Paola und Kurt Felix. Jahrelang haben wir uns angesichts dieser beiden herausragenden Exponenten Schweizer Unterhaltung, dieser charakteristischen Verkörperungen liebenswertesten Schweizer Charmes und Humors gefragt, ob wir Spass verstehen, haben mitgefiebert, ob die nächste Pointe aus den muntern Hamsterbäckchen unseres Kurts noch peinlicher geriete als die vorige – und jedesmal geriet sie. Und nun das: Ausgerechnet im Moment, wo die Finanznot am grössten, verlassen unsere bedeutendsten Unterhalter das sinkende Fernsehschiff.

Müssen wir helvetische Unterhaltung künftig im Ausland einkaufen? Woher das Geld nehmen? Da hilft kein Sponsoring und keine Unterbrecherwerbung. Da hilft nur eines: Sheriff, den Lieblingsköter aller Schweizer Fernsehgucker, vor laufenden Kameras im definitiv letzten «Supertreffer» erbarmungslos einschläfern zu lassen, wenn nicht – ja, wenn nicht bis Jahresende, sagen wir, 15 Millionen müde Mäuse auf dem Spendensperrkonto «Rettet das Fernsehen, rettet Sheriff» eingegangen sind. Macht pro Schweizer Nase läppische zwei Franken fünfzig. Soviel sollte den Schweizern ein Fernsehhundeleben doch wohl wert sein, oder?

Geben den Abschied: Kurt Felix mit treuem Begleiter Sheriff

Film-Kreuzfahrt des Jahres

Carte sentimentale 1990 des Filmesehers Henri R. Paucker, Kulturredaktor beim «Brückenbauer» und Filmkritiker von «Radio 24»

Ach, in meinem Kinoherzen – und wer nicht mit dem Herzen ins Kino geht, ist ohnehin im magischen Dunkel des Zuschauerraums ein schlechter Pfadfinder – in meinem Kinoherzen ist die Landkarte «Anno 1990» arg zerstückelt: Weiss Gott kein einig Land von strammen, gleichgeschalteten Provinzen.

Auf dieser sentimentalen Film-Landkarte gibt es gar auch richtige Löcher mit nichts als Fehlendem: Abschiede, Dahingegangenes. Und diesen seien nun, rückblickend, die ersten bittern Kinotränen nachgeweint. Adieu, lieber grosser kleiner Ruedi Walter. In «Klassezämekunft», in «Bingo» und natürlich all den schönen alten Film- und TV-Schinken flimmerst Du zwar noch. Selbst als Schatten noch immer liebenswürdiger helvetisch als mancher Läbiger... Feucht ist mein Kleenex auch von den schlimmen Fährnissen des Denver Clan – und vom unsäglich bittern «Aus!» des unerschütterlichen ZDF. Und eine Träne noch für Greta Garbo, die göttliche. Nur eine. Aber du warst schon zu Lebenszeiten so unnahbar kühl, dass ich auch damals nie ganz echt auf deine weissen Schwanenarme hoffen konnte. Mein Verzicht auf dich, Greta, ist älter als der Tod...

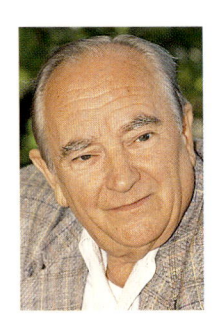

Der Abschied des Jahres: Adieu, Ruedi Walter

Das Land der Rührung

Doch nun, da tränennass die Segel gehisst sind, läuft unsre Kino-Fahrt spornstracks und -streichs in jene Grossprovinz, die 1990 in Hollywood am zügellosesten expandierte: ins Land der Rührung. Es ist – hab' acht, Kapitän! – ein seichtes Gewässer, und wer nicht auf der Hut ist, dem werden trotz himmelblauer Lebensbejahungsbrise von klotziger Kunstlosigkeit rasch mal die Seiten aufgerissen. «Steel Magnolias» von Herbert Ross war so ein Schauerexempel an behaupteter Daseinsfreude, dass die angepeilte Seele Gänsehaut kriegte. Aber es gab sie doch, zum Glück, auch wirklich: die echten seelen- und augenbefeuchtenden Gross-, Voll- und Ganz-Schnulzen. An erster Stelle sicher Bruce Beresfords «Driving Miss Daisy», zu vollem Recht oscargekrönt, auch wenn die prüde Zürcher Filmkritik der Sache zu viel Schmalz statt Studie, Altersstudie zum Beispiel, vorwarf. Aber im Auto der gestrengen Jessica Tandy zu sitzen und zu erleben, wie «ihr» schwarzer Chauffeur (Morgan Freeman) das Eis zum Schmelzen brachte mit dem besten aller amerikanischen Film-(Auto-)Treibstoffe, dem unverwüstlichen Glauben an das Gute, Wahre und Schöne im Menschen – das war halt doch ein echtes Kinoerlebnis. Eines, welches ganz gewöhnliche Zuschauer zu edlen, herzensguten Menschen emporläuterte. Wenn das nicht Kunst ist...

Und selbst die bitterschwarze City-Harlekinade «Un Monde sans pitié» des jungen Franzosen Eric Rochant mit seinen Bildern aus einem Paris, in dem ausser Poesie und un tout petit peu d'amour alles, wirklich alles aus und verloren war, selbst diese Harlekinade hat in der Gefühls-Provinz der Kinokarte 1990 ihren wohlverdienten festen Platz. Gleich neben Altmeister Taverniers «La Vie et rien d'autre».

Die Geister-Provinz

Erinnern Sie sich, angrenzend ans Rührungs-Land, an die funkinagelneue Hollywooder Geister-Provinz? Gerührt wurde auch da, aber mit anderen Mitteln.

Seelen- und augenbefeuchtendes Kinoerlebnis «Driving Miss Daisy»

Steven Spielberg liess in «Always» die unterdessen zum Engel gealterte Audrey Hepburn einen toten Piloten lehren, wie er seine auf der Erde um ihn schluchzende Gattin trösten konnte. Und James D. Parriott brachte in «Heart Condition» per Herztransplantation den schwarzen Denzel Washington und den weissen Bob Hoskins trotz Todfeindschaft zu einer einzigen Leib- und Seelschaft zusammen. Während schliesslich Jerry Zucker dem schönen, aber bald mal mausetoten Patrick Swayze via ulkiges Medium Whoopi Goldberg in «Ghost» gestattete, seine noch lebende, lichte Geliebte vor todeslüsternen, finstern Mordgesellen zu beschützen. Die Geister-Provinz war wohl die neueste, und Hollywood entdeckte seinen immer entspannteren Umgang mit dem Jenseits.

Die riesigste Provinz: Gewalt

Aber wo Geister sind, ist auch Gewalt. In die blutrünstige, emsig bestsellernde Riesenprovinz würde ich privat nicht eine Zehenspitze tauchen, aber bewehrt mit Kritikerharnisch und Hornhaut musste ich feststellen, dass dem bulligen Arnold Schwarzenegger in Paul Verhoevens «Total Recall» der gruseligste Totenkopfkranz gebührt. In einem Zukunftsland, wo man sich seine Phantasien statt Erlebnis einfach elektronisch einspritzen lassen kann, kommt der Hüne in Bedrängnis zwischen Traum und Wirklichkeit und verfügt damit über den philosophisch interessantesten Unterbau für seine reichlich schmetternden Killeriaden. Und Sidney Lumet blieb, trotz oder wegen aller wilder Mordsamkeit in «Q + A», was er immer war: ein Meister der Psychologie und der unnachahmlichen Zeichnung sozialer Klassen.

Erinnernswert wäre vielleicht noch eine Provinz: Ach, du guter Schweizerfilm. Mit Xavier Kollers unsentimental-ergreifender Asylantenballade «Reise der Hoffnung» an fraglos erster Stelle. Oder der vom immer friedlicheren Gorbatschow ausgelöste Notstand, sich für spannende Agentenfilme plötzlich anderes als die bewährten Kalten Krieger und Spione ausdenken zu müssen. Den Amerikanern fiel zunächst einmal die eigene Vergangenheitsbewältigung ein. Costa-Gavras' «Music Box» spürte den Nazis, Oliver Stone mit Tom Cruise den vergessenen Vietnam-Veteranen, Roland Joffe den leichtfertigen Atombombenmachern nach. Alles spannendes, grosses amerikanisches Selbstbezichtigungskino der besten Tradition, nur: dem Thrillerkino fehlt's an bösen Buben.

Was noch? So vieles, zu vieles, das Kino ist ein Massengeschäft. Aber vielleicht bleiben die kleinen Farbtupfer der Provinz der Magier die buntesten, 1990 am längsten überlebenden Schmetterlinge: Des Russen Karen Schachnasarow wundersame, aller Erfahrung spottende «Stadt Zero». Des Finnen Aki Kaurismäkis Gaunerliebesballade «Ariel». Des zauberhaft witzigen Italieners Maurizio Nichettis «Seifendiebe». Und, kurz vor Weihnachten dann, Walt Disneys «Mermaid» nach Hans Christian Andersen, wo die Frauen noch Nixen, die Männer noch Prinzen und die Hexen noch böse, elegante Weiber sind. Aber natürlich nur tief, tief, unter dem Meeresspiegel.

Wo Frauen noch Nixen und Männer noch Prinzen sein dürfen: Walt Disneys poetisches «Mermaid» nach Hans Christian Andersen

Abschied von Tina, Stones und «The Wall»

Von Reinhold Hönle, freischaffender Rock- und Filmjournalist

1990 war das Jahr der Abschiede von den grossen Alt-Stars der Popszene. Scharenweise pilgerte das Publikum zu den Spektakeln, mit denen sich Tina Turner, «The Wall» an der Berliner Mauer und wohl auch die Rolling Stones ihren Fans ein letztes Mal präsentierten.

Gab mit 50 Jahren und herzlichem Lachen den Abschied von der Musikbühne: Tina Turner

Nicht der Stellenwert der Tina Turner in der Pophistorie machte ihre zweite, diesmal wohl unwiderruflich letzte «Farewell»-Tournee zum Top-Ereignis, sondern die menschliche Wärme, die sie trotz des Mammut-Programms und der harten Jahre, die hinter ihr liegen, Abend für Abend ausstrahlte. Sie konnte auf all den Firlefanz verzichten, mit dem «The Wall» und die Stones ihre Bühnenshow aufmotzten. Tina live '90 war nicht in Watt und Tonnen zu messen, sondern in Temperament, Charme und Lebenslust.

Da trat eine lachende Frau auf dem Höhepunkt ihrer Karriere von der Bühne ab, obwohl sie mit ihrer unverändert kräftigen Stimme und ihrer erstaunlichen Fitness noch keine Pausen einlegen müsste. Die 50jährige Rocklady bewegte sich in ihrem sexy Outfit sogar erstmals auf eine Art, die fast geschmeidig zu nennen war. Noch verblüffender ist allerdings, dass Anne Mae Bullock nach 18 Ehejahren (1958-1976) mit dem gewalttätigen Macho Ike Turner keine inneren Verhärtungen erkennen lässt. Den schlimmen Erfahrungen gewinnt sie offenbar nur das Positive ab: die Reife, dank der sie ihr heutiges Glück bewusster geniessen kann, und die Narben, ohne die sie ihren Comeback-Hit «Privat Dancer» nicht so interpretieren könnte, dass die Zuhörer eine Gänsehaut bekommen.

Typisch für Tinas Popularität ist, dass beim Basler Open-air ein Transvestit, der sich als Doppelgängerin herausgeputzt hatte, von der Tribüne gewiesen wurde, weil die 50'000 Fans ihm mehr Aufmerksamkeit schenkten als den Vorgruppen.

Rolling Stones: gemischte Gefühle

Rechnet man das Alter von Mick Jagger (47), seine Streitereien mit Keith Richards (x) und die Jahre zwischen den beiden letzten Tourneen (8) hoch, erleben die Rolling Stones eine nächste nicht mehr. Das würde Edi Schwager, Rockjournalist und Präsident ihres Schweizer Fanclubs, enorm bedauern. Besonders auch Richards, der charismatische Rhythmus-Gitarrist und Co-Songschreiber, sei diesmal selbstbewusst wie noch nie aufgetreten. Die beiden Gesangsproben von Richards zeigten aber auch deutlich die Grenzen seiner Fähigkeiten. Dafür kam in ihnen der Wille, sich künstlerisch mitzuteilen, zum Ausdruck. Bei den übrigen Liedern ging er nicht selten

im Gigantismus der Produktion und in dem extrem auf nostalgische Bedürfnisse abgestimmten «Best of»-Programm unter.
Die mit 27 Jahren dienstälteste Rockband der Welt machte es sich auch zu einfach, als sie zwei Drittel des aktuellen Albums «Steels Wheels» kippte, um noch mehr garantiert zugkräftige Oldies einzusetzen. Weil die einstigen bösen Buben so kommerziell geworden sind, belegen sie in der «Forbes»-Showbusiness-Rangliste mit 112 Millionen Franken Jahresgehalt hinter Bill Cosby und Michael Jackson den dritten Platz. Zu diesen Zahlen passen die vier 76 Meter breiten und 60 Meter hohen Bühnen, die mit drei Crews durch Europa reisten, damit der unverwüstliche Mick Jagger seine Spurts entlang der Rampe absolvieren und aufblasbare Höllenhunde bekämpfen konnte. Ob sich der Einsatz von Boxen mit 500'000 Watt Leistung, von 220 Scheinwerfer-Einheiten, von viel Pyrotechnik und Pneumatik gelohnt hat? Einer der neuen Stones-Titel heisst «Mixed Emotions».

«The Wall»: Mauer für eine Nacht

Schon bevor «The Wall» an der Berliner Mauer inszeniert wurde, hatte sie eine in der Rockmusik einzigartige multimediale Karriere gemacht. Das 1979 veröffentlichte Pink-Floyd-Album verkaufte sich zwanzig Millionen Mal, wurde von der Gruppe dreissig Mal aufgeführt und 1982 von Alan Parker mit Bob Geldof verfilmt. Ein Jahr später verliess Roger Waters, der den Löwenanteil der Songs komponiert hatte, die Band und schlug eine mässig erfolgreiche Solo-Laufbahn ein. Mit der Rumpfformation, die weiter den berühmten Namen führt, verkrachte er sich.

Mick Jagger live im «Joggeli»

So lud der 46jährige seine ehemaligen Kameraden auch nicht zu seiner aufwendigen Neuinszenierung auf dem ehemaligen Todesstreifen am Potsdamer Platz ein. Stars wie Sinéad O'Connor, Cyndi Lauper, Van Morrison, Bryan Adams und Albert Finney übernahmen die Rollen, die teilweise mehrfach besetzt wurden. Das ging zwar manchmal zu Lasten von Musik und Gesang, den völkerverbindenden Gedanken propagierte es jedoch anschaulich. Das Spektakel vor 300'000 Menschen und Millionen Fernsehzuschauern warb für einen Fonds, der in Katastrophenfällen unbürokratisch Hilfe finanzieren soll. Kein Notfall war der Einsturz der Mauer; hier fiel – aus 3000 Styroporblöcken erbaut – «The Wall».

Gigantismus an der Berliner Mauer: Aufgeblasene Dämonen traten neben vielen Weltstars in «The Wall» auf.

Die persönlichen Seiten des Jahres

MEIN JAHR

FAMILIE

Pirmin und Moni Zurbriggen bekamen ihr erstes Kind. Welche Neuigkeiten brachte das Jahr 1990 Ihrer Familie?

FERIEN

Lady Di und Prinz Charles verbrachten ihre Ferien in Klosters. Und Sie?

FREIZEIT

Das Buch «Nicht ohne meine Tochter» von Betty Mahmoody ging 1990 zum zweimillionsten Mal über den Ladentisch. Was haben Sie gelesen? Welches waren für Sie die kulturellen Höhepunkte des Jahres? Und wie kamen Sie mit Ihrem Hobby voran?

BERUF

Im Frühjahr meldeten die Schweizer Unternehmen Rekordgewinne für 1989, im Herbst 1990 begannen sie über Ertragseinbussen zu klagen. Wie sind Sie mit 1990 geschäftlich zufrieden?

Das Jahr im Spiegel der Statistik

DATEN & FAKTEN

International

Bevölkerung in ausgewählten Gebieten

Land	Bevölkerung in Mio., 1990	Geburten pro 1000 Ew.	Lebenserwartung (Jahre)	Geburten pro Frau
Europa	**515**			
BRD	60	10	75	1,4
DDR	16,6	11	74	1,7
Frankreich	56	13	76	1,8
Grossbritannien	57	13	76	1,8
Italien	57	11	76	1,5
Österreich	7,5	11	75	1,5
Schweden	8,3	11	77	1,7
Schweiz	6,5	11	77	1,6
UdSSR	**288**	16	70	2,3
Afrika	**622**			
Ägypten	54	30	63	4,2
Äthiopien	47	46	43	6,3
Nigeria	113	48	52	6,8
Südafrika	35	29	62	4,2
Asien	**3'130**			
Afghanistan	16	52	43	6,8
China	1'135	19	70	2,2
Indien	853	31	60	4,1
Indonesien	180	25	58	2,9
Japan	123	12	78	1,8
Thailand	56	20	67	2,2
Nordamerika	**275**			
Kanada	27	12	77	1,7
USA	249	14	76	1,9
Südamerika	**489**			
Argentinien	32	20	71	2,8
Brasilien	150	26	66	3,2
Australien und Ozeanien	**28**			
Welt	**5'346**			

Quelle: Weltbevölkerungsbericht der Uno 1990

Schweiz

Wohnbevölkerung nach Alter und Heimat

	1960		1970		1980		1989	
Altersgruppen	Tsd.	%	Tsd.	%	Tsd.	%	Tsd.	%
0-19	1702	31,4	1917	30,6	1755	27,5	1574	23,4
20-39	1574	29,0	1905	30,4	1954	30,6	2133	31,7
40-64	1598	29,4	1733	27,6	1800	28,2	2049	30,5
65+	554	10,2	714	11,4	874	13,7	966	14,4
Total	5429	100	6269	100	6385	100	6723	100
Schweizer	4844	89,2	5189	82,8	5410	84,7	5597	83,3
Ausländer	584	10,8	1080	17,2	974	15,3	1125	16,7

Bilanz der ständigen Wohnbevölkerung

Jahr	Bevölk.stand	Geburtenüberschuss	Heiraten	Scheidungen	Haushaltungen
1960	5'360'000	42'300	41'600	4'700	1'594'000
1970	6'193'000	42'100	46'700	6'400	2'062'000
1980	6'335'000	14'600	35'700	10'900	2'459'000
1989	6'673'000	20'200	45'200	12'700	2'541'000

Wohnbevölkerung nach Sprache

Sprache	Wohnbevölkerung			Schweizer			Ausländer		
	Total	Mann	Frau	Total	Mann	Frau	Total	Mann	Frau
Deutsch	65,05	64,25	65,80	73,55	74,25	72,90	16,30	15,45	17,35
Französisch	18,40	18,05	18,80	20,10	20,00	20,10	8,90	8,35	9,65
Italienisch	9,80	10,50	9,10	4,45	4,20	4,70	40,25	41,25	39,00
Rätoromanisch	0,80	0,80	0,80	0,90	0,95	0,90	0,10	0,10	0,10
Andere	5,95	6,40	5,50	1,00	0,60	1,40	34,45	34,85	33,90

Quelle: Bundesamt für Statistik, Volkszählung 1980

Gesundheit

Mittlere Lebenserwartung

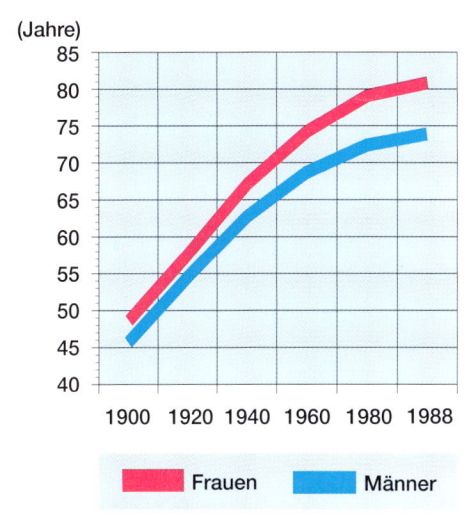

(Jahre) — Frauen, Männer, 1900–1988

Quelle: Bundesamt für Statistik

Krankheitsfälle

in der Arztpraxis, Schweiz 1988/89, in %

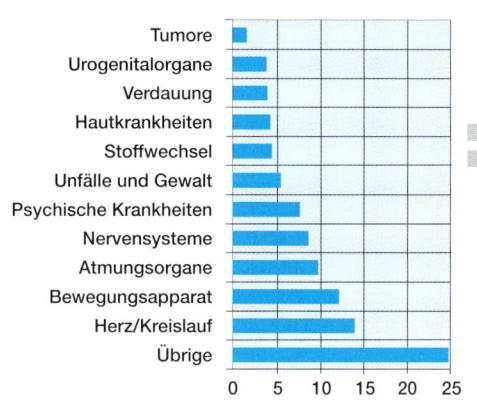

- Tumore
- Urogenitalorgane
- Verdauung
- Hautkrankheiten
- Stoffwechsel
- Unfälle und Gewalt
- Psychische Krankheiten
- Nervensysteme
- Atmungsorgane
- Bewegungsapparat
- Herz/Kreislauf
- Übrige

Quelle: Pharma Information

AIDS

WHO-Statistik der Anzahl Aids-Fälle Gesamtzahl November 1990

Total	298'914
Nord- und Südamerika	180'663
Afrika	75'642
Europa	39'526
Ozeanien	2'293
Asien	790
USA	149'498
Uganda	15'569
Zaire	11'732
Brasilien	11'070
Frankreich	9'718
Italien	6'701
Spanien	6'210
Schweiz	1'497

Quelle: WHO Weltgesundheitsorganisation

Todesursachen

Schweiz 1988, in %

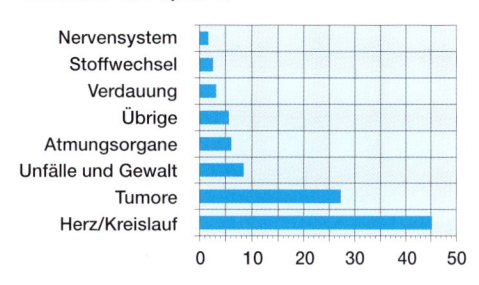

- Nervensystem
- Stoffwechsel
- Verdauung
- Übrige
- Atmungsorgane
- Unfälle und Gewalt
- Tumore
- Herz/Kreislauf

Quelle: Pharma Information

Umweltbelastung

Geschädigte Bäume

ab 15 % Nadel- oder Blattverlust, Schweizer Wald

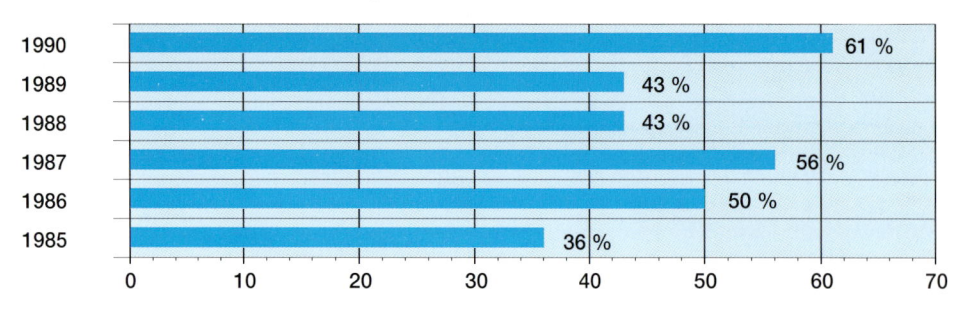

Jahr	Wert
1990	61 %
1989	43 %
1988	43 %
1987	56 %
1986	50 %
1985	36 %

Quelle: BUWAL

Schadstoffe

	Zürich Stadtzentrum	Basel Stadtrand	Payerne ländlich	Jungfraujoch
Ozon (Grenzwert nach LRV: 120 Mikrogramm/m3)				
Jahresmittelwert	28	30	49	72
Sommermittelwert	79	74	102	82
Grenzwert-Überschreitungen (Std.)	186	222	481	27
Schwefeldioxid (Grenzwert nach LRV: 100 Mikrogramm/m3)				
Jahresmittelwert	23	18	5	0,7
Januar	39	32	8	0,5
Juni	6	10	4	0,6
Dezember	34	29	5	1,0
Grenzwert-Überschreitungen (Tage)	4	0	0	0
Stickstoffdioxid (Grenzwert nach LRV: 80 Mikrogramm/m3)				
Jahresmittelwert	58	45	22	54*
Januar	67	61	39	86*
Juni	51	30	12	31*
Dezember	59	47	33	86*
Grenzwert-Überschreitungen (Tage)	50	23	0	71*

Quelle: BUWAL 1989. Die bei Redaktionsschluss noch nicht erhältlichen Werte für 1990 entsprechen gemäss BUWAL weitgehend den Zahlen von 1989. * Werte aus Sion, bei Autobahn

Die grössten Luftverschmutzer

Anteil am Gesamt-Schadstoffausstoss in %

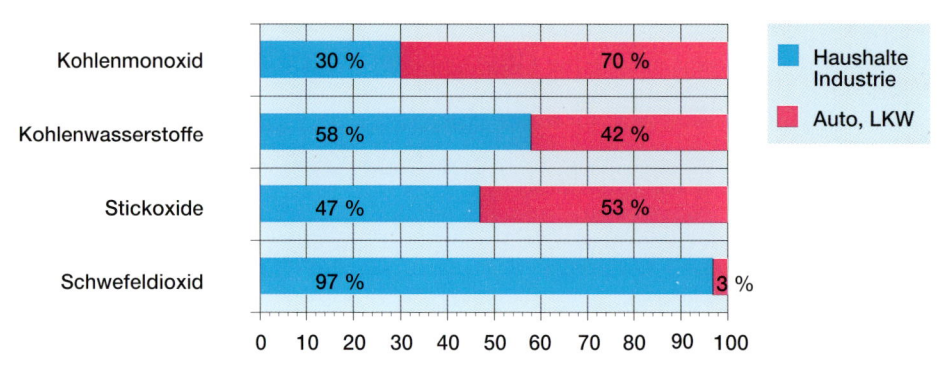

Schadstoff	Haushalte/Industrie	Auto, LKW
Kohlenmonoxid	30 %	70 %
Kohlenwasserstoffe	58 %	42 %
Stickoxide	47 %	53 %
Schwefeldioxid	97 %	3 %

Quelle: IPCC

Wetter

Sonnenschein

Summe in Stunden

Monat	Basel	Luzern	Zürich	Davos	Sion	Locarno
Nov. 89	128	44	76	145	119	118
Dez. 89	91	32	43	135	83	127
Jan. 90	121	57	73	149	121	167
Feb. 90	117	133	128	122	114	146
März 90	173	146	158	175	201	209
April 90	103	99	108	82	159	168
Mai 90	247	204	230	186	237	203
Juni 90	152	137	160	143	211	184
Juli 90	262	238	255	225	301	284
Aug. 90	257	237	254	198	278	238
Sept. 90	183	133	158	145	210	218
Okt. 90	125	107	116	136	148	105

Lufttemperatur Monatsmittel

Werte in °Celsius

Monat	Basel	Luzern	Zürich	Davos	Sion	Locarno
Nov. 89	3,6	3,2	2,6	-0,6	3,4	5,4
Dez. 89	3,2	2,2	2,5	-1,2	-0,3	1,6
Jan. 90	2,1	0,3	0,8	-3,3	-0,8	-0,3
Feb. 90	7,8	6,1	6,7	0,2	5,7	5,7
März 90	8,4	7,0	7,6	0,4	7,7	10,0
April 90	8,3	7,5	7,2	0,9	9,1	11,1
Mai 90	15,6	14,8	14,8	8,1	16,2	17,4
Juni 90	16,3	15,5	15,2	9,3	16,5	18,6
Juli 90	18,9	18,8	18,4	12,1	20,1	21,8
Aug. 90	19,6	19,0	19,0	12,1	19,6	21,1
Sept. 90	14,2	14,1	13,4	7,4	14,4	16,9
Okt. 90	12,3	11,4	11,2	6,6	11,5	12,8

Niederschlagsmenge

Summe in mm

Monat	Basel	Luzern	Zürich	Davos	Sion	Locarno
Nov. 89	43	40	31	37	24	153
Dez. 89	68	32	59	50	73	157
Jan. 90	21	22	34	18	24	62
Feb. 90	63	81	153	250	264	31
März 90	25	89	47	16	21	15
April 90	66	73	68	76	30	128
Mai 90	33	178	92	65	29	117
Juni 90	155	185	206	188	130	364
Juli 90	94	93	83	124	41	13
Aug. 90	60	74	50	101	64	108
Sept. 90	56	118	128	90	78	10
Okt. 90	70	131	118	70	115	268

Quelle: SMA

Mitglieder der eidgenössischen Räte und des Bundesrates

Bundesrat	Kanton	Partei	seit	Departement
Stich Otto	SO	SP	1983	Finanzen
Delamuraz Jean-Pascal	VD	FDP	1983	Volkswirtschaft
Koller Arnold	SG	CVP	1986	Justiz & Polizei
Cotti Flavio	TI	CVP	1986	Inneres
Felber René	NE	SP	1987	Auswärtiges
Ogi Adolf	BE	SVP	1987	Verkehr & Energie
Villiger Kaspar	LU	FDP	1989	Militär

Nationalrat

Name	Kanton	Partei	Name	Kanton	Partei
Aguet Pierre	VD	SP	Dubois Marcel	VD	FDP
Aliesch Peter	GR	FDP	Ducret Dominique	GE	CVP
Allenspach Heinz	ZH	FDP	Dünki Max	ZH	EVP
Ammann Walter	SG	SP	Eggenberg Ernst	BE	SP
Antille Rosemarie	VS	FDP	Eggenberger Georges	BE	SP
Aregger Manfred	LU	FDP	Eggly Jacques-Simon	GE	L
Aubry Geneviève	BE	FDP	Eisenring Paul	ZH	CVP
Auer Felix	BL	FDP	Engler Rolf	AI	CVP
Baerlocher Thomas	BS	POCH	Eppenberger Susi	SG	FDP
Baggi Giovanni	TI	CVP	Etique Pierre	JU	FDP
Bär Rosmarie	BE	Grüne	Euler Alexander	BS	SP
Basler Konrad	ZH	SVP	Fäh Paul	LU	FDP
Bäumlin Ursula	BE	SP	Fankhauser Angeline	BL	SP
Béguelin Michel	VD	SP	Feigenwinter Hans-Rudolf	BL	CVP
Berger Jean-Pierre	VD	SVP	Fierz Lukas	BE	Grüne
Biel Walter	ZH	LdU	Fischer Theo	AG	SVP
Bircher Peter	AG	CVP	Fischer Theo	LU	CVP
Bircher Silvio	AG	SP	Fischer Ulrich	AG	FDP
Blatter Ulrich	OW	CVP	Frey Claude	NE	FDP
Blocher Christoph	ZH	SVP	Frey Walter	ZH	SVP
Bodenmann Peter	VS	SP	Friderici Charles	VD	L
Bonny Jean-Pierre	BE	FDP	Früh Hans-Rudolf	AR	FDP
Borel François	NE	SP	Gardiol Irène	VD	Grüne
Braunschweig Hansjörg	ZH	SP	Giger Titus	SG	FDP
Bremi Ulrich	ZH	FDP	Graf Hans-Ulrich	ZH	SVP
Brügger Cyrill	FR	SP	Grassi Mario	TI	CVP
Bühler Simeon	GR	SVP	Grendelmeier Verena	ZH	LdU
Bundi Martin	GR	SP	Gros Jean-Michel	GE	L
Burckhardt Martin H.	BS	L	Guinand Jean	NE	L
Bürgi Jakob	SZ	CVP	Günter Paul	BE	LdU
Büttiker Rolf	SO	FDP	Gysin Hans Rudolf	BL	FDP
Caccia Fulvio	TI	CVP	Haering Binder Barbara	ZH	SP
Carobbio Werner	TI	SP	Hafner Rudolf	BE	Grüne
Cavadini Adriano	TI	FDP	Hafner Ursula	SH	SP
Cevey Jean-Jacques	VD	FDP	Haller Gret	BE	SP
Cincera Ernst	ZH	FDP	Hänggi Peter	SO	CVP
Columberg Dumeni	GR	CVP	Hari Fritz	BE	SVP
Cotti Gianfranco	TI	CVP	Herczog Andreas	ZH	SP
Couchepin Pascal	VS	FDP	Hess Otto	TG	SVP
Coutau Gilbert	GE	L	Hess Peter	ZG	CVP
Daepp Susanne	BE	SVP	Hildbrand Franz-Joseph	VS	CVP
Danuser Menga	TG	SP	Hösli Fritz	GL	SVP
Darbellay Vital	VS	CVP	Houmard Marc-André	BE	FDP
David Eugen	SG	CVP	Hubacher Helmut	BS	SP
Déglise Elisabeth	FR	CVP	Iten Joseph	NW	CVP
Diener Verena	ZH	Grüne	Jaeger Franz	SG	LdU
Dietrich Franz	BE	CVP	Jeanneret François	NE	L
Dormann Rosmarie	LU	CVP	Jeanprêtre Francine	VD	SP
Dreher Michael E.	ZH	AP	Jung Franz	LU	CVP

Keller Anton	AG	CVP	Ruf Markus	BE	NA
Kohler Raoul	BE	FDP	Ruffy Victor	VD	SP
Kuhn Niklaus	ZH	EVP	Rutishauser Paul	TG	SVP
Kühne Josef	SG	CVP	Rüttimann Albert	AG	CVP
Lanz Fritz	LU	SP	Rychen Albrecht	BE	SVP
Ledergerber Elmar	ZH	SP	Sager Peter	BE	SVP
Leuba Jean-François	VD	L	Salvioni Sergio	TI	FDP
Leuenberger Ernst	SO	SP	Savary Jean	FR	CVP
Leuenberger Moritz	ZH	SP	Savary Pierre	VD	FDP
Leutenegger Oberholzer Susanne	BL	Grüne	Scheidegger Urs	SO	FDP
			Scherrer Jürg	BE	AP
Loeb François	BE	FDP	Schmid Peter	TG	Grüne
Longet René	GE	SP	Schmidhalter Paul	VS	CVP
Loretan Willy	AG	FDP	Schnider Theodor	LU	CVP
Luder Paul	BE	SVP	Schüle Kurt	SH	FDP
Maeder Herbert	AR	LdU	Schwab Heinz	BE	SVP
Maitre Jean-Philippe	GE	CVP	Segmüller Eva	SG	CVP
Martin Paul-René	VD	FDP	Segond Guy-Olivier	GE	FDP
Massy Claude	VD	L	Seiler Hanspeter	BE	SVP
Matthey Francis	NE	SP	Seiler Rolf	ZH	CVP
Mauch Rolf	AG	FDP	Spälti Peter	ZH	FDP
Mauch Ursula	AG	SP	Spielmann Jean	GE	PDA
Meier Fritz	ZH	NA	Spoerry Vreni	ZH	FDP
Meier Hans	ZH	Grüne	Stamm Judith	LU	CVP
Meizoz Bernard	VD	SP	Stappung Sepp	ZH	SP
Mühlemann Ernst	TG	FDP	Steffen Hans	ZH	NA
Müller Andreas	AG	LdU	Steinegger Franz	UR	FDP
Müller Kurt	ZH	FDP	Stocker Monika	ZH	Grüne
Müller Reinhard	AG	SVP	Stucky Georg	ZG	FDP
Nabholz Lili	ZH	FDP	Theubet Gabriel	JU	CVP
Nebiker Hans-Rudolf	BL	SVP	Thür Hanspeter	AG	Grüne
Neuenschwander Willi	ZH	SVP	Tschuppert Karl	LU	FDP
Neukomm Alfred	BE	SP	Uchtenhagen Lilian	ZH	SP
Nussbaumer Urs	SO	CVP	Ulrich Ursula	SO	SP
Oehler Edgar	SG	CVP	Vollmer Peter	BE	SP
Ott Heinrich	BL	SP	Wanner Christian	SO	FDP
Paccolat Monique	VS	CVP	Weber Karl	SZ	FDP
Perey André	VD	FDP	Weder Hansjürg	BS	LdU
Petitpierre Gilles	GE	FDP	Wellauer Hermann	TG	CVP
Philipona Jean-Nicolas	FR	FDP	Widmer Sigmund	ZH	LdU
Pidoux Philippe	VD	FDP	Widrig Hans Werner	SG	CVP
Pini Massimo	TI	FDP	Wiederkehr Roland	ZH	LdU
Pitteloud Françoise	VD	SP	Wyss Paul	BS	FDP
Portmann Theo	GR	CVP	Wyss William	BE	SVP
Rebeaud Laurent	GE	Grüne	Zbinden Hans	AG	SP
Rechsteiner Paul	SG	SP	Zbinden Paul	FR	CVP
Reich Richard	ZH	FDP	Ziegler Jean	GE	SP
Reichling Rudolf	ZH	SVP	Zoelch Elisabeth	BE	SVP
Reimann Fritz	BE	SP	Züger Arthur	SZ	SP
Reimann Maximilian	AG	SVP			
Rohrbasser Bernard	FR	SVP			
Ruckstuhl Hans	SG	CVP			

Ständerat

Affolter Max	SO	FDP	Danioth Hans	UR	CVP
Béguin Thierry	NE	FDP	Delalay Edouard	VS	CVP
Bühler Robert	LU	FDP	Dobler Alois	SZ	CVP
Bührer Esther	SH	SP	Ducret Robert	GE	FDP
Cavadini Jean	NE	L	Flückiger Michel	JU	FDP
Cavelty Luregn Mathias	GR	CVP	Gadient Ulrich	GR	SVP
Cottier Anton	FR	CVP	Gautier André	GE	L

Hänsenberger Arthur	BE	FDP	Reymond Hubert	VD	L
Huber Hans Jörg	AG	CVP	Rhinow René	BL	FDP
Hunziker Bruno	AG	FDP	Rhyner Kaspar	GL	FDP
Iten Andreas	ZG	FDP	Roth Jean-François	JU	CVP
Jaggi Yvette	VD	SP	Rüesch Ernst	SG	FDP
Jagmetti Riccardo	ZH	FDP	Schallberger Peter-Josef	NW	CVP
Jelmini Camillo	TI	CVP	Schiesser Fritz	GL	FDP
Küchler Niklaus	OW	CVP	Schmid Carlo	AI	CVP
Kündig Markus	ZG	CVP	Schoch Otto	AR	FDP
Lauber Daniel	VS	CVP	Schönenberger Jakob	SG	CVP
Masoni Franco	TI	FDP	Seiler Bernhard	SH	SVP
Meier Josi	LU	CVP	Simmen Rosmarie	SO	CVP
Miville Carl	BS	SP	Uhlmann Hans	TG	SVP
Onken Thomas	TG	SP	Weber Monika	ZH	LdU
Piller Otto	FR	SP	Ziegler Oswald	UR	CVP
Reichmuth Xaver	SZ	CVP	Zimmerli Ulrich	BE	SVP

L	Liberale Partei		SP	Sozialdemokratische Partei
FDP	Freisinnig-demokratische Partei		POCH	Progressive Organisationen Schweiz
SVP	Schweizerische Volkspartei		G	Grüne Parteien
CVP	Christlich-demokratische Volkspartei		NA	Nationale Aktion
LdU	Landesring der Unabhängigen			(neu: Schweizer Demokraten)
EVP	Evangelische Volkspartei		AP	Autopartei

Sitzverteilung des Nationalrates nach Parteien

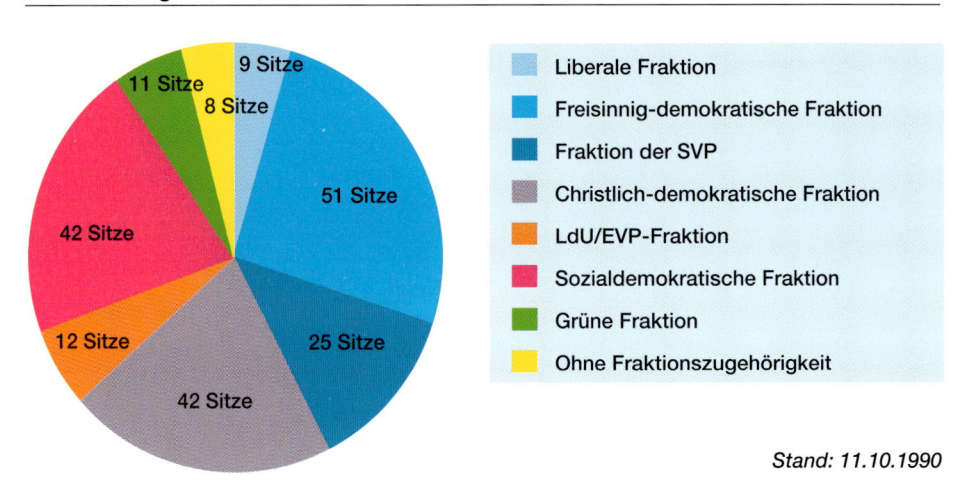

- Liberale Fraktion: 9 Sitze
- Freisinnig-demokratische Fraktion: 51 Sitze
- Fraktion der SVP: 25 Sitze
- Christlich-demokratische Fraktion: 42 Sitze
- LdU/EVP-Fraktion: 12 Sitze
- Sozialdemokratische Fraktion: 42 Sitze
- Grüne Fraktion: 11 Sitze
- Ohne Fraktionszugehörigkeit: 8 Sitze

Stand: 11.10.1990

Sitzverteilung des Ständerates nach Parteien

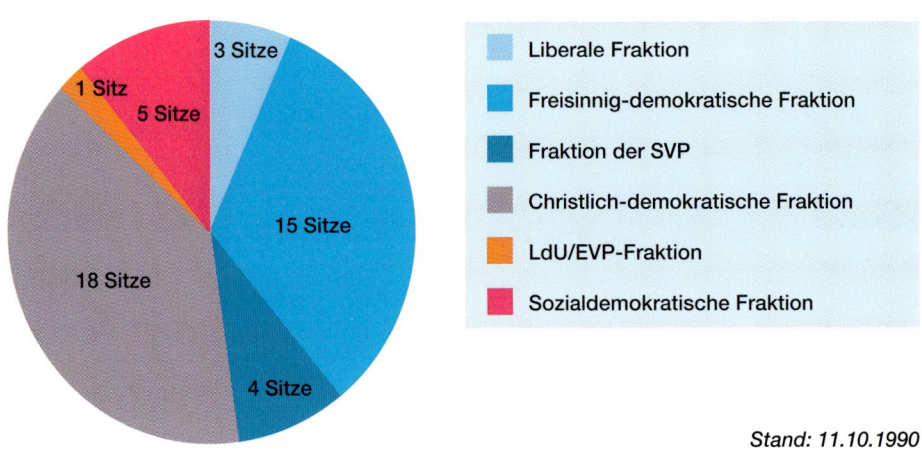

- Liberale Fraktion: 3 Sitze
- Freisinnig-demokratische Fraktion: 15 Sitze
- Fraktion der SVP: 4 Sitze
- Christlich-demokratische Fraktion: 18 Sitze
- LdU/EVP-Fraktion: 1 Sitz
- Sozialdemokratische Fraktion: 5 Sitze

Stand: 11.10.1990

Schweizer Abstimmungen

1. April

Änderung des Bundesgesetzes über die Organisation der Bundesrechtspflege — Ja: 47,4 % / Nein: 52,6 %

Bundesbeschluss über den Rebbau — Ja: 46,7 % / Nein: 53,3 %

Für eine autobahnfreie Aarelandschaft zwischen Biel und Solothurn/Zuchwil — Ja: 34,0 % / Nein: 66,0 %

Für ein autobahnfreies Knonaueramt — Ja: 31,4 % / Nein: 68,6 %

Für eine autobahnfreie Landschaft zwischen Murten und Yverdon — Ja: 32,7 % / Nein: 67,3 %

Stopp dem Beton – für eine Begrenzung des Strassenbaus — Ja: 28,5 % / Nein: 71,5 %

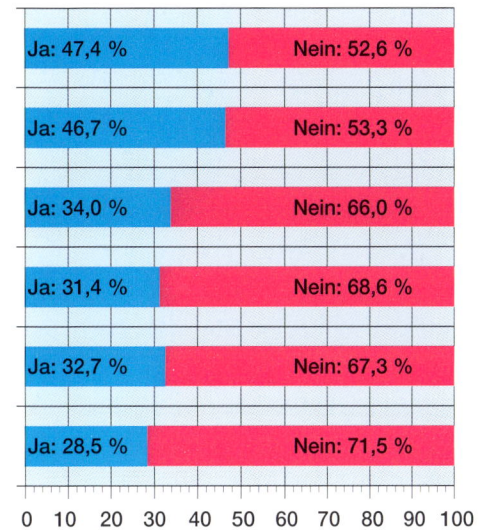

23. September

Änderung des Strassenverkehrsgesetzes — Ja: 52,8 % / Nein: 47,2 %

Energieartikel — Ja: 71,0 % / Nein: 29,0 %

Für den Ausstieg aus der Atomenergie — Ja: 47,1 % / Nein: 52,9 %

10 Jahre Bewilligungsstopp für AKW — Ja: 54,6 % / Nein: 45,4 %

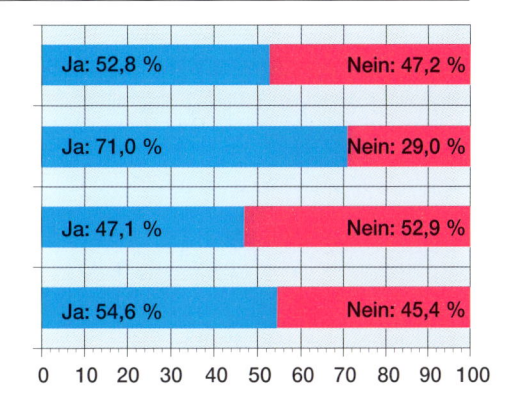

Kantonale Parlaments- und Regierungsrats-Wahlen

Appenzell Ausserrhoden

Regierungsrat: Ernst Graf (FDP, neu), Hans Höhner (FDP, bisher), Hans Ueli Hohl (FDP, bisher), Jost Leuzinger (FDP, bisher), Hanswalter Schmid (FDP, bisher), Alfred Stricker (FDP, bisher), Hansjakob Niederer (SP, bisher)
Kantonsparlament: FDP bleibt mit Zweidrittelsmehrheit stärkste Partei

Appenzell Innerrhoden

Regierungsrat: Alfred Wild (CVP, neu), Walter Bischofberger (CVP, neu), Charly Fässler (CVP, bisher), Beat Graf (CVP, bisher), Josef Inauen (CVP, bisher), Hans Manser (CVP, bisher), Emil Neff (CVP, bisher), Carlo Schmid (CVP, bisher), Josef Sutter (CVP, bisher)

Bern

Regierungsrat: Mario Annoni (FDP, neu), Ueli Augsburger (SVP, bisher), René Bärtschi (SP, bisher), Hermann Fehr (SP, neu), Peter Schmid (SVP, bisher), Peter Siegenthaler (SVP, bisher), Peter Widmer (FDP, neu)
Neues Kantonsparlament: SVP 71 (+2), SP 57 (+8), FDP 35 (-5), Freie Liste/Junges Bern 12 (-), EVP 4 (-2), CVP 3 (-2), LdU 3 (-1), Grünes Bündnis 3 (+2), NA 3 (-2), Grüne Partei/Demokratische Alternative 2 (-3), EDU 2 (+1), PSA 2 (+1), Autopartei 1 (+1), CVP/Jura 1 (-), Verein Berntreuer Laufentaler 1 (+1)

Glarus

Regierungsrat: Jules Landolt (CVP, bisher), Kaspar Rhyner (FDP, bisher), Christoph Stüssi (SVP, bisher), Fritz Weber (FDP, bisher), Kaspar Zimmermann (SVP, bisher), Rudolf Gisler (CVP, neu), Werner Marti (SP, neu)
Neues Kantonsparlament: FDP 23 (-2), SVP 23 (-1), CVP 15 (-2), SP 15 (+2), Umweltgruppe GUG und Alternative Liste Mollis 4 (+3)

Graubünden

Regierungsrat: Luzi Bärtsch (SVP, bisher), Christoffel Brändli (SVP, bisher), Joachim Caluori (CVP, bisher), Aluis Maissen (CVP, bisher), Peter Aliesch (FDP, neu)

Jura

Regierungsrat: François Lachat (CVP, bisher), Pierre Boillat (CVP, bisher), Gaston Brahier (FDP, bisher), Jean-Pierre Beuret (Unabh.Christlichs., bisher), François Mertenat (SP, bisher)
Neues Kantonsparlament: CVP 21 (-1), FDP 15 (-1), SP 12 (+1), Unabhängige Christlichsoziale 8 (-), Combat socialiste 3 (+2), SVP 1 (-), PdA 0 (-1)

Nidwalden

Regierungsrat: Viktor Furrer (CVP, neu), Ferdinand Keiser (CVP, neu), Werner Keller (Lib., neu), Kurt Blöchlinger (Lib., bisher), Edi Engelberger (Lib., bisher), Meinrad Hofmann (CVP, bisher), Hanspeter Käslin (CVP, bisher), Werner Odermatt (CVP, bisher), Hugo Waser (Lib., bisher)
Neues Kantonsparlament: CVP 30 (-2), Liberale (Freisinnige) 22 (-3), Demokratisches Nidwalden 8 (+5)

Obwalden

Regierungsrat: Josef Nigg (CVP, neu), Hans Hofer (CSP, neu), Adalbert Durrer (CVP, bisher), Alexander Höchli (CVP, bisher), Peter Rohrer (CVP, bisher), Anton Röthlin (Lib., bisher), Anton Wolfisberg (Lib., bisher)
Neuer Landammann Anton Röthlin (Lib.) und neuer Landesstatthalter Alexander Höchli (CVP)
Neues Kantonsparlament: CVP 28, Liberale (Freisinnige) 14, CSP 7, FFO 5, Unabh. Wähler 1

Waadt

Regierungsrat: Marcel Blanc (SVP, bisher), Pierre Cevey (FDP, bisher), Jacques Martin (FDP, bisher), Philippe Pidoux (FDP, bisher), Claude Ruey (Lib., neu), Pierre Duvoisin (SP, bisher), Daniel Schmutz (SP, bisher)
Neues Kantonsparlament: FDP 71 (+1), SP 52 (-), Liberale 42 (-3), SVP 15 (+2), Grüne 12 (+7), CVP 4 (-1), Kommunisten 4 (+1)

Zug

Regierungsrat: Hanspeter Uster (SGA, neu), Walter Suter (CVP, neu), Urs Birchler (SP, bisher), Robert Bissig (CVP, bisher), Andreas Iten (FDP, bisher), Urs Kohler (FDP, bisher), Paul Twerenbold (CVP, bisher)
Kantonsparlament: CVP 36 (-2), FDP 25 (-4), SP 11 (+1), SGA 4 (+2), Frische Brise 2 (+2), Gleis3 1 (+1), Bunte Liste 1 (–)

Verabschiedete Gesetze beider Räte

- Erhöhung der Bundesbeiträge an die Krankenkassen auf jährlich 1,3 Mrd. Franken (für die Jahre 1990 bis 1994)
- Strafnormen gegen die Geldwäscherei und gegen mangelnde Sorgfalt bei Finanzgeschäften
- Revision des Bürgerrechtsgesetzes (Gleichstellung von Mann und Frau)
- Sondermassnahmen zugunsten der beruflichen Weiterbildung (162 Mio Franken)
- Sondermassnahmen zugunsten der universellen Weiterbildung (135 Mio Franken)
- Schaffung einer Gruppe für Wissenschaft und Forschung im Eidg. Departement des Innern
- Bundesbeschluss über die Genehmigung des Internationalen Zuckerübereinkommens von 1987
- Bundesbeschluss über die Genehmigung von Fakultativprotokollen zu den Wiener Übereinkommen über diplomatische und konsularische Beziehungen
- Revision des Asylgesetzes (das neue Asylverfahren wird für dringlich erklärt und tritt sofort in Kraft)
- Schaffung eines Bundesamtes für Flüchtlinge und die dazu erforderliche Verordnung
- Teilrevision der Militärorganisation (Abschaffung des Hilfsdienstes, Neuregelung der Inspektionen, verbesserter Rechtsschutz der Armeeangehörigen)
- Neufassung des Bundesbeschlusses über die Offiziersausbildung
- Verlängerung des Bundesbeschlusses zum Atomgesetz bis längstens 2000
- Beitritt der Schweiz zum Antarktis-Vertrag
- Änderung des Geschäftsverkehrsgesetzes, mit der die Oberaufsicht über die Alkoholverwaltung geregelt wird
- Änderung des Geschäftsverkehrsgesetzes, mit der eine professionelle parlamentarische Verwaltungskontrolle geschaffen wird
- Änderung des Bundesbeschlusses über die Parlamentsdienste
- Anpassung der Verordnung über die Zuweisung der Ämter an die Departemente
- Erhöhung der Bundesbeiträge an die Fraktionen (von rund 1 Mio. auf etwa 2,5 Mio. Franken)
- Bundesbeschluss über die Unterstellung

der Hypothekarzinsen unter die Preisüberwachung
- Teilrevision Militärstrafgesetz betreffend Dienstverweigerung
- Bundesgesetz über die Militärorganisation (betreffend Dienstverweigerung)
- Bundesgesetz über Finanzhilfen und Abgeltungen sowie Subventionsgesetz
- Änderungen im Arbeitslosenversicherungsgesetz
- Bundesgesetz über die Information der Konsumentinnen und Konsumenten, Vorschriften über die Waren- und Dienstleistungsdeklaration und Finanzhilfen an Konsumentenorganisationen
- Änderungen im Obligationenrecht über die Entstehung der Obligationen, Zusendung unbestellter Sachen, Widerrufsrecht.
- Bundesgesetz über die Verbesserung der Wohnverhältnisse in Berggebieten
- Bundesbeschluss über den Abschluss von Schuldenkonsolidierungsabkommen im Zusammenhang mit der Exportrisikogarantie

Initiativen/Referenden/Petitionen

1990 eingereichte Initiativen

- «Zur Abschaffung der Tierversuche» von der «Internationalen Liga: Ärzte für die Abschaffung der Tierversuche», Arbedo/TI
- «Für einen arbeitsfreien Bundesfeiertag» (1. August-Initiative) von den Schweizer Demokraten (Nationale Aktion)
- «Zum Schutze des Alpengebietes vor dem Transitverkehr» (Alpen-Initiative) vom Interessenverband «Alpen-Initiative», Brig
- «Für eine umweltgerechte und leistungsfähige bäuerliche Landwirtschaft» vom Schweizerischen Bauernverband
- «Bauern und Konsumenten – für eine naturnahe Landwirtschaft» vom WWF Schweiz, Zürich

Laufende Unterschriftensammlungen zu Initiativen

- «Für die Gleichberechtigung von Mann und Frau bei der Wahl des Ehenamens» (Stammhalterinitiative) von einer Interessengemeinschaft, Wila/ZH
- «Zur Abschaffung der direkten Bundessteuer» von der Schweizer Auto-Partei
- «Gegen die Masseneinwanderung von Ausländern und Asylanten» von Nationalrat Fritz Meier, Ellikon/ZH
- «Für einen vollen Teuerungsausgleich bei laufenden Renten der beruflichen Vorsorge» vom Schweizerischen Rentner-Verband
- «S.O.S. – Schweiz ohne Schnüffelpolizei» vom Komitee «S.O.S. – Schweiz ohne Schnüffelpolizei», Bern
- «40 Waffenplätze sind genug – Umweltschutz auch beim Militär» von der «Aktionsgruppe zur Rettung von Neuchlen-Anschwilen ARNA», St.Gallen
- «Für eine zeitgemässe Volkspension» von der Partei der Arbeit der Schweiz
- «EG-Initiative» von den Zeitschriften «Politik und Wirtschaft» und «Bilanz» sowie einem Komitee, Augwil/ZH
- «AHV-Initiative» (Gewichtsverlagerung von der 2. Säule, berufliche Vorsorge, zur 1. Säule, AHV/IV) vom Schweizerischen Gewerkschaftsbund und der Sozialdemokratischen Partei der Schweiz
- «Reduktion der Militärausgaben» von der Sozialdemokratischen Partei der Schweiz

Zurückgezogene Initiativen

- «Zur Abschaffung der Autobahnvignette»
- «Zur Abschaffung der Schwerverkehrsabgabe»
- «Eidgenössische Initiativen innert zweier Jahre vors Volk»
- «Hügelstadt Sonnenberg»

Eingereichte Referenden

- «Gegen die in der Revision des Strassenverkehrsgesetzes vorgesehene Hinaufsetzung der Höchstbreite für Lastwagen von 2,30 auf 2,50 Meter» vom VCS

Referendum zurückgezogen

- «Revision des Asylrechts» vom Komitee «Revision des Asylrechts»

Laufende Referenden

- «Beitritt der Schweiz zum internationalen Währungsfonds IMF» von der Sozialdemokratischen Partei der Schweiz und der «Erklärung von Bern»

Eingereichte Petitionen

- «Für die Schaffung eines Fonds von mindestens 700 Mio Franken zur Reduktion der Drittwelt-Schulden»
- «Zur Rettung der Ozonschicht»
- «Zur Erhaltung der Eidg. Militärpferdeanstalt (Empfa)»
- «Für das Frauenstimmrecht im Kanton Appenzell-Innerrhoden»

International

Bruttoinlandprodukt

Reale Veränderung in % gegenüber der Vorperiode

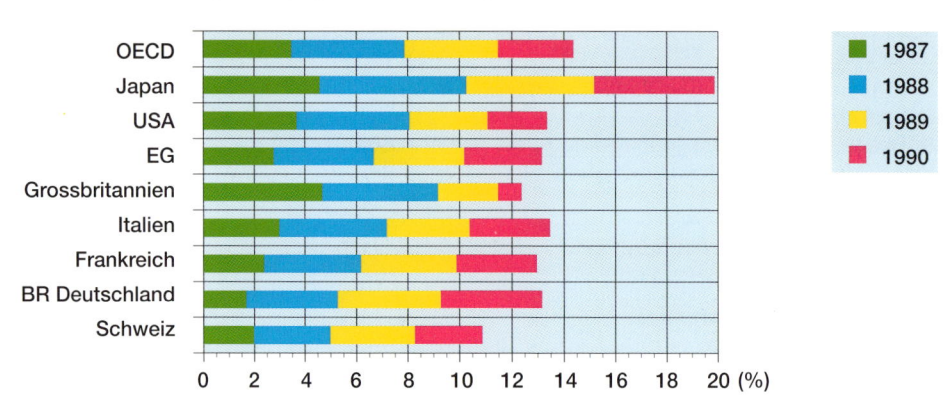

- 1987
- 1988
- 1989
- 1990

Quelle: BFS, BFK, OECD. 1990: Prognose OECD

Konsumentenpreise

Veränderung in % gegenüber der Vorjahresperiode

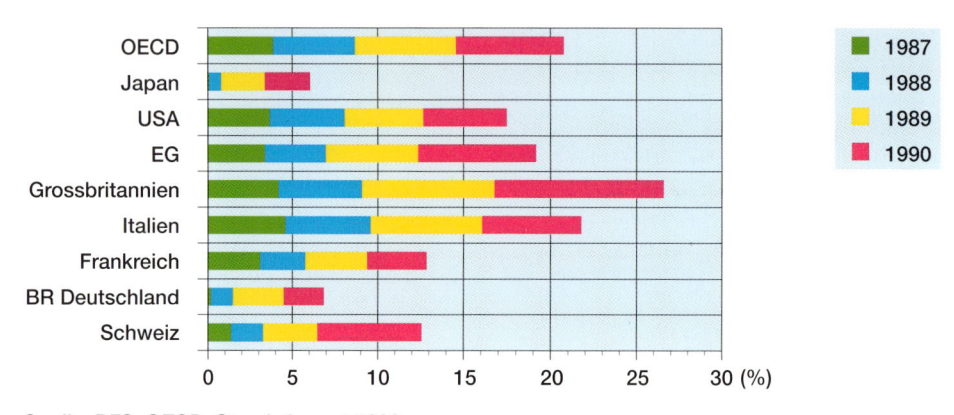

- 1987
- 1988
- 1989
- 1990

Quelle: BFS, OECD. Stand: August 1990

Handelsströme

Die Handelsströme von und nach EFTA sowie zwischen EFTA und EG, in %

Importe aus:	EFTA	EG
Österreich	7,1	67,9
Finnland	18,8	44,3
Island	19,1	51,1
Norwegen	20,8	43,1
Schweden	17,0	54,9
Schweiz	7,3	70,8
EFTA	12,8	59,4
Exporte nach:	**EFTA**	**EG**
Österreich	10,7	63,8
Finnland	20,0	42,8
Island	11,0	56,5
Norwegen	16,2	65,1
Schweden	19,0	53,2
Schweiz	6,6	56,6
EFTA	13,8	56,4

Quelle: UN Comtrade Data Basel/EFTA

Arbeitslosigkeit

Saisonbereinigte Arbeitslosenquote, in %

	1987	1988	1989	1990
Schweiz	0,8	0,7	0,6	0,5
BR Deutschland	8,9	8,7	5,6	6,9
Frankreich	10,5	10,0	9,5	8,9
Italien	11,2	11,3	12,1	12,0
Grossbritannien	10,2	8,3	6,4	5,7
EG	10,5	9,9	9,0	8,5
USA	6,1	5,4	5,2	5,6
Japan	2,8	2,5	2,3	1,9
OECD	7,3	6,7	6,2	-

Quelle: BIGA, nationale Statistiken, OECD. Stand: 2. Quartal 1990

Schweiz

Industriekonjunktur

Veränderung in % gegenüber der Vorjahresperiode

	1987	1988	1989	1990
Industrieproduktion	1	6	3	0
Auftragseingang in der Industrie	2	8	9	3
Auftragsbestand in der Industrie	-5	1	13	8
Kapazitätsauslastungsgrad*	86,0	87,7	89,2	89,5

gemäss Konjunkturtest KOF. Quelle: BFS, KOF. Stand: 2. Quartal 1990

Aussenhandel

Veränderung in % gegenüber der Vorjahresperiode

	1987	1988	1989	1990
Export nominal	0,4	8,6	12,0	8,6
Exporte real	1,5	k.A.	5,1	6,8
Import nominal	1,9	9,9	14,2	5,3
Importe real	6,4	k.A.	5,5	5,3
Exporte in % des Einfuhrwertes	89,8	89,9	88,5	89,3

Quelle: EZV/OZD. Stand: August 1990

Bautätigkeit

Veränderung in % gegenüber der Vorjahresperiode

	1987	1988	1989	1990
Baubewilligte Wohnungen	-8,9	7,1	-3,3	-16,8
Auftragseingang Baugewerbe	9	16	7	8
Auftragsbestand Baugewerbe	17	17	12	4

Quelle: BIGA. Stand: 2. Quartal 1990

Beschäftigung

Beschäftigung in wichtigen Wirtschaftszweigen (Index 1985 = 100)

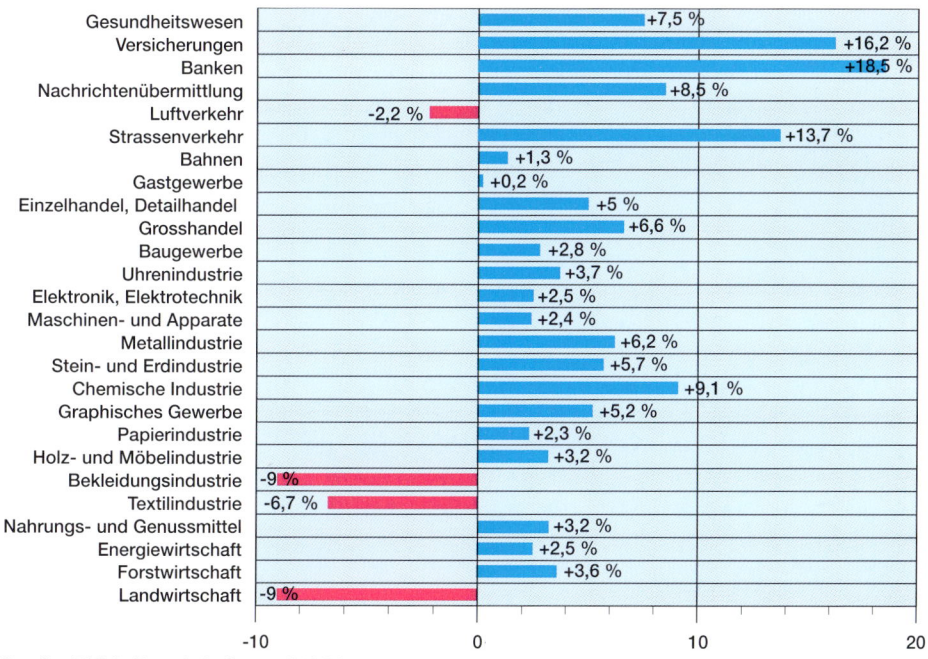

Wirtschaftszweig	Veränderung
Gesundheitswesen	+7,5 %
Versicherungen	+16,2 %
Banken	+18,5 %
Nachrichtenübermittlung	+8,5 %
Luftverkehr	-2,2 %
Strassenverkehr	+13,7 %
Bahnen	+1,3 %
Gastgewerbe	+0,2 %
Einzelhandel, Detailhandel	+5 %
Grosshandel	+6,6 %
Baugewerbe	+2,8 %
Uhrenindustrie	+3,7 %
Elektronik, Elektrotechnik	+2,5 %
Maschinen- und Apparate	+2,4 %
Metallindustrie	+6,2 %
Stein- und Erdindustrie	+5,7 %
Chemische Industrie	+9,1 %
Graphisches Gewerbe	+5,2 %
Papierindustrie	+2,3 %
Holz- und Möbelindustrie	+3,2 %
Bekleidungsindustrie	-9 %
Textilindustrie	-6,7 %
Nahrungs- und Genussmittel	+3,2 %
Energiewirtschaft	+2,5 %
Forstwirtschaft	+3,6 %
Landwirtschaft	-9 %

Quelle: BIGA. Stand: 2. Quartal 1990

Konsum & Preise

Konsumentenpreise

Landesindex im Jahresdurchschnitt (links) und Indexveränderung 1990 in % gegenüber Vorjahresmonat (rechts)

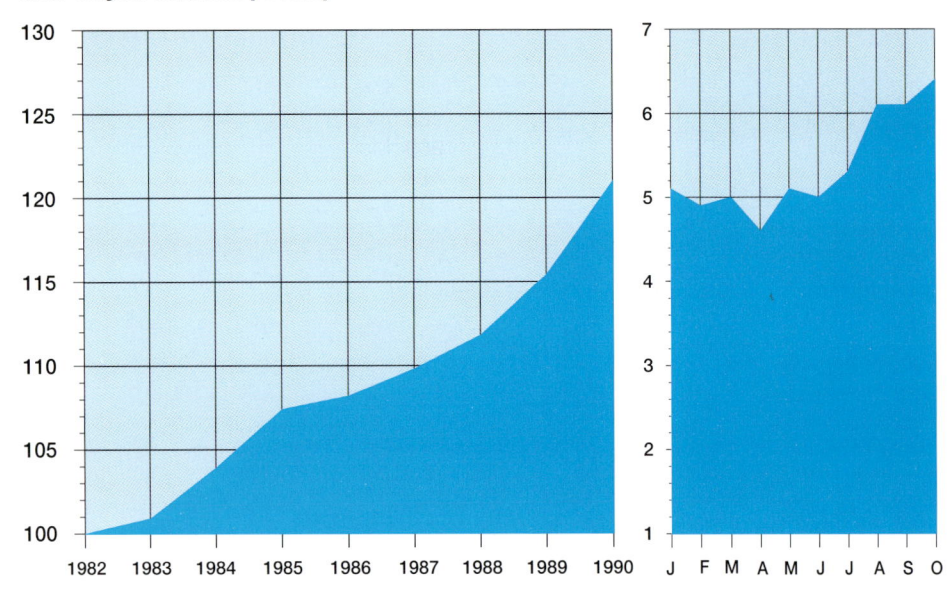

Quelle: BFS

Baukostenindex

Index-Stand und -Veränderung in % gegenüber Vorjahr

1987	April	139,6	2,0 %
1988	April	145,7	4,4 %
1989	April	151,7	5,3 %
1990	April	159,2	8,6 %

Quelle: Monatsbericht SNB

Grosshandelspreise

Index-Stand und -Veränderung in % gegenüber Vorjahr

1987	Durchschnitt	169,0	-2,0 %
1988	Durchschnitt	172,8	2,3 %
1989	Durchschnitt	180,2	4,3 %
1990	September	184,1	1,8 %

Quelle: BFS

Privater Konsum

Ausgaben des privaten Haushaltes 1989 in % bei durchschnittlich 3.25 Personen pro Haushalt

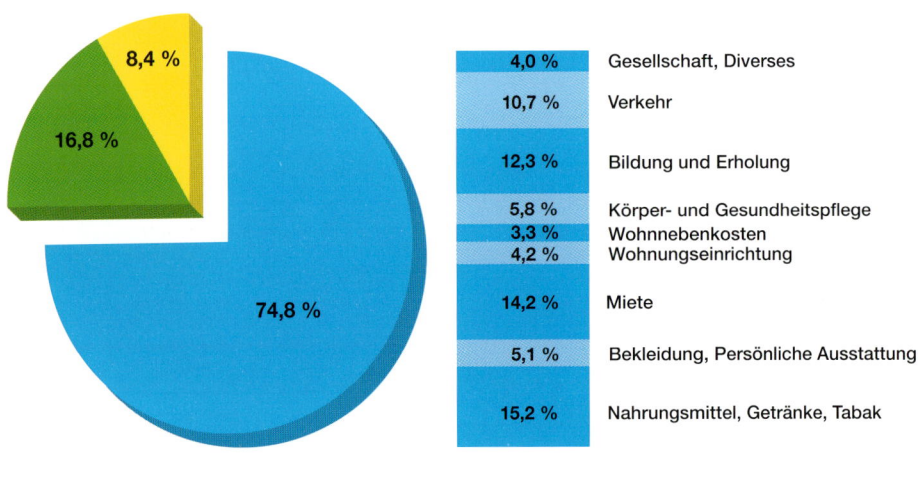

- 74,8 % Verbrauchsausgaben total
- 16,8 % Versicherungen
- 8,4 % Steuern

%	
4,0 %	Gesellschaft, Diverses
10,7 %	Verkehr
12,3 %	Bildung und Erholung
5,8 %	Körper- und Gesundheitspflege
3,3 %	Wohnnebenkosten
4,2 %	Wohnungseinrichtung
14,2 %	Miete
5,1 %	Bekleidung, Persönliche Ausstattung
15,2 %	Nahrungsmittel, Getränke, Tabak

Quelle: BFS

Konsumentenstimmung

Konsumentenfragen zu Wirtschafts- und Preisentwicklung; Saldo aus positiven und negativen Antworten

1989	Januar	+ 25
1989	April	+ 18
1989	Juli	+ 6
1989	Oktober	+ 11
1990	Januar	+ 1
1990	April	- 1
1990	Juli	- 2
1990	Oktober	- 28

Quelle: Bundesamt für Konjunkturfragen. Viermal im Jahr bei rund 1200 Schweizer Haushalten durchgeführte Umfrage

Wirtschaftsklima

Einstufung der gegenwärtigen Wirtschaftslage und Einschätzung der Zukunft, in %

		bessere Einstufung	bessere Erwartung
1987	Mai	35	18
1987	Nov.	30	18
1988	Mai	25	15
1988	Nov.	42	25
1989	Mai	38	23
1989	Nov.	40	24
1990	Mai	38	24

Quelle: GfM/IHA. Umfrage bei 1000 Schweizerinnen und Schweizern

Unternehmen

Die 20 grössten Industrie- und Handelsunternehmen der Schweiz

Firma	Umsatz '89, Mio. Fr.	Veränderung in %	Reingewinn '89, Mio. Fr.	Beschäftigte weltweit
Nestlé	48'036	+ 21,6	2'412	196'940
ABB Asea, Brown Boveri	33'421	+ 28,6	1'043	189'550
Metro International	31'000			86'000
Marc Rich-Gruppe	27'100		150	1'300
Ciba-Geigy	20'608	+ 16,8	1'557	92'553
Markant AG	12'900			
Migros-Gemeinschaft	12'553	+ 5,6	212	67'163
Sandoz	12'497	+ 23,1	958	50'655
Pirelli-Gruppe	11'893	+ 10,5	368	63'000
Michelin-Gruppe	11'253	+ 14,4	552	66'800
Maus Frères Konzern	10'400			19'000
Hoffmann-La Roche	9'814	+ 20,6	852	50'203
PTT	9'490	+ 5,3	200	62'203
Coop-Gruppe	9'105	+ 5,4	180	32'161
André SA	9'000			500
Dow Chemical Europe	8'525			14'000
Danzas	8'000	+ 15,9	12,6	14'740
Alusuisse Lonza	7'085	+ 18,5	466	25'763
Jacobs Suchard	6'669	+ 4,5	275	16'029
Sulzer-Konzern	6'375	+ 14,1	121	33'949

Quelle: SHZ-Liste 1990

Die zehn grössten Banken der Schweiz

Bank	Bilanzsumme '89, Mio. Fr.	Veränderung in %	Reingewinn '89, Mio. Fr.	Anzahl Beschäftigte
Schweizerische Bankgesellschaft	176'075	+ 5,7	902	21'210
Schweizerischer Bankverein	162'522	+ 5,5	750	18'349
Schweizerische Kreditanstalt	117'667	+ 3,8	716	15'756
Zürcher Kantonalbank	39'462	+ 13,2	91	3'812
Schweizerische Volksbank	38'521	+ 11,4	137	6'191
Bank Leu AG	14'929	+ 0,5	53	1'324
Kantonalbank von Bern	12'885	+ 8,3	34	1'439
St. Gallische Kantonalbank	11'809	+ 5,5	33	1'086
Luzerner Kantonalbank	11'473	+ 7,6	32	990
Banque Cantonale Vaudoise	11'411	+ 1,4	61	1'693

Quelle: SHZ-Liste 1990

WIRTSCHAFT

Die zehn grössten Familienunternehmen in der Schweiz

Unternehmen	Umsatz	Beschäf.	Branche/Tätigkeit	Mehrheitsaktionär/Besitzer
Metro International	31'000	86'000	Detail-/Grosshandel	M.+R. Schmidt-Ruthenbeck
Marc Rich-Gruppe	27'100	1'300	Rohstoffhandel	Marc Rich
Hoffmann-La Roche	9'814	50'203	Pharma	Fam. Hoffmann, Paul Sacher
André SA	9'000	500	Getreidehandel	Familie André
Tetra-Pak-Gruppe	5'050	550	Verpackungsind.	Familie Rausing
Kühne & Nagel Intern.	5'035	8'696	Intern. Spedition	Klaus M. Kühne, W. Rowland
Omni-Gruppe	3'800	11'000	Beteiligungen	Werner K. Rey
Schindler Holding	3'520	30'394	Aufzüge	Fam. Bonnard, Sigg + Schindler
Liebherr-International	3'313	15'274	Baumaschinen	Familie Hans Liebherr
Adia-Gruppe	3'230	6'000	Temporärarbeit	Henry F. Lavanchy, Martin Pestalozzi und Management, Omni Holding

Quelle: SHZ-Liste 1990

Die zehn grössten Arbeitgeber in der Schweiz

Unternehmen	Mitarbeiter 1989	Veränderung zum Vorjahr	Veränderung zu 1984
PTT	62'203	+ 2,7 %	+ 9,6 %
Migros-Gemeinschaft	48'630	+ 3,5 %	+ 19,0 %
SBB	37'338	- 0,1 %	- 2,2 %
COOP-Gruppe	32'161	+ 1,8 %	+ 5,9 %
Ciba-Geigy	24'064	- 3,2 %	+ 9,5 %
Schweiz. Bankgesellschaft	21'210	+ 1,6 %	+ 42,1 %
Swissair-Gruppe	18'715	+ 5,8 %	+ 42,9 %
Schweiz. Bankverein	18'349	+ 5,0 %	+ 33,9 %
Sulzer	16'444	- 3,8 %	- 7,2 %
ABB Schweiz	14'900	- 6,3 %	- 20,8 %

Quelle: SHZ-Liste 1990

Die grössten Versicherungsgruppen in der Schweiz

Firma	Bruttoprämieneinnahmen 1989, in Mio. Fr.	Veränderung zu 1988	Reingewinn 1989, in Mio. Fr.
Lebensversicherung			
Rentenanstalt	6'359	+ 7,9 %	2'110**
Winterthur-Leben	3'570	+ 9,6 %	1'118**
VITA	2'796	+ 3,9 %	918**
Rückversicherung			
Schweizer Rück-Gruppe	12'326	+ 18,1 %	248,0
Europ. Allg. Rückversicherung	803	- 8,8 %	2,4
Union Rückversicherung	542	+ 14,1 %	7,1
Unfall- und Schaden-Versicherung			
Zürich Versicherung	7'102	+ 7,7 %	211
Winterthur Versicherung	4'815	+ 10,1 %	140
SUVA	2'182	+ 7,7 %	
Krankenkassen			
Helvetia	2'185,3*	+ 9,0 %	534,1***
CCS Versicherung	1'725,0*	+ 12,7 %	397,0***
Grütli	896,7*	+ 10,3 %	176,8***

Quelle: SHZ-Liste 1990
* Gesamteinnahmen
** Kapitalertrag
*** Reserven

Börse

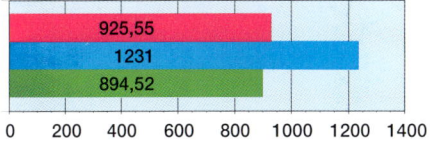

Performance-Gesamtindex Schweiz
- 925,55
- 1231
- 894,52

SBV-Index Schweiz
- 531,9
- 698
- 512

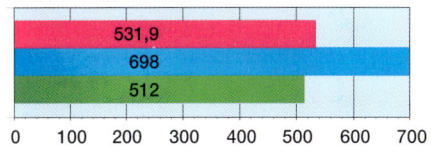

Dow Jones Industrie
- 2448
- 2999,75
- 1552,74

Tokio Nikkei
- 25'194
- 38'915
- 20'221

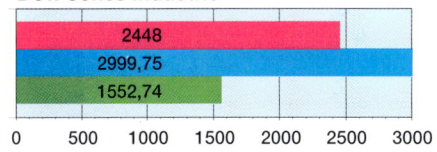

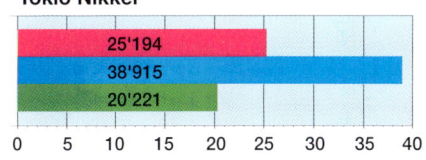

Frankfurt FAZ
- 622
- 832
- 569

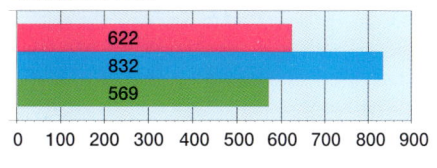

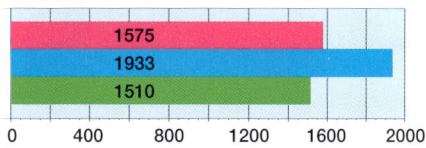

London FT
- 1575
- 1933
- 1510

Wertpapierumsätze in Zürich, in Mio. Fr.
- 37,375
- 58,565
- 37,375

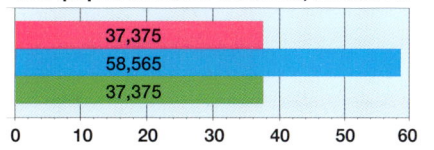

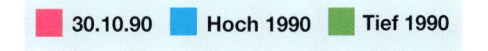

Legende: ■ 30.10.90 ■ Hoch 1990 ■ Tief 1990

Quelle: SNB, Banken

Edelmetalle und Rohstoffe

	30.10.90	30.10.89
Gold Fr./kg	15 575	19 475
Gold $/Unze	374	377
Silber Fr./kg	176	271
Platin Fr./kg	17 700	25 400
20.- Fr. Vreneli	114	122
Erdöl $/Barrel	34.50	18.30
Heizöl Fr./100kg	54.00	42.50

Quelle: Banken

Währungen

	30.10.90	30.10.89
1 US-Dollar	1.30	1.61
100 D-Mark	84.92	87.37
100 Yen	1.00	1.13
1 brit. Pfund	2.52	2.55
100 franz. Francs	25.40	25.83
100 öster. Schillinge	12.04	12.44
1000 Lire	1.13	1.19
1 ECU	1.76	1.80

Quelle: Banken

Zinsen Schweiz

(in %)	30.10.90	30.10.89	Ende 1989
Sparzins (Kantonalbanken/SVB)	4,75/4,75	3,92/4,0	3,98/4,0
Rendite Fr.-Obligation Bund	6,54	5,41	5,75
Rendite Fr.-Obligation Inland	7,08	5,89	6,19
Festgelder 3 Monate	7,75	7,25	8,5
Kassaobligation (Durchschnitt)	7,25	5,79	5,97
1. Hypothek, alte/neue (SVB)	6,5/8,5	6,0/6,5	6,0/7,0

Quelle: SVB, SKA, ZKB

Kredite

Bewilligte inländische Kredite von 115 Banken (in Mio. Fr.)

	Baukredite	Hypotheken	übrige Kredite
August 1987	31'292	223'221	168'025
August 1988	35'130	253'880	190'427
August 1989	39'732	288'595	218'466
August 1990	41'889	315'756	236'703

Quelle: SNB

Schweizer Sorgenkatalog 1990

Prioritäten der Schweizer, in Klammern die Zu- bzw. Abnahme gegenüber Vorjahr

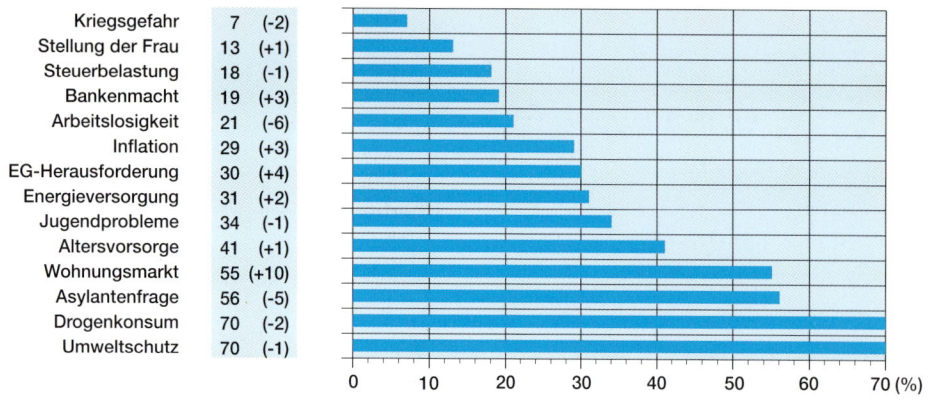

Kriegsgefahr	7	(-2)
Stellung der Frau	13	(+1)
Steuerbelastung	18	(-1)
Bankenmacht	19	(+3)
Arbeitslosigkeit	21	(-6)
Inflation	29	(+3)
EG-Herausforderung	30	(+4)
Energieversorgung	31	(+2)
Jugendprobleme	34	(-1)
Altersvorsorge	41	(+1)
Wohnungsmarkt	55	(+10)
Asylantenfrage	56	(-5)
Drogenkonsum	70	(-2)
Umweltschutz	70	(-1)

Quelle: SKA-bulletin/Isopublic, Okt. 1990. Anzahl Befragte: rund 1000 Personen

Stellenwert der Lebensbereiche

Stellenwert nach Wichtigkeit, in Klammern die Zu- bzw. Abnahme gegenüber 1987

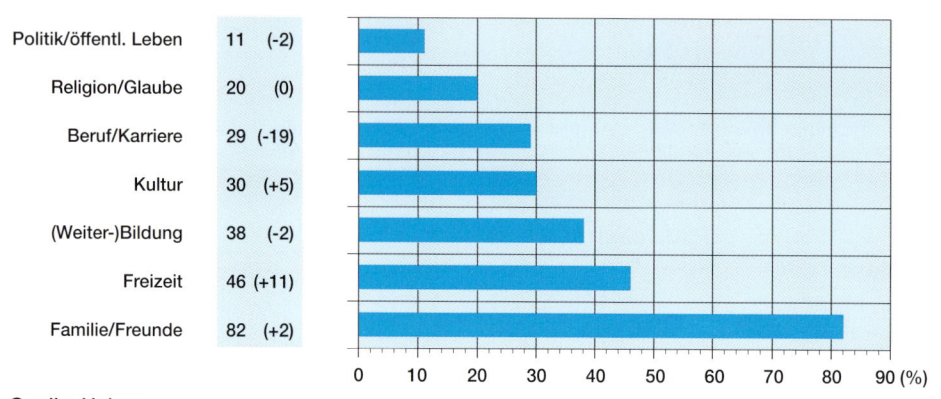

Politik/öffentl. Leben	11	(-2)
Religion/Glaube	20	(0)
Beruf/Karriere	29	(-19)
Kultur	30	(+5)
(Weiter-)Bildung	38	(-2)
Freizeit	46	(+11)
Familie/Freunde	82	(+2)

Quelle: Univox

Zukunftserwartung in verschiedenen Lebensbereichen

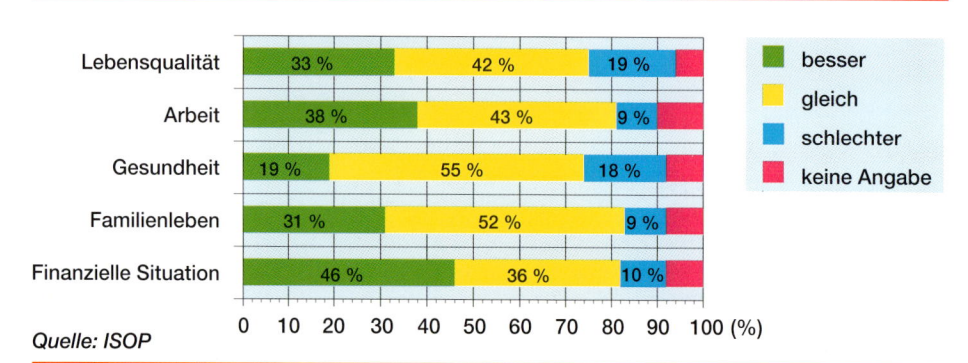

	besser	gleich	schlechter
Lebensqualität	33 %	42 %	19 %
Arbeit	38 %	43 %	9 %
Gesundheit	19 %	55 %	18 %
Familienleben	31 %	52 %	9 %
Finanzielle Situation	46 %	36 %	10 %

Legende: besser / gleich / schlechter / keine Angabe

Quelle: ISOP

Zukunftserwartung Jahr 2000

Erwartungen der Schweizer Bevölkerung

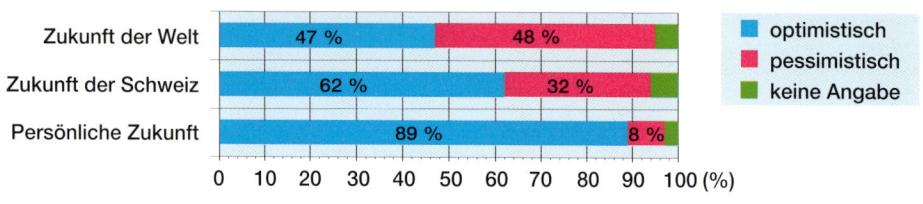

	optimistisch	pessimistisch
Zukunft der Welt	47 %	48 %
Zukunft der Schweiz	62 %	32 %
Persönliche Zukunft	89 %	8 %

Legende: optimistisch / pessimistisch / keine Angabe

Quelle: ISOP, 1990. Anzahl Befragte: rund 700 Personen

Ausländeranteil

Stimmungen und Meinungen zum Ausländeranteil in der Schweiz

gerade richtig	45 %
für mehr Ausländer	8 %
zu viele Ausländer	42 %
über 55jährige	58 %
35-54jährige	43 %
Junge Generation	31 %

Quelle: SKA-bulletin/Isopublic, Okt. 1990

Schweizer EG-Beitritt

Befürworter und Gegner

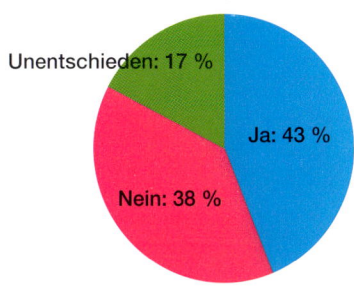

- Unentschieden: 17 %
- Ja: 43 %
- Nein: 38 %

Quelle: Univox, März 1990.
Anzahl Befragte: 700 Personen

Schweizer Jugend

Probleme unter Jugendlichen zwischen 15 und 19 Jahren

Allgemein
Sehr oder ziemlich zufrieden	95 %

Probleme
Drogen	80 %
Umweltverschmutzung	75 %
Wohnungsnot	51 %
Überfremdungsangst	43 %
Flüchtlingsfrage	43 %

Prioritäten im Berufsleben
Persönliche Entfaltung	83 %
Verantwortung/Arbeitsklima	61 %

Politik
Interesse	54 %
Interesse ohne aktives Engagement	40 %

Vertrauen
In die Banken	64 %
In das Parlament	58 %
In die Kirche	57 %
In die Uno	56 %
In die Armee	52 %
In das Schulsystem	71 %

Quelle: Uni Genf/spk. Befragung unter 500 Jugendlichen 1989/90

Konfession

keine Antwort	1 %
keine Zugehörigkeit	5 %
Judentum, Islam oder andere Religion	1 %
Christkatholisch und christl. Gemeinschaft	4 %
Römisch-katholisch	47 %
Evangelisch-reformiert	42 %

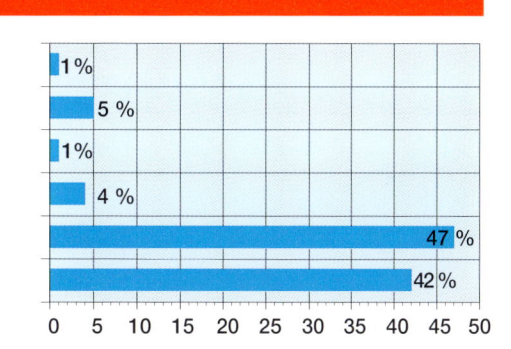

Glaubenssätze

	I	II	III
Existenz einer höheren Macht			
Es gibt einen Gott, der sich in Jesus Christus zu erkennen gegeben hat.	97 %	79 %	49 %
Die höhere Macht, das ist der ewige Kreislauf zwischen Mensch, Natur und Kosmos.	27 %	48 %	54 %
Bedeutung des Todes			
Die Auferstehung von Jesus Christus gibt meinem Tod einen Sinn.	91 %	56 %	19 %
Es gibt eine Reinkarnation (Wiedergeburt) der Seele in einem anderen Leben.	27 %	29 %	29 %
Zukunft der menschlichen Gemeinschaft			
Das von Jesus Christus verkündete Reich ist die Zukunft der menschlichen Gemeinschaft.	82 %	46 %	20 %
Die Zukunft der Menschheit liegt im natürlichen Wissen der alten Völker.	25 %	38 %	45 %

Quelle: SPI/IES 1988/89
I = regelmässige Sonntags-Gottesdienst-Besucher
II = regelmässige Feiertags-Gottesdienst-Besucher
III = Leute, die selten oder nie einen Gottesdienst besuchen

Polizeilich ermittelte Straftaten und -täter

Nach ausgewählten Straftaten des Strafgesetzbuches 1989

Straftat	Artikel	ermittelte Straftaten	ermittelte Täter	davon Frauen
Vorsätzliche Tötung	111-116	148	146	16
Körperverletzung	122-123	3'462	3'158	290
Kindes-Misshandlung	134	29	36	18
Diebstahl (ohne Fahrzeugdiebstahl)	137	187'132	30'872	6'472
• davon Einbruchdiebstahl		65'926	8'301	525
• davon Entreissdiebstahl		1'677	274	20
Fahrzeugdiebstahl		99'812	4'817	240
Raub	139	1'677	919	76
Veruntreuung	140	2'846	2'126	492
Betrug	148	10'925	7'862	1'090
Erpressung	156	109	102	10
Drohungen	180	1'742	1'209	77
Nötigung	181	356	304	22
Freiheitsberaubung, Entführung	183	91	110	11
Geiselnahme	185	2	3	0
Notzucht	187	357	236	0
Unzucht	188-194, 203	2'835	1'480	20
Brandstiftung	221	1'320	352	27
Strafbare Vorbereitungshandlung	260bis	19	84	4
Gewalt/Drohung gegen Beamte/Behörden	285	353	400	25
Total		380'812	62'791	9'435

Quelle: Polizeiliche Kriminalstatistik

Anzahl Verurteilungen in der Schweiz

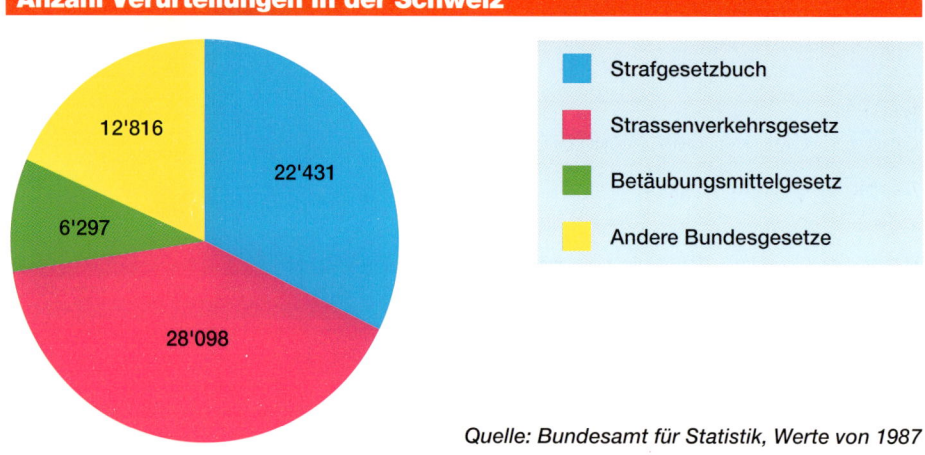

- Strafgesetzbuch: 22'431
- Strassenverkehrsgesetz: 28'098
- Betäubungsmittelgesetz: 6'297
- Andere Bundesgesetze: 12'816

Quelle: Bundesamt für Statistik, Werte von 1987

Strafrechtliche Sanktionen

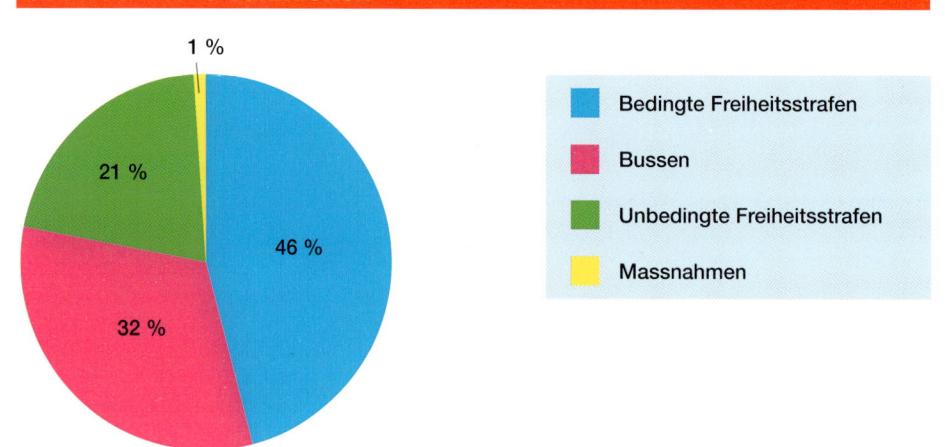

- Bedingte Freiheitsstrafen: 46 %
- Bussen: 32 %
- Unbedingte Freiheitsstrafen: 21 %
- Massnahmen: 1 %

Quelle: Bundesamt für Statistik, Werte von 1987

Nobelpreise

Friedensnobelpreis:
Michail Gorbatschow (UdSSR)

Medizin und Physiologie: Joseph E. Murray (USA) und E. Donnall Thomas (USA)

Wirtschaftswissenschaften:
Harry M. Markowitz (USA), Merton H. Miller (USA) und William F. Sharpe (USA)

Physik:
Jerome I. Friedman (USA), Henry W. Kendall (USA) und Richard E. Taylor (Kanada)

Chemie: Elias James Corey (USA)

Literatur: Octavio Paz (Mexico)

Alternativer Nobelpreis:
Felicia Langer (Israel), Bernard Lédéa Quédraogo (Burkina Faso) und eine kolumbianische Bauernorganisation

Oscar

Bester Film: «Driving Miss Daisy»

Bester ausländischer Film:
«Cinema Paradiso»

Beste Schauspielerin:
Jessica Tandy in «Driving Miss Daisy»

Bester Schauspieler:
Daniel Day-Lewis in «My Left Foot»

Beste Regie:
Oliver Stone für «Born on the 4th of July»

Bestes Originaldrehbuch:
Tom Schulman für «Dead Poets Society»

Beste Filmmusik: «The Little Mermaid»

Bester Trickfilm: «Balance» von Christoph und Wolfgang Lauenstein

Bester Dokumentarfilm:
«Common Threads: Stories from the Quilt»

Ehren-Oscar:
Akira Kurosawa

Goldene Palme von Cannes

«Wild at Heart» von David Lynch

Goldener Bär von Berlin

Ex aequo «Music Box» von Costa-Gavras und «Lerchen am Faden» von Jiri Menzel

Goldener Leopard von Locarno

«Zufallswalzer» von Swetlana Proskourina

Goldener Löwe von Venedig

«Rosencrantz and Guildenstern are Dead» von Tom Stoppard

Goldener Sesterz

Dokumentarfilmfestival Nyon:
«Ihr verschwindendes Objekt: Leonid Obolensky» von Juri Sacharow

Rose d'or von Montreux

«Mr. Bean» von ITV

Hans-Reinhart-Ring

Clownin Gardi Hutter

Adele-Duttweiler-Preis

Edmond Kaiser von «Terre des Hommes»

Friedenspreis

des deutschen Buchhandels:
Karl Dedecius

Ingeborg-Bachmann-Preis

Birgit Vanderbeke

Georg-Büchner-Preis

Tankred Dorst

Pulitzer

Public Service:
Gil Gaul «The Philadelphia Inquirer»

Feature Photography:
David Turnley «Detroit Free Press»

Goldener Fingerhut

Claude Montana für Lanvin

Grammy Awards

Michael Bolton
Miles Davis
Don Henley
Larry Henley und Jeff Silbar
K.D. Lang
Lyle Lovett
M.C. Young
Bette Midler
Aaron Neville und Linda Ronstadt
Bonnie Raitt

Grand Prix Eurovision

Toto Cutugno «Insieme 1992»

AUSZEICHNUNGEN

Automobil

Formel-1

Fahrer	Marke	1	2	3	4	5	6	7	8	9	10	11	12	13	14	15	16	Total
1. Ayrton Senna (BR)	McLaren-Honda	9	4	-	9	9	-	4	4	9	6	9	9	6	-	-	-	78
2. Alain Prost (F)	Ferrari	-	9	3	-	(2)	9	9	9	3	-	6	6	4	9	-	4	71
3. Nelson Piquet* (BR)	Benetton-Ford	3	(1)	2	-	6	1	3	2	-	4	2	-	2	-	9	9	43
4. Gerhard Berger (A)	McLaren-Honda	-	6	6	4	3	4	2	-	4	-	4	4	3	-	3	3	43
5. Nigel Mansell (GB)	Ferrari	-	3	-	-	4	6	-	-	-	-	-	3	9	6	-	6	37
6. Thierry Boutsen (B)	Williams-Renault	4	2	-	3	-	2	-	6	1	9	-	-	-	3	2	2	34
7. Riccardo Patrese (I)	Williams-Renault	-	-	9	-	-	-	1	-	2	3	-	2	-	2	3	1	23
8. Alessandro Nannini (I)	Benetton-Ford	-	-	4	-	-	3	-	-	6	-	3	-	1	4	-	-	21
9. Jean Alesi (F)	Tyrell-Ford	6	-	1	6	-	-	-	-	-	-	-	-	-	-	-	-	13
10. Ivan Capelli (I)	March-Judd	-	-	-	-	-	-	6	-	-	-	-	-	-	-	-	-	6
Roberto Moreno (BR)	Benetton-Ford	-	-	-	-	-	-	-	-	-	-	-	-	-	-	6	-	6
12. Aguri Suzuki (J)	Lola	-	-	-	-	-	-	-	1	-	-	-	-	-	4	-	-	5
Eric Bernard (F)	Lola	-	-	-	1	-	-	-	3	-	1	-	-	-	-	-	-	5
14. Derek Warwick (GB)	Lotus	-	-	-	-	-	1	-	-	-	-	2	-	-	-	-	-	3
Satoru Nakajima (J)	Tyrell-Ford	1	-	-	-	-	-	-	-	-	-	-	1	-	-	1	-	3
16. Alex Caffi (I)	Arrows	-	-	-	2	-	-	-	-	-	-	-	-	-	-	-	-	2
Stefano Modena (I)	Brabham-Judd	2	-	-	-	-	-	-	-	-	-	-	-	-	-	-	-	2
18. Mauricio Gugelmin (BR)	March-Judd	-	-	-	-	-	-	-	-	-	-	1	-	-	-	-	-	1

( ) Streichresultate, * aufgrund seiner zwei Siege auf Platz 3

1 USA (Phoenix)
2 Brasilien (Sao Paulo)
3 San Marino (Imola)
4 Monaco (Monte Carlo)
5 Kanada (Montreal)
6 Mexico (Mexico City)
7 Frankreich (Le Castellet)
8 England (Silverstone)
9 BRD (Hockenheim)
10 Ungarn (Budapest)
11 Belgien (Spa)
12 Italien (Monza)
13 Portugal (Estoril)
14 Spanien (Jerez)
15 Japan (Suzuka)
16 Australien (Adelaide)

Bob

Weltmeisterschaft in St. Moritz

Zweierbob, Endstand nach vier Läufen:

1. Weder/Gerber (Schweiz I)
2. Czudaj/Jang (DDR II)
3. Hoppe/Musiol (DDR I)

Viererbob, Endstand nach vier Läufen:

1. Weder/Gerber/Schindelholz/Morell (Schweiz I)
2. Czudaj/Bonk/Szelig/Jang (DDR II)
3. Appelt/Redl/Mandl/Winkler (Österreich II)

Europameisterschaft in Innsbruck

Zweierbob, Endstand nach vier Läufen:

1. Weder/Morell (Schweiz I)
2. Ekmanis/Tone (UdSSR II)
3. Pojkans/Gorochow (UdSSR I)

Viererbob, Endstand nach vier Läufen:

1. Kienast/Schroll/Riedl/Lindner (Österreich I)
2. Appelt/Redl/Mandl/Winkler (Österreich II)
3. Weder/Gerber/Schindelholz/Morell (Schweiz I)

Schweizer Meisterschaft

Zweierbob, St. Moritz, Endstand nach vier Läufen:

1. Gustav Weder/Bruno Gerber
2. Nico Baracchi/Donat Acklin
3. Ralph Pichler/Edgar Dietsche

Viererbob, St. Moritz, Endstand nach vier Läufen:

1. Weder/Gerber/Schindelholz/Morell
2. Baracchi/Reich/Acklin/Mangold
3. Fasser/Meier/Fässler/Stocker

Eishockey

A-Weltmeisterschaften

Bern, Schlussklassement, Finalrunde

CSFR-Kanada	3:2
Schweden-UdSSR	0:3
Schweden-CSFR	5:5
UdSSR-Kanada	7:1
UdSSR-CSFR	5:0
Schweden-Kanada	6:4

1. UdSSR	3	3	0	0	15	1	6
2. Schweden	3	1	1	1	11	12	3
3. CSFR	3	1	1	1	8	12	3
4. Kanada	3	0	0	3	7	16	0
5. USA	10	6	0	4	35	43	12 (6)
6. Finnland	10	2	2	6	29	32	6 (3)
7. BRD	10	1	1	8	19	44	3 (0)
8. Norwegen*	10	1	1	8	21	61	3 (3)

In Klammern Punkte aus der Qualifikation
* *Absteiger in die B-Gruppe*

B-Weltmeisterschaften

Megève/Lyon, Schlussklassement

1. Schweiz*	7	5	2	0	30	14	12
2. Italien	7	5	1	1	41	18	11
3. Österreich	7	4	2	1	30	14	10
4. Frankreich	7	4	1	2	19	20	9
5. DDR	7	2	2	3	22	19	6
6. Polen	7	2	2	3	25	25	6
7. Japan	7	0	1	6	13	41	1
8. Holland**	7	0	1	6	14	43	1

* *Aufstieg in die A-Gruppe*
** *Abstieg in die C-Gruppe*

Schweizer Meisterschaften

Im vierten Spiel des Playoff-Finals sichert sich Lugano gegen Bern den Schweizer Meister-Titel.

1. Lugano
2. Bern
3. Biel
4. Kloten
5. Olten
6. Zug
7. Fribourg
8. Ambri

Nationalliga A und B

Rangliste der Auf- und Abstiegsrunde

1. Sierre*	10	6	2	2	56	38	14
2. Zürcher SC**	10	5	3	2	54	36	13
3. Martigny	10	4	2	4	41	33	10
4. Rapperswil	10	4	2	4	36	38	10
5. Ajoie	10	3	1	6	33	42	7
6. Herisau	10	1	4	5	28	61	6

* *steigt in die Nationalliga A auf*
** *bleibt in der Nationalliga A*

Eiskunstlauf

Europameisterschaft

Leningrad, Damen

1. Evelyn Grossmann (DDR)
2. Natalia Lebedewa (SU)
3. Marina Kielmann (D)
19. Michele Claret (CH)

Leningrad, Herren

1. Viktor Petrenko (SU)
2. Petr Barna (CS)
3. W. Zagorodnijuk (SU)
6. Oliver Höner (CH)

Leningrad, Paare

1. Gordejewa/Grinkow (SU)
2. Seleznewa/Makarow (SU)
3. Mischkutienok/Dimitrijew (SU)
12. Bourgeois/Bourgeois (CH)

Leningrad, Eistanz

1. Klimowa/Ponomarenko (SU)
2. Usowa/Schulin (SU)
3. Duchesnay/Duchesnay (F)
17. Gerencser/Columberg (CH)

Weltmeisterschaft

Halifax/Kanada, Damen

1. Jill Trenary (USA)
2. Midori Ito (J)
3. Holly Cook (USA)

Halifax/Kanada, Herren

1. Kurt Browning (CDN)
2. Viktor Petrenko (SU)
3. Christopher Bowman (USA)
13. Oliver Höner (CH)

Halifax/Kanada, Paare

1. Gordejewa/Grinkow (SU)
2. Brasseur/Eisler (CDN)
3. Mischkutienok/Dmitrijew (SU)

Halifax/Kanada, Eistanz

1. Klimowa/Ponomarenko (SU)
2. Duchesnay/Duchesnay (F)
3. Usowa/Schulin (SU)

Fussball

Fussball-Weltmeisterschaft 1990 in Italien

Gruppe A

Italien – Österreich	1:0
USA – CSFR	1:5
Italien – USA	1:0
Österreich – CSFR	0:1
Italien – CSFR	2:0
Österreich – USA	2:1

Gruppe B

Argentinien – Kamerun	0:1
UdSSR – Rumänien	0:2
Argentinien – UdSSR	2:0
Kamerun – Rumänien	2:1
Argentinien – Rumänien	1:1
Kamerun – UdSSR	0:4

Gruppe C

Brasilien – Schweden	2:1
Costa Rica – Schottland	1:0
Brasilien – Costa Rica	1:0
Schweden – Schottland	1:2
Brasilien – Schottland	1:0
Schweden – Costa Rica	1:2

Gruppe D

V.A.Emirate – Kolumbien	0:2
BRD – Jugoslawien	4:1
Jugoslawien – Kolumbien	1:0
BRD – V.A. Emirate	5:1
BRD – Kolumbien	1:1
Jugoslawien – V.A. Emirate	4:1

Gruppe E

Belgien – Südkorea	2:0
Uruguay – Spanien	0:0
Belgien – Uruguay	3:1
Südkorea – Spanien	1:3
Belgien – Spanien	1:2
Südkorea – Uruguay	0:1

Gruppe F

England – Irland	1:1
Holland – Ägypten	1:1
England – Holland	0:0
Irland – Ägypten	0:0
England – Ägypten	1:0
Irland – Holland	1:1

Achtelfinals

Kamerun – Kolumbien	2:1
Irland – Rumänien	5:4
CSFR – Costa Rica	4:1
Italien – Uruguay	2:0
Brasilien – Argentinien	0:1
Spanien – Jugoslawien	1:2
BRD – Holland	2:1
England – Belgien	1:0

Viertelfinals

Argentinien – Jugoslawien	3:2
Irland – Italien	0:1
CSFR – BRD	0:1
Kamerun – England	2:3

Halbfinals

Argentinien – Italien	4:3
BRD – England	4:3

Spiel um den 3. Platz

Italien – England	2:1

Final

Argentinien – BRD	0:1

Europacup der Meister

AC Milan – Benfica Lissabon	1:0

Europacup der Cupsieger

Sampdoria Genua – Anderlecht	2:0

Schweizer Nationalmannschaft

Schweiz – Rumänien	2:1
Schweiz – Italien	0:1
Schweiz – USA	2:1
Schweiz – Argentinien	1:1
Österreich – Schweiz	1:3
Schweiz – Bulgarien	2:0
Schottland – Schweiz	2:1

UEFA-Cup-Final

Juventus Turin – Fiorentina	3:1
Fiorentina – Juventus Turin	0:0

Schweizer Fussball-Meisterschaft 1989/1990

NLA-Finalrunde

		Spiele	Tore	Pte
1.	Grasshoppers	14	28:15	31
2.	Lausanne	14	23:9	31
3.	Neuch.Xamax	14	18:14	30
4.	Luzern	14	20:22	28
5.	St.Gallen	14	19:15	27
6.	Lugano	14	11:23	23
7.	Young Boys	14	11:20	21
8.	Sion	14	10:22	19

Promotionsrunde NLA/NLB-Gruppe 1

		Spiele	Tore	Pte
1.	Servette*	14	29:13	20
2.	Zürich**	14	30:17	20
3.	Basel	14	27:17	17
4.	Bellinzona***	14	19:16	15
5.	Yverdon	14	14:16	13
6.	Fribourg	14	17:27	11
7.	Chur	14	9:21	9
8.	Schaffhausen	14	15:33	7

Promotionsrunde NLA/NLB-Gruppe 2

		Spiele	Tore	Pte
1.	Aarau*	14	35:10	22
2.	Wettingen*	14	29:9	22
3.	Bulle	14	24:18	17
4.	Baden	14	31:25	16
5.	Locarno	14	15:17	13
6.	Grenchen	14	18:28	9
7.	Winterthur	14	15:38	7
8.	Chênois	14	12:34	6

* verbleiben in der NLA
** steigt in die NLA auf
*** steigt in die NLB ab

Schweizer Cupsieger

Grasshoppers - Neuchâtel Xamax 2:1

Handball

Weltmeisterschaften

1. Schweden
2. Sowjetunion
3. Rumänien

Schweizer Meisterschaft

1. Grasshoppers Zürich
2. BSV Bern
3. Amicitia Zürich

Leichtathletik

Europameisterschaften Split

Disziplin	Herren	Resultat	Damen	Resultat
100 m	Linford Christie (GB)	10,00	Katrin Krabbe (DDR)	10,89
200 m	John Regis (GB)	20,33	Katrin Krabbe (DDR)	21,95
400 m	Roger Black (GB)	45,08	Grit Bauer (DDR)	49,50
800 m	Tom McKean (GB)	1:44,76	Sigrun Breuer (DDR)	1:55,87
1500 m	J.-P. Herold (DDR)	3:38,25	Snezana Paljkiic (YU)	4:08,12
5000/3000 m	Salvatore Antibo (I)	13:22,00	Yvonne Murray (GB)	8:43,06
10'000 m	Salvatore Antibo (I)	27:41,27	J. Romanowa (SU)	31:46,83
110/100 m Hürden	Colin Jackson (GB)	13,18	M. Ewanje-Epée (F)	12,79
400 m Hürden	Kriss Akabusi (GB)	47,92	T. Ledowskaja (SU)	53,62
Hochsprung	Dragutin Topic (YU)	2,34 m	Heike Henkel (D)	1,99 m
Weitsprung	Dietmar Haaf (D)	8,25 m	Heike Drechsler (DDR)	7,30 m
Kugelstossen	Ulf Timmermann (DDR)	21,32 m	A. Kumbernuss (DDR)	20,38 m
Diskuswerfen	Jürgen Schult (DDR)	64,58 m	Ilke Wyludda (DDR)	68,46 m
Speerwurf	Steve Backley (GB)	87,30 m	P. Alafrantti (SF)	67,68 m
10-/7-Kampf	Christian Plaziat (F)	8574	Sabine Braun (D)	6688

Beste CH-Resultate: Anita Protti holte im 400-m-Hürdenlauf mit einer Zeit von 54,36 Silber und Sandra Gasser im 1500-m-Lauf Bronze, mit einer Zeit von 4:08,89.

Motorrad

Strassen-Weltmeisterschaft

125 ccm
1. Capirossi (I)
2. Spaan (NL)
3. Prein (D)

250 ccm
1. Kocinski (USA)
2. Cardus (E)
3. Cadalora (I)

500 ccm
1. Rainey (USA)
2. Schwantz (USA)
3. Doohan (AUS)

Seitenwagen
1. Michel/Birchall (F)
2. Streuer/de Haas (NL)
3. Webster/Simons (GB)

Pferdesport

Weltcup Dressurreiten
1. Rothenberger auf Andiamo (D)
2. Klimkeb (D)
3. Menkova (SU)

Weltcup Springreiten
1. Whitaker auf Milton (GB)
2. Durand (F)
3. Sloothaak (D)

Weltmeisterschaften

Springreiten, Einzel mit Pferdewechsel
1. Navet (F)
2. Whitaker (GB)
3. Bourdy (F)

Springreiten, Mannschaftsprüfung
1. Frankreich
2. BRD
3. Grossbritannien

Dressur, Einzelwertung
1. Uphoff (D)
2. Kyrklund (SF)
3. Theodorescu (D)

Dressur, Mannschaftsprüfung
1. BRD
2. UdSSR
3. Schweiz

Military, Einzelwertung
1. Tait (NZ)
2. Stark (GB)
3. Davidson (USA)

Military, Mannschaftswertung
1. Neuseeland
2. Grossbritannien
3. BRD

Rad

Tour de Suisse
1. Sean Kelly (IRL)
2. Robert Millar (GB)
3. Andy Hampsten (USA)

Tour de France
1. Greg LeMond (USA)
2. Claudio Chiappucci (I)
3. Erik Breukink (NL)

Giro d'Italia
1. Gianni Bugno (I)
2. Charles Mottet (F)
3. Marco Giovanetti (I)

Strassenweltmeisterschaft
1. Rudy Dhaenens (B)
2. Dirk de Wolf (B)
3. Gianni Bugno (I)

Bahn-Weltmeisterschaft

Männer: Profis Steher
1. Brugna/Valentini (I)
2. Steiger/Luginbühl (CH)
3. Clark (AUS)/Walrave (NL)

Männer: Amateure Punktefahren 50 km
1. McGlede (AUS)
2. Risi (CH)
3. Petersen (DK)

Männer: Profis Punktefahren 50 km
1. Biondi (F)
2. Marcussen (DK)
3. Clark (AUS)

Männer: Amateure Tandem
1. Capitano/Paris (I)
2. Saito/Inamura (J)
3. Buchtmann/Nagel (D)

Frauen: Verfolgung 3 km

1. Van Moorsel (NL)
2. Harris (NZ)
3. Erdin-Ganz (CH)

Frauen: Punktefahren 30 km

1. Holliday (NZ)
2. Samochwalowa (SU)
3. Werckx (B)

Schiessen

Eidgenössisches Schützenfest

Eidg. Schützenkönige, die für die nächsten fünf Jahre in Winterthur erkoren wurden:

Benno Schmid	Stutzer und Karabiner
Jann Adank	Sturmgewehr 57
Hermann Jemmi	Sturmgewehr 90
Marc-André Jaquier	Pistole auf 50 m
Stephan Krauer	Pistole auf 25 m
Daniel Bisang	Jungschützenkönig

Ski Alpin

Weltcup 1989/90

Herren: Gesamtwertung	Punkte
1. Pirmin Zurbriggen (CH)	375
2. Ole Christian Furuseth (N)	234
3. Günther Mader (A)	213

Damen: Gesamtwertung	Punkte
1. Petra Kronberger (A)	341
2. Anita Wachter (A)	300
3. Michaela Gerg (D)	270

Herren: Abfahrt

1. Helmut Höflehner (A) — 166
2. Atle Skaardal (N) — 120
3. Pirmin Zurbriggen (CH) — 105

Damen: Abfahrt

1. Katrin Gutensohn (D) — 110
2. Petra Kronberger (A) — 106
3. Michaela Gerg (D) — 105

Herren: Super-G

1. Pirmin Zurbriggen (CH) — 98
2. Günther Mader (A) — 71
3. Lars-Börje Eriksson (S) — 61

Damen: Super-G

1. Carole Merle (F) — 99
2. Michaela Gerg (D) — 79
3. Sigrid Wolf (A) — 73

Herren: Riesenslalom

1. Ole Christian Furuseth (N) — 96
2. Günther Mader (A) — 96
3. Hubert Strolz (A) — 71

Damen: Riesenslalom

1. Anita Wachter (A) — 133
2. Mateja Svet (YU) — 89
3. Petra Kronberger (A) — 85

Herren: Slalom

1. Armin Bittner (D) — 150
2. Alberto Tomba (I) — 95
3. Ole Christian Furuseth (N) — 95

Damen: Slalom

1. Vreni Schneider (CH) — 125
2. Claudia Strobl (A) — 108
3. Ida Ladstätter (A) — 98

Herren: Nationenwertung

1. Österreich — 1272
2. Schweiz — 1058
3. Italien — 551

Damen: Nationenwertung

1. Österreich — 1544
2. Schweiz — 910
3. BRD — 772

Nationenwertung

1. Österreich — 2816
2. Schweiz — 1968
3. BRD — 1220

Schweizer-Meisterschaften

Herren: Abfahrt

1. Franz Heinzer
2. Mario Summermatter
3. Bernhard Fahner

Damen: Abfahrt

1. Heidi Zeller
2. Heidi Zurbriggen
3. Chantal Burnissen

Herren: Super-G

1. Daniel Mahrer
2. Martin Hangl
3. Karl Alpiger

Damen: Super-G

1. Maria Walliser
2. Zoe Haas
3. Heidi Zeller

Herren: Riesenslalom

1. Martin Knörri
2. Pirmin Zurbriggen
3. Hans Pieren

Damen: Riesenslalom

1. Zoe Haas
2. Vreni Schneider
3. Maria Walliser

Herren: Slalom

1. Paul Frommelt (FL)
2. Patrick Staub
3. Hans Pieren

Damen: Slalom

1. Brigitte Gadient
2. Sandra Braun
3. Gaby Zingre

Ski Nordisch

Kombinations-Weltcup

Herren: Einzelwertung

1. Sulzenbacher (A)
2. Lewandi (SU)
3. Apeland (N)
10. Kempf (CH)

Herren: Nationenwertung

1. Norwegen
2. Österreich
3. UdSSR
8. Schweiz

Herren: Nordische Kombination, Staffel

1. Österreich
   (Platzer, Csar, Sulzenbacher)
2. Sowjetunion
   (Dundukow, Savin, Lewandi)
3. DDR
   (Leonhardt, Prenzel, Abratis)

Langlauf-Weltcup

Herren: Einzelwertung

1. Ulvang (N)
2. Svan (S)
3. Dählie (N)
47. Wigger (CH)

Herren: Nationenwertung

1. Schweden
2. Norwegen
3. UdSSR
13. Schweiz

Damen: Einzelwertung

1. Lazutina (SU)
2. Välbe (SU)
3. Dybendahl (N)

Damen: Nationenwertung

1. UdSSR
2. Norwegen
3. Finnland

Skiflug-Weltmeisterschaften

1. Thoma (D)
2. Nykänen (SF)
3. Weissflog (DDR)

Skisprung-Weltcup

1. Nikkola (SF)
2. Vettori (A)
3. Felder (A)

Schweizer Meisterschaften Nordische Kombination

1. Kempf
2. Wüest
3. Glanzmann

Langlauf Schweizer Meisterschaft

Herren 30 km (klassische Technik)
1. Jeremias Wigger
2. Erwin Lauber
3. Hans Diethelm

Herren 4 x 9 km (klassische Technik)
1. Alpina St.Moritz (Collenberg, F.Guidon, G.Guidon, Capol)
2. Marbach (H.P.Lauber, Aschwanden, Haas, E.Lauber)
3. Obergoms (Trapletti, Bacher, Volken, Hallenbarter)

Junioren 15 km (klassisch)
1. Markus Hasler
2. Reto Bachmann
3. Koni Schwarz

Herren Kombination
1. Jeremias Wigger ex aequo Hans Diethelm und Jürg Capol

Herren 50 km (freie Technik)
1. André Jungen
2. Daniel Hediger
3. Hans Diethelm

Damen 15 km (klassische Technik)
1. Sandra Parpan
2. Marianne Irniger
3. Silvia Honegger

Damen 3 x 4,5 km (klassische Technik)
1. Ostschweizer Skiverband (Mettler, Fässler, Irniger)
2. Bündner Skiverband (Baumann, Knecht, Parpan)
3. Zürcher Skiverband (Rupp, Manser, Honegger)

Damen 6,5 km (klassisch)
1. Marianne Irniger
2. Sandra Parpan
3. Silvia Honegger

Damen 7 km (freie Technik)
1. Marianne Irniger
2. Silvia Honegger
3. Barbara Mettler

Tennis

Australian Open, Final

Ivan Lendl – Stefan Edberg	4:6	7:6	5:2	Aufgabe
Steffi Graf – Mary Joe Fernandez	6:3	6:4		

French Open, Final

Andres Gomez – André Agassi	6:3	2:6	6:4	6:4
Monica Seles – Steffi Graf	7:6	6:4		

Wimbledon, Final

Stefan Edberg – Boris Becker	6:2	6:2	3:6	3:6	6:4
Martina Navratilova – Zina Garrison	6:4	6:1			

US-Open, Final

Pete Sampras – André Agassi	6:4	6:3	6:2
Gabriela Sabatini – Steffi Graf	6:2	7:6	

Swiss Open Gstaad, Final

Martin Jaite – Sergi Bruguera	6:3	6:7	6:2	6:2

Swiss Indoors Basel, Final

John McEnroe – Goran Ivanisevic	6:7	4:6	7:6	6:3	6:4

European Indoors Zürich, Final

Steffi Graf – Gabriela Sabatini	6:3	6:2

1990 gestorben

Januar

- 1. **Gerhard Schröder**, westdeutscher CDU-Politiker und langjähriger Minister (79)
- 4. **Ernst Widmer**, Schweizer Komponist (63)
- 11. **Josef Zihlmann**, Willisau, Schweizer Volkskundler und Schriftsteller (76)
- 12. **Walter Robert Corti**, Gründer des Pestalozzi-Kinderdorfes (80)
- 15. **Laurence Peter**, Los Angeles, Verfasser von «Das Peter-Prinzip» (70)
- 18. **Hannes Meyer**, Basel, Bühnenbildner (67)
- 19. **Shree Rajneesh (Bhagwan)**, Poona (Indien), Begründer und Haupt der Bhagwan-Bewegung (58)
- 19. **Aldo Gucci**, Rom, Modehaus Gucci (84)
- 19. **Herbert Wehner**, sozialdemokratischer BRD-Politiker und langjähriger Fraktionsvorsitzender (83)
- 20. **Barbara Stanwyck**, amerikanische Filmschauspielerin (82)
- 25. **Ava Gardner**, amerikanische Filmschauspielerin (67)
- 26. **Lewis Mumford**, amerikanischer Kulturphilosoph (95)

Februar

- 1. **Roman Brodmann**, Basel, Journalist und Dokumentarfilmer (69)
- 11. **Marie-Dominique Chenu**, Paris, Theologe (95)
- 16. **Keith Haring**, New York, Graffiti-Maler (31)
- 18. **Jean-Marc Boivin**, französischer Extrem-Sportler (39)
- 20. **Michael Powell**, britischer Filmregisseur (84)
- 23. **José Napoléon Duarte**, ehemaliger christlichdemokratischer Präsident von El Salvador (64)
- 24. **Malcolm Forbes**, amerikanischer Verleger, Ballonfahrer und Motorradfreak (70)
- 25. **Sandro Pertini**, ehemaliger italienischer Staatspräsident (94)

März

- 12. **Philippe Soupault**, Mitbegründer des literarischen Surrealismus und der Pariser Dada-Bewegung (93)
- 16. **Bruno Bettelheim**, amerikanischer Kinderpsychologe («Kinder brauchen Märchen») (86)
- 24. **An Wang**, Boston, Begründer der Computerfirma Wang (70)

April

- 2. **Aldo Fabrizi**, italienischer Schauspieler und Regisseur (85)
- 3. **Sarah Vaughan**, amerikanische Jazzsängerin (66)
- 13. **Luis Trenker**, Südtiroler Bergsteiger, Schauspieler, Schriftsteller und Filmemacher (97)
- 15. **Ulrich Becher**, Basel, Schriftsteller und Theaterautor (80)
- 16. **Greta Garbo**, die «Göttliche», New York, Film-Star der dreissiger Jahre (85)
- 19. **Anne Philipe**, französische Schriftstellerin (72)
- 22. **Romain de Tirtoff (Erté)**, franz. Bühnenbildner, Grafiker und Modeschöpfer (97)
- 22. **Suzanne Monney-Perrin**, Pully, älteste Schweizerin (109)
- 23. **Paulette Goddard**, amerikanische Filmschauspielerin, Ehe- und Filmpartnerin von Charlie Chaplin (84)
- 25. **Dexter Gordon**, amerikanischer Tenorsaxophonist und «Leadfigur des neuen Jazz» (67)
- 30. **Theodor Kloter**, Meilen, Alt-Nationalrat (75)

Mai

- 3. **Hugo Schneider**, ehemaliger Direktor des Schweizerischen Landesmuseums (71)
- 6. **Irmtraud Morgner**, DDR-Schriftstellerin (57)
- 9. **Luigi Nono**, italienischer Komponist, Vertreter der europäischen Avantgarde (66)
- 11. **Heidemarie Hatheyer**, westdeutsche Film- und Theater-Schauspielerin (71)
- 16. **Jim Henson**, New York, Schöpfer der Muppets (53)

16. **Sammy Davis jr.**, Beverly Hills, Schauspieler und Entertainer (64)
23. **Mary Bruce**, Tempo-Pionierin zu Land, zu Wasser und vor allem in der Luft (94)
27. **Adele Duttweiler**, Witwe des Migros-Gründers (98)
27. **Hans Staub**, erster Schweizer Reporterfotograf (96)
28. **Giorgio Manganelli**, italienischer Kritiker und Schriftsteller (67)
31. **Willy Spühler**, Alt-Bundesrat (88)
31. **Glade Petersen**, amerikanischer Opernsänger (61)

Juni

2. **Rex Harrison**, britischer Film- und Theater-Schauspieler (82)
9. **Frank Wright**, Freejazz-Saxophonist (55)
16. **Ruedi Walter**, Schweizer Volksschauspieler und Kabarettist (73)
16. **James Carreras**, brit. Gruselfilmproduzent («HammerFilms») (81)
20. **Tom Hopkinson**, Oxford, Pionier des Bildjournalismus (85)
29. **Irving Wallace**, amerikanischer Bestseller-Autor (74)

Juli

4. **Hans Rudolf Kurz**, Militärhistoriker und Berater im EMD (75)
15. **Walter Sedlmayr**, bayerischer Volksschauspieler (64)
18. **Otto Frei**, Welschlandkorrespondent und Schriftsteller (66)
22. **Manuel Puig**, argentinischer Schriftsteller (57)
29. **Bruno Kreisky**, ehemaliger österreichischer Bundeskanzler (79)

August

1. **Norbert Elias**, Amsterdam, Kulturphilosoph und Soziologe (93)
1. **Marcel Benoist**, französischer Philosoph und Schriftsteller (48)
18. **Peter Frey**, Zürich, Mitbegründer und langjähriger Redaktor des Tages-Anzeiger Magazins (67)
19. **Burrhus F. Skinner**, amerikanischer Verhaltensforscher und führender Vertreter der behavioristischen Psychologie (86)

27. **Stevie Ray Vaughan**, amerikanischer Blues-Gitarrist (35)

September

5. **Beppo Brehm**, bayerischer Volksschauspieler (84)
7. **Alan J.P. Taylor**, London, «Enfant terrible» der zeitgenössischen Historiker (84)
7. **Ahti Karjalainen**, früherer finnischer Aussenminister und Ministerpräsident (67)
26. **Alberto Moravia**, Rom, Schriftsteller, Journalist und Kritiker (82)
28. **Viktor Kleinert**, Bern, Bauunternehmer (77)
30. **Patrick White**, australischer Literaturnobelpreisträger (1973) (78)

Oktober

3. **Stefano Casiraghi**, Monaco, Ehemann der monegassischen Prinzessin Caroline (30)
10. **Carlos Thompson**, Buenos Aires, deutsch-argentinischer Filmschauspieler (67)
13. **Le Duc Tho**, Hanoi, legendäre Figur des vietnamesischen Widerstandes (79)
14. **Leonard Bernstein**, New York, Komponist («West Side Story») und Dirigent (72)
16. **Art Blakey**, New York, Jazz-Schlagzeuger (71)
20. **Colette Audry**, französische Schriftstellerin und sozialistische Politikerin (84)
21. **Dany Chamoun**, Beirut, maronitischer Politiker (56)
22. **Louis Althusser**, französischer Philosoph und Marxismus-Theoretiker (72)
27. **Ugo Tognazzi**, Rom, italienischer Filmschauspieler (68)

November

4. **Erich Heller**, Evanston, Philosoph und Literaturwissenschaftler (79)
7. **Lawrence Durrell**, Sommières, englischer Schriftsteller (78)
11. **Jannis Ritsos**, sozial engagierter griechischer Lyriker (81)

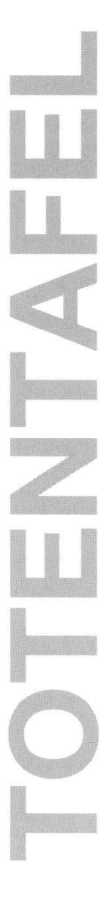

IMPRESSUM

Herausgeber: Der Schweizerische Beobachter

Redaktionelle Leitung: Martin Jakob
Gestaltung: Otto Kohler
Dokumentation: Umberto Haensler
Bildredaktion: Jacqueline Domeniconi
Abschlussredaktion: Käthi Zeugin-Kobel
Desktop: Margrith Engeli

Fotos: action press (39); AFP (78 o., 80 u.); ALA, Pino (152 m., 153 r.); Animated Feature-Flounder, RDZ (159); AP (38); ARAR, SIPA (23); Arnaud, Michael (153 l., 153 m.); Aruty, S., ALLSPORT (151 o.); ASGS Zürich (143); asl, RDZ (77 m., 77 u.); Athenstädt, KeyColor (102 o.); Atlan, J.L., SYGMA (30); Bachmann, ZEFA (82); Baitel, Esaias, GAMMA (114, 115 u.); Barthelemy, SIPA (152 l., 152 r.); Bassignac, Gilles, GAMMA (115); Bocxe, Wesley, SIPA (44); Bossu, R., SYGMA (17); Bouvet, Eric, GAMMA (25); Brännhage, Prisma (15); Brüllmann, Dave (154); Burckardt, Dominik (144 u.); Chato, M., SIPA (153 u.); Cohen, D., ANGELI (115 o.); Comet (Titel u.r.); Daker, Karim, GAMMA (26 r.); Day, Lorraine (46); Dierauer, Forschungsinstitut für biol. Landbau (63 u.l., 63 u.m.); Erriquez, Antoine (40); Ferry, Stephen, GAMMA (117 o.); Fridman/Media, SIPA (24 l.); Friedli, H., RDZ (156 u., 157 u.); Galerie Tangente, Eschen (145 u.); Gentille, S., SIPA (33 l.); GGK Basel (142 u.); GGK Zürich (142 o.); Hiltpold, Ueli (66, 68 u., 71); Hoenle, Reinhold (160, 161 u.); Huegin, R., RDZ (63 u.r.); Irmes, Lazlo, RDZ (Titel o.l., 158 l.); Kaiser, H. (147, 148, 149 u.); Kaiser, Transglobe (96); Kern, Thomas, Lookat (10, 18); KeyColor (49, 50); Keystone (11, 12, 13, 36, 48, 68 o., 68 m., 69, 80 o.); Kneffel, KeyColor (107 u.); Kubli, Rudolf (74); Kurz, GAMMA (112 o.); Landrian, Presse-Sports (150); Lang, L., RDZ (156 o.); Langevin, J., SYGMA (116, 117 u.); Lanz, Ch., RDZ (149 o., 157 o.); Le Segretain, P., SYGMA (118); Maeder, Herbert (42); Magazine zum Globus (141 u.); Mata, Hector, GAMMA (33 r.); Mauritius, Bildagentur Baumann (84, 88); Mc Enroe, Bildagentur Baumann (89); Monopole Pathe Films (158 r.); Movado Watch Company SA (140); Nicolas, SIPA (Titel u.l.); Nordmann, Koni, Contact PressImages (99 u., 101 l., 102 u., 103); Novosti, GAMMA (20 u.); Olympia, SIPA (151 u.); Olympus Optical AG (141 o.); Origlia, F., SYGMA (16); Prisma (55 u., 57, 59, 85, 87 r.); Quidu, Noel, GAMMA (24 r.); Rad-I.R.IB, GAMMA (121 u.); RDZ (14 r., 87 l., 146); Risch, Eddy (51); Ruef, Didier (101 r.); Sacha, SIPA (108); Savino, Tony, SIPA (45, 112 u., 121 o.); Schertenleib, KeyColor (14 l., 78 u.); Schmitt, KeyColor (105); Schneider, Jana, SIPA (20 o.); Schulte, Gabi, KeyColor (104); Seiler, Ch., RDZ (55 o.); Sinus (65); Sonderegger, Chr. (63 o.); Spiller, Willy (76); Stauss, Niklaus (90); Stiftung für konstruktive und konkrete Kunst (144 o.); Studer, Marcel, RDZ (37); SUCCO, action press (161 o.); SYGMA (27, 43); Torricelli, Bruno, RDZ (77 o.); Venzago, Alberto, Magnum (72); Viennareport, SYGMA (120); Vionjard, Chr., GAMMA (26 l.); Visa Card Center (145 m.); von Muralt, Felix, Lookat (99 o.); Votava (19); White-House-Liaison, SIPA (31); Wöstmann, KeyColor (107 o.); Wunderli, Sabine, RDZ (47); Zai, Andi, Littmann Galerie (145 o.); Zylberman, L., SYGMA (28)

Illustrationen: Auth, Tony, 1990, Universal Press Syndicate/Edito (131); Burki, R., 24 heures (132); EFEU, aus dem Nebelspalter (124, 126, 133); Grass, Günter (155); Haitzinger, H., aus dem Nebelspalter (Titel o.r., 134, 137); Heavy Graphics (16, 21, 22, 27, 29, 30, 31); Joss, Heinz (125); KAL, Cartoonists & Writers Syndicate (128); Kohler, Otto (6, 7); McNeley, 1990, Tribune Media Service (129, 136); Morrin, Bulls (135); Orlando, aus dem Nebelspalter (127); Peters, Mike, 1990, United Feature Syndicate (130)

Lithographie: Photolitho AG, Gossau/ZH
Druck: BDV Basler Druck und Verlag, Liestal
Ausrüstung: Buchbinderei Grolimund AG, Reinach

© Curti Medien AG, Glattbrugg
1. Auflage 1990
ISBN 3 85569 090 1

1990 Berechtigte Vertriebsausgabe für Verlag Meyers Modeblatt